U0938261

重合與分歧

——《荀子》篇章互見文辭疏證

何志華 著

中文系　　商務印書館

香港中文大學中國語言及
文學系學術文庫（第二輯）

責任編輯　毛宇軒
裝幀設計　趙穎珊
責任校對　趙會明
排　　版　周　榮
印　　務　龍寶祺

重合與分歧——〈荀子〉篇章互見文辭疏證

作　　者　何志華
出　　版　商務印書館（香港）有限公司
香港筲箕灣耀興道 3 號東匯廣場 8 樓
http://www.commercialpress.com.hk
發　　行　香港聯合書刊物流有限公司
香港新界荃灣德士古道 220-248 號荃灣工業中心 16 樓
印　　刷　新世紀印刷實業有限公司
香港柴灣利眾街 44 號泗興工業大廈 13 樓 A 室
版　　次　2025 年 2 月第 1 版第 1 次印刷

ISBN 978 962 07 4713 7
Printed in Hong Kong

目錄

導　言

何志華

本書蒐集《荀子》一書內部重合文辭，詳加比對，考其異同，並參考前輩學者相關論說，辨其然否，論其詁訓。有關同書文辭互證，陳垣（1880–1971）《校勘學釋例・卷六》嘗言：

> 本校法者，以本書前後互證，而抉摘其異同，則知其中之繆誤。吳縝之《新唐書糾繆》，汪輝祖之《元史本證》，即用此法。此法於未得祖本或別本以前，最宜用之。予於《元典章》曾以綱目校目錄，以目錄校書，以書校表，以正集校新集，得其節目訛誤者若干條。至於字句之間，則循覽上下文義，近而數葉，遠而數卷，屬詞比事，牴牾自見，不必盡據異本也。[1]

可見同書互校，「上下文義」，「屬詞比事」，考其異同，或可得其確詁。孫詒讓（1848–1908）《札迻・序》亦云：

> 近代鉅儒修學好古，校刊舊籍率有記述，而王懷祖觀察及子伯申尚書、盧紹弓學士、孫淵如觀察、顧澗薲文學、洪筠軒州倅、嚴鐵橋文學、顧尚之明經，及年丈俞蔭甫編修，所論箸尤眾，風尚大昌，覃及異域，若安井衡、蒲阪圓所箋校雖疏淺，亦資考證。綜論厥善，大抵以舊刊精校為據依，而究其微恉，通其大例，精擘博考，不參成見。其諟正

1　陳垣：《校勘學釋例》，載陳垣著，陳智超主編：《陳垣全集》第 7 冊（合肥：安徽大學出版社，2009 年），頁 311。

文字譌舛，或求之於本書，或旁證之它籍，及援引之類書，而以聲類通轉為之錧鍵，故能發疑正讀，奄若合符。[2]

孫詒讓提出「諟正文字譌舛」，其實可以「求之於本書」，即以本書證本書，屢有所得。梁啟超（1873－1929）《中國近三百年學術史》總論校勘之方，亦云：

校勘之意義及範圍有多種，方法當然隨之而異。第一種校勘法，是拿兩本對照，或根據前人所徵引，記其異同，擇善而從。因為各書多有俗本傳刻因不注意或妄改的結果發生譌舛，得着宋元刻本或精鈔本，或舊本雖不可得見而類書或其記古籍所引有異文，便可兩兩勘比，是正今謬。〔……〕第二種校勘法，是根據本書或他書的旁證反證校正文句之原始的譌誤。前文所説第一種，是憑善本來校正俗本，倘若別無善本或所謂善本者還有錯誤，那便無所施其技了。第二種法再進一步，並不靠同書的板本，而在本書或他書找出憑證。這種辦法又有兩條路可走。第一條路是本書文句和他書互見的，例如《荀子・勸學篇》前半和《大戴禮記・勸學篇》全同；《韓非子・初見秦篇》亦見《戰國策》；《禮記・月令篇》亦見《呂氏春秋》《淮南子》；《韓詩外傳》和《新序》《説苑》往往有相重之條；乃至《史記》之錄《尚書》《戰國策》；《漢書》之錄《史記》。像這類，雖然本書沒有別的善本，然和他書的同文便是本書絕好的校勘資料。這種校法雖比第一種已稍繁難，但只須知道這一篇在他書有同文，便可拿來比勘，方法還是和第一種同樣。更有第二條路是，並無他書

2　孫詒讓著，許嘉璐主編，雪克、陳野點校：《札迻》（北京：中華書局，2009 年），自序頁 2。

> 可供比勘，專從本書各篇所用的語法字法注意，或細觀一段中前後文義，以意逆志，發見出今本譌誤之點。這種工作，非眼光極鋭敏心思極縝密而品格極方嚴的人不能做，清儒中最初提倡者為戴東原，而應用得最純熟矜慎卓著成績者為高郵王氏父子。[3]

梁啟超提出依據本書的「旁證反證校正文句之原始的譌誤」，即屬本校法。他特意提出「專從本書各篇所用的語法字法注意，或細觀一段中前後文義，以意逆志，發見出今本譌誤之點」，即指細意比對文獻內部重合文辭，此以清儒戴東原（1724－1777）導乎先路，而由高郵王念孫（1744－1832）、王引之（1766－1834）父子發揚光大。周祖謨（1914－1995）亦指出王念孫以本校法校讀《荀子》而卓然有成，周氏〈論校勘古書的方法〉云：

> 本證者是就本書尋求類似的事實，或相同的文例，互相參證。凡前後有矛盾或錯誤的，都可以據此以訂彼。簡單來説，就是以本書證本書。例如《荀子・富國篇》：「故仁人在上，百姓貴之如帝，親之如父母，為之出死斷亡而愉者。」「愉」上當有「不」字。王念孫據本書〈王霸篇〉「為之出死斷亡而不愉」改定。這就是一個很好的本證。[4]

梁啟超、周祖謨皆以王念孫善用本校法，而《荀子》一書屢見重合文辭，王念孫即以同書他篇相近文辭證成其義，筆者曾細閱王念孫《讀書雜志・荀子雜志》，得見王氏利用重合文辭校定《荀》

3 梁啟超：《中國近三百年學術史》，《飲冰室合集：典藏版》專集第 17 冊（北京：中華書局，2015 年），頁 225（總頁 9029）。

4 周祖謨：〈論校勘古書的方法〉，載《周祖謨語言文史論集》（杭州：浙江古籍出版社，1988 年），頁 433。

書者多則，舉例而言，《荀子・榮辱》云：

> 其汸長矣，其溫厚矣，其功盛姚遠矣，非孰修為之君子莫之能知也。[5]

唐朝楊倞註云：「孰，甚也。甚修飾作為之君子也。」[6] 按楊註可商，以「孰」訓為「甚」，將原文理解為「甚脩飾作為之君子」，其實不詞，文義未通。王念孫《讀書雜志》發現〈榮辱〉此文又見《荀子・禮論》，而且文辭高度重合，王氏云：

> 〈禮論篇〉曰：「非順孰修為之君子莫之能知也。」楊彼註云：「順，從也。孰，精也。修，治也。為，作也。」此文脱「順」字，楊又云：「孰，甚也，甚脩飾作為之君子」，直望文生義耳，當從〈禮論篇〉補「順」字。[7]

王説確不可易，今本〈榮辱〉「孰」上脱「順」字，應據〈禮論〉重合文辭補回，「孰」乃「精熟」之義。又如〈王霸〉云：

> 若夫貫日而治詳，一日而曲列之，是所使夫百吏官人為也。[8]

劉台拱（1751－1805）以為「一日」當作「一目」，立一條目而委曲具列之，若簿書之類。[9] 王念孫則依據〈君道篇〉相合文辭提出新解，其謂：

5　王先謙撰，沈嘯寰、王星賢點校：《荀子集解》（北京：中華書局，2013 年第 2 版），頁 79。

6　同前註，頁 80。

7　王念孫：《讀書雜志》影印王氏家刻本（南京：江蘇古籍出版社，1985 年），志八之一，頁 40b（總頁 649）。

8　王先謙撰，沈嘯寰、王星賢點校：《荀子集解》，頁 250。

9　劉台拱：《荀子補注》，載《劉氏遺書》卷 4（番禺：徐紹棨彙編重印清光緒廣雅書局刊本，1920 年），頁 8a。

> 「一日」與「貫日」相對為文，則「日」非「目」之譌也。〈君道篇〉作「一日而曲辨之」，(今本「日」譌作「內」。)「辨」與「別」古字通，則「列」為「別」之譌也。王逸註〈離騷〉云：「貫，累也」，言以累日之治而辨之於一日也。[10]

王說同樣一語中的，通過內部重合文辭，我們得見〈王霸〉「一日而曲列之」，〈君道〉作「一日而曲辨之」，推知今本〈王霸〉「曲列」當為「曲別」之訛，「別」「辨」古通。王念孫深悟《荀子》內部文辭多有重合，相互校讎，勝義紛陳。

然而，王氏比對《荀》書重合文辭，偶有未備，例如《荀子．不苟》云：

> 上則能尊君，下則能愛民，物至而應，事起而辨，若是，則可謂通士矣。[11]

楊倞註云：「物有至則能應之，事有疑則能辨之。」[12] 楊倞以為「事起」者，即「事有疑」之意，「辨」當理解為「辨別」。王念孫不以為然，並以為「事起而辨」，「辨」當訓為「治」。王氏云：

> 辨者，治也。謂事起而能治之，非謂事有疑而能辨之也。《説文》：「辯，治也。」昭元年《左傳》「主齊盟者誰能辯焉」，杜注與《説文》同。〈王霸篇〉「儒者為之，必將曲辯」，楊注曰：「辯，治也。」字或作「辨」。〈議兵篇〉「城郭不辨」，注曰：「辨，治也。」合言之，則曰「治辯」，〈儒效篇〉曰：「分不亂於上，能不窮於下，治辯之極也。」〈王霸

10　王念孫：《讀書雜志》，志八之四，頁 4a（總頁 684）。

11　王先謙撰，沈嘯寰、王星賢點校：《荀子集解》，頁 57。

12　同前註。

篇〉曰：「有加治辯彊固之道焉。」(「有」，讀為「又」。舊本「有加」二字倒轉，今據楊注乙正。楊以「辯」為「分別」，失之。）又曰：「天下莫不平均，莫不治辯。」〈議兵篇〉曰：「禮者，治辯之極也。」或作「治辨」，〈榮辱篇〉曰：「君子脩正治辨。」〈正論篇〉曰：「上宣明則下治辨矣。」〈禮論篇〉曰：「君者，治辨之主也。」以上凡言「治辯」者，皆兩字同義，倒言之則曰「辯治」。〈小雅・采菽〉傳曰：「平平，辯治也。」《荀子・君道篇》「君者，善班治人者也」，「班」亦與「辯」同，《韓詩外傳》作「辯治」，〈成相篇〉「辯治上下」。[13]

按王念孫以為「事起而辨」者，即「事起而能治之」之意，並歷舉《荀子》一書「治辨」「辨治」用例多則，證成〈不苟〉「事起而辨」者，「辨」當訓為「治」。然而，王氏忽略〈不苟〉此文「物至而應，事起而辨」兩句，其實又見〈解蔽〉。〈解蔽〉云：

不慕往，不閔來，無邑憐之心，當時則動，物至而應，事起而辨，治亂可否，昭然明矣。[14]

可見〈解蔽〉「物至而應，事起而辨」兩句後接「治亂可否，昭然明矣」，則「辨」當如楊倞所言作「分辨」解，而不當訓為「治」，否則便成「事起而治，治亂可否」，語意重複，不成文義。既稱「事起而治」，則不當再有「治亂可否」之疑，「辨」之不可訓「治」，可以明矣。楊倞註謂：「事有疑則能辨之」，或即參考〈解蔽〉「事起而辨，治亂可否，昭然明矣」，故有此說。「辨」只能作「分辨」解，〈解蔽〉此文意謂「治」之與「亂」，「可」之與「否」，

13 王念孫：《讀書雜志》，志八之一，頁 27a（總頁 643）。

14 王先謙撰，沈嘯寰、王星賢點校：《荀子集解》，頁 484。

皆可昭然辨別。李滌生（1903－1994）《荀子集解》云：

> 「事起而辨」，即〈儒效篇〉「倚物怪變，所未嘗聞也，所未嘗見也，卒然起一方，則舉統類而應之，無所儗㤰」之義。亦即上文：「莫形而不見，莫見而不論，莫論而失位」之義。「辨」、辨別，或訓為治、殆非。[15]

按李說是也。再考〈解蔽〉又云：

> 謂合王制與不合王制也。天下有不以是為隆正也，然而猶有能分是非、治曲直者邪？若夫非分是非，非治曲直，非辨治亂，非治人道，雖能之無益於人，不能無損於人。[16]

〈解蔽〉謂「非分是非，非治曲直，非辨治亂」則「辨」與「分」對文，亦當理解為「分辨」之意。荀子此文旨在抨擊當時學說有不以「王制」為宗，則不能區分「是非」、治理「曲直」、分辨「治亂」。此等學說既非用以區分是非、治理曲直、分辨治亂，因而「無益於人」。〈不苟〉嘗言：

> 君子治治，非治亂也。曷謂耶？曰：禮義之謂治，非禮義之謂亂也。故君子者，治禮義者也，非治非禮義者也。[17]

可見荀卿倡言「禮義之謂治」，此猶〈解蔽〉所謂「合王制」也；〈不苟〉謂「非禮義之謂亂」，猶〈解蔽〉所謂「不合王制」也。因之，「治亂可否」，乃可分辨，其旨即在「合王制與不合王制」也。再考〈解蔽〉啟篇即言：

15　李滌生：《荀子集釋》（台北：台灣學生書局，2014 年），頁 503。

16　王先謙撰，沈嘯寰、王星賢點校：《荀子集解》，頁 482。

17　同前註，頁 52。

今諸侯異政，百家異説，則必或是或非，或治或亂。[18]

既稱「或是或非」「或治或亂」，因須「事起而辨」，俾使諸侯異政、百家異說，其「治亂可否」，可以清楚辨別，故曰「昭然明矣」。又按《淮南子・主術訓》云：

是故明主之耳目不勞，精神不竭，物至而觀其象，事來而應其化，近者不亂，遠者治也。是故不用適然之數，而行必然之道，故萬舉而無遺策矣。[19]

其謂「物至而觀其象」，即《荀子》「物至而應」；其謂「事來而應其化」，即《荀子》「事起而辨」。《淮南》作「觀其象」，王念孫《讀書雜志・淮南內篇雜志》云：

念孫案：「物至而觀其象」，「象」當為「變」，草書之誤也。「變」與「化」同義，「觀其變」亦謂觀其變而應之也。作「象」則非其指矣。《文子・上義篇》正作「物至而觀其變」。[20]

王氏以為「『觀其變』亦謂觀其變而應之」，明顯依據《荀子》互見文辭作「物至而應」為解。由此可見，《淮南》「物至而觀其變，事來而應其化」，實本《荀子》為說。王氏當知《淮南》既作「事來而應其化」，則變化之端，猶需細辨，再加應對，殆非「事起即能治之」之意。考賈誼（201 B.C.－169 B.C.）《新書・輔佐》云：「辨其民人之眾寡，政之治亂。」[21] 亦謂分辨民人之眾寡，辨別政

18 同前註，頁 456。

19 何寧：《淮南子集釋》（北京：中華書局，2018 年），頁 665。

20 王念孫：《讀書雜志》，志九之九，頁 18b（總頁 842）。

21 賈誼撰，閻振益、鍾夏校註：《新書校注》（北京：中華書局，2018 年），頁 206。

事之治亂，是亦《荀子・解蔽》「辨治亂」之意。王念孫未知〈不苟〉「物至而應，事起而辨」又見〈解蔽〉，而後接「治亂可否，昭然明矣」，則「辨」實不當訓為「治」，而應作「辨別」解，王氏千慮一失，猶可商榷。由此亦可證全面比對《荀子》內部重合文辭，於《荀》書義理之詮釋，當有裨益。

本書之編撰，有賴香港特別行政區研究資助局之優配研究金撥款支持（計劃編號：14606918），筆者在此衷心感謝；至於全書資料之校對、整理，則得力於李寶珊博士之鼎力襄助，謹此致謝。2023 年又適逢香港中文大學中國語言及文學系六十周年系慶華誕，為誌盛事，系內同仁議決出版《香港中文大學中文系學術文庫》第二輯，並收錄拙著，合成叢書，付梓刊行。筆者不揣淺陋，敬呈拙作，望能臂助荀學研究者深入考察《荀子》內部重合文辭，更望學者方家可以多所指正，以匡不逮，是所期盼。

第一章

《荀子》重合文辭之研究意義概述

司馬遷（145 B.C.–86? B.C.）《史記・孟子荀卿列傳》云：

> 荀卿嫉濁世之政，亡國亂君相屬，不遂大道而營於巫祝，信禨祥，鄙儒小拘，如莊周等又滑稽亂俗，於是推儒、墨、道德之行事興壞，序列著數萬言而卒。[22]

荀卿嫉濁世之失政，恨鄙儒之亂俗，因而著書立說，論評諸子，凡數萬言。漢初儒學，多出荀門，其學大盛。汪中（1745–1794）〈荀卿子通論〉謂漢初儒學多出荀門，若張蒼（?–152 B.C.）、毛亨、申培公、楚元王（?–179 B.C.），皆屬荀卿學派；至於三家《詩》《春秋》三傳及大小戴《記》，蓋亦出於荀卿。是以〈荀卿子通論〉云：

> 蓋自七十子之徒既歿，漢諸儒未興，中更戰國、暴秦之亂，六藝之傳賴以不絕者，荀卿也。[23]

及至唐朝，韓愈（768–824）以荀卿之學為「大醇小疵」，學者始不以荀卿為醇儒。[24] 宋朝推尊孟軻，孟學大盛，《孟子》列入《四書》，尊為經學，時人尊孟而貶荀，詆訿《荀子》以為異端之書，摒棄荀學於道統之外，甚至以李斯（?–208 B.C.）之事秦，歸

---

22 司馬遷撰，裴駰集解，司馬貞索隱，張守節正義：《史記》（修訂本）（北京：中華書局，2014 年），頁 2852。

23 汪中著，田漢雲點校：《新編汪中集》（揚州：廣陵書社，2005 年），頁 412。

24 韓愈〈讀荀子〉云：「孟氏，醇乎醇者也；荀與揚，大醇而小疵。」韓愈撰，魏仲舉集註，郝潤華、王東峰整理：《五百家注韓昌黎集》（北京：中華書局，2019 年），頁 702。

咎荀卿。[25] 及至清代，漢學昌明，學者追溯經學淵源，復重《荀子》，諸如汪中、段玉裁（1735－1815）、王念孫、郝懿行（1757－1825）、王先謙（1842－1918）諸家研治《荀子》，成果斐然。[26]

第一節

本校法之提出與運用

司馬遷《史記》稱荀卿「三為祭酒」，「最為老師」，[27] 足見荀子學問淵博，文辭蘊藉，其書論説深微，殊難理解，加之歷代傳鈔，重複更迭，屢見不鮮。劉向（77? B.C.－6 B.C.）〈《孫卿書》序錄〉嘗言：

> 所校讎中《孫卿書》凡三百二十二篇，以相校除複重二百九十篇，定著三十二篇，皆以定殺青簡，書可繕寫。[28]

25 蘇軾（1037－1101）〈荀卿論〉曾對荀卿大加貶斥，其文云：「昔者常怪李斯事荀卿，既而焚滅其書，大變古先聖王之法，於其師之道，不啻若寇讎。及今觀荀卿之書，然後知李斯之所以事秦者皆出於荀卿，而不足怪也。〔……〕彼見其師歷詆天下之賢人，以自是其愚，以為古先聖王皆無足法者。不知荀卿特以快一時之論，而荀卿亦不知其禍之至於此也。其父殺人報仇，其子必且行劫。荀卿明王道，述禮樂，而李斯以其學亂天下，其高談異論有以激之也。孔、孟之論，未嘗異也，而天下卒無有及者。苟天下果無有及者，則尚安以求異為哉？」張志烈等校註：《蘇軾全集校註》（石家莊：河北人民出版社，2010 年），第 10 冊，頁 342。

26 馬積高：《荀學源流》（上海：上海古籍出版社，2000 年），頁 289－323。

27 司馬遷撰，裴駰集解，司馬貞索隱，張守節正義：《史記》（修訂本），頁 2852。

28 王先謙撰，沈嘯寰、王星賢點校：《荀子集解》，頁 656。

由此可見，西漢劉向所見《荀子》原有三百二十二篇，其中重複者多達二百九十篇，劉向刪去重複，定著三十二篇。東漢班固(32–92)《漢書・藝文志》仍稱《孫卿子》，著錄有三十三篇。[29]準此可知，《荀子》於西漢時篇章大量重複，大抵於荀子去世之後，其所著篇章曾經單獨流傳，又因荀卿學術地位崇高，其學派思想影響深邃，因而至西漢時，乃有三百二十二篇之數。尤當注意者，即《荀子》一書不獨相同篇章相互複重，即使在不同篇章之中，亦屢見重合文辭，足為探究《荀》書詞義旨意之佐證。

西方校勘學非常重視文本在傳鈔過程中所出現的字詞差異，並提出讀者可以通過對同一作者的文辭使用習慣，推測文本在傳鈔上曾出現的錯誤，從而恢復底本原貌。Frederick William Hall (1867–1933) 在其著述 *A Companion to Classical Texts* 中指出：

> Often the divergence in tradition does not spring from any intentional revision of the text, but represents a selection from a corpus of variants preserved in the archetype. [...] These are (i) Intrinsic probability, and (ii) Graphical or Transcriptional probability. In other words we ask (i) What the author from all we know of him is likely to have written, and (ii) What corruptions the transcribers at various periods are likely to have substituted for the original text. The last question must be answered by the paleographer. The first must be answered by the critic who has studied the author's work as a whole. An answer is rendered possible by the fact that every author has his own peculiarities of construction, vocabulary, or literary form, and

29 班固撰，顏師古註：《漢書》(北京：中華書局，2013 年)，頁 1725。

> in many cases some law of style or rhythm has been discovered which provides a very dedicated test between two conflicting readings or for one resultant reading.[30]

F. W. Hall 提出每名作者都具備自己獨特的表述結構、詞彙使用習慣或文學表達形式，因而可以通過同一作者在同一文本中的上下文辭進行比對，探究文本可曾經過後世傳鈔時的擅意改易，溯源文本原來的真實意旨。F. W. Hall 進一步闡述通過作者慣用文辭進行對讀，是具體可行的方法：

> The emendation must be intrinsically probable, i.e. it must be something that the author is likely to have written. It must suit the context, the author's style and vocabulary, and any general laws which have been proved to apply to his works.[31]

F. W. Hall 意謂對文本的校改，必須符合其內在的可能性，即必須是作者曾經撰寫的相近的內容，而相關文辭必須符合文本中上下文的使用方法，與作者自身的撰寫風格，乃至作者慣用的詞彙等內在規律。

簡言之，西方校勘學上提出的利用作者文辭寫作習慣進行校勘，即類近我國傳統校勘學上的「本校法」，陳垣《校勘學釋例・卷六》嘗言：

> 二為本校法。本校法者，以本書前後互證，而抉摘其異同，則知其中之繆誤。吳縝之《新唐書糾繆》，汪輝祖之《元

30 F. W. Hall, *A Companion to Classical Texts* (Oxford: Clarendon Press, 1913), pp. 139.

31 Ibid, pp. 151.

> 史本證》，即用此法。此法於未得祖本或別本以前，最宜用之。予於《元典章》曾以綱目校目錄，以目錄校書，以書校表，以正集校新集，得其節目訛誤者若干條。至於字句之間，則循覽上下文義，近而數葉，遠而數卷，屬詞比事，牴牾自見，不必盡據異本也。[32]

可見同書互校，「上下文義」，「屬詞比事」，考其異同，或可得其確詁。孫詒讓《札迻・序》亦云：

> 近代鉅儒修學好古，校刊舊籍率有記述，而王懷祖觀察及子伯申尚書、盧紹弓學士、孫淵如觀察、顧澗薲文學、洪筠軒州倅、嚴鐵橋文學、顧尚之明經，及年丈俞蔭甫編修，所論箸尤眾，風尚大昌，覃及異域，若安井衡、蒲阪圓所箋校雖疏淺，亦資考證。綜論厥善，大抵以舊刊精校為據依，而究其微恉，通其大例，精犨博考，不參成見。其諟正文字譌舛，或求之於本書，或旁證之它籍，及援引之類書，而以聲類通轉為之錧鍵，故能發疑正讀，奄若合符。[33]

孫詒讓提出「諟正文字譌舛」，其實可以「求之於本書」，即以本書證本書，屢有所得。梁啟超《中國近三百年學術史》總論校勘之方，亦云：

> 校勘之意義及範圍有多種，方法當然隨之而異。第一種校勘法，是拿兩本對照，或根據前人所徵引，記其異同，擇善而從。因為各書多有俗本傳刻因不注意或妄改的結果發

32 陳垣：《校勘學釋例》，頁 311。

33 孫詒讓著，許嘉璐主編，雪克、陳野點校：《札迻》，自序頁 2。

> 生譌舛，得着宋元刻本或精鈔本，或舊本雖不可得見而類書或其記古籍所引有異文，便可兩兩勘比，是正今譌。〔……〕第二種校勘法，是根據本書或他書的旁證反證校正文句之原始的譌誤。前文所説第一種，是憑善本來校正俗本，倘若別無善本或所謂善本者還有錯誤，那便無所施其技了。第二種法再進一步，並不靠同書的板本，而在本書或他書找出憑證。這種辦法又有兩條路可走。第一條路是本書文句和他書互見的，例如《荀子・勸學篇》前半和《大戴禮記・勸學篇》全同；《韓非子・初見秦篇》亦見《戰國策》；《禮記・月令篇》亦見《呂氏春秋》《淮南子》；《韓詩外傳》和《新序》《説苑》往往有相重之條；乃至《史記》之錄《尚書》《戰國策》；《漢書》之錄《史記》。像這類，雖然本書沒有別的善本，然和他書的同文便是本書絕好的校勘資料。這種校法雖比第一種已稍繁難，但只須知道這一篇在他書有同文，便可拿來比勘，方法還是和第一種同樣。更有第二條路是，並無他書可供比勘，專從本書各篇所用的語法字法注意，或細觀一段中前後文義，以意逆志，發見出今本譌誤之點。這種工作，非眼光極鋭敏心思極縝密而品格極方嚴的人不能做，清儒中最初提倡者為戴東原，而應用得最純熟矜慎卓著成績者為高郵王氏父子。[34]

梁啟超提出依據本書的「旁證反證校正文句之原始的譌誤」，即屬本校法。他特意提出「專從本書各篇所用的語法字法注意，或細觀一段中前後文義，以意逆志，發見出今本譌誤之點」，即指細意比對文獻內部重合文辭，此以清儒戴東原導乎先路，而由高

34 梁啟超：《中國近三百年學術史》，頁 225（總頁 9029）。

郵王念孫父子發揚光大。周祖謨亦指出王念孫以本校法校讀《荀子》而卓然有成，周氏〈論校勘古書的方法〉云：

> 本證者是就本書尋求類似的事實，或相同的文例，互相參證。凡前後有矛盾或錯誤的，都可以據此以訂彼。簡單來說，就是以本書證本書。例如《荀子・富國篇》:「故仁人在上，百姓貴之如帝，親之如父母，為之出死斷亡而愉者。」「愉」上當有「不」字。王念孫據本書〈王霸篇〉「為之出死斷亡而不愉」改定。這就是一個很好的本證。[35]

梁啟超、周祖謨皆以王念孫善用本校法，而《荀子》一書屢見重合文辭，王念孫即以同書他篇相近文辭證成其義，筆者曾細閱王念孫《讀書雜志・荀子雜志》，檢得王氏利用重合文辭校定《荀》書者多則，謹臚列如下，以見王氏如何「純熟矜慎卓著成績」。

第二節

王念孫《讀荀子雜志》依據重合文辭校正訛誤

王念孫、王引之父子《讀書雜志・荀子雜志》校訂今本《荀子》訛誤多則，其中屢見依據同書他篇重合文辭者，今輯錄如下。

35 周祖謨：〈論校勘古書的方法〉，頁 433。

一、依據《荀子》他篇重合文辭校訂誤字

(一)〈修身〉:「體倨固而心執詐」。

引之曰:「執詐」當為「埶詐」,字之誤也。〈議兵篇〉曰:「兵之所貴者埶利也,所行者變詐也。」又曰:「隆埶詐,尚功利。」又曰:「焉慮率用賞慶、刑罰、埶詐,險阸其下,獲其功用而已矣。」「埶」與「詐」義相近。《後漢書・崔駰傳》「范蠡錯埶於會稽」,李賢曰:「埶謂謀略也。」[36]

可見王引之乃據〈議兵〉重合文辭校正今本〈修身〉「執詐」之誤。

(二)〈不苟〉:「君子寡立而不勝」。

楊倞注云:「雖寡立而不能勝。」念孫案:楊説非也。「寡立」當為「直立」,字之誤也。「勝」讀若「升」。〈漸〉六四「終莫之勝」,虞翻曰:「勝,陵也。」《管子・侈靡篇》「得天者高而不崩,得人者卑而不可勝」,謂卑而不可陵也。此言君子雖特立獨行而不以陵人,非謂人不能勝君子也。此文云:「君子廉而不劌,辯而不爭,直立而不勝。」〈榮辱篇〉云:「辯而不説者,爭也;直立而不見知者,勝也;廉而不見貴者,劌也。此小人之所務而君子之所不為也。」足與此文互相證明矣。[37]

可見王念孫依據〈榮辱〉重合文辭校正〈不苟〉「寡立」當為「直立」之誤。

36　王念孫:《讀書雜志》,志八之一,頁 17a(總頁 638)。

37　同前註,頁 22b(總頁 640)。

(三)〈非十二子〉:「甚察而不惠,辯而無用。」

> 念孫案:「惠」當為「急」,字之誤也。「甚察而不急」,謂其言雖甚察而不急於用,故下句云「辯而無用」也。下文「無用而辯,不急而察」,「急」字亦誤作「惠」。〈天論篇〉云:「無用之辯,不急之察。」〈性惡篇〉云:「雜能旁魄而無用,析速粹孰而不急。」皆其明證也。楊訓「惠」為「順」,失之。[38]

可見王念孫依據〈天論〉〈性惡〉兩篇相近文辭校正〈非十二子〉之誤文。

(四)〈仲尼〉:「彼非本政教也,非致隆高也,非綦文理也。」

> 引之曰:五伯亦有政教,不得言五伯「非本政教」,「本」當為「平」,字之誤也。〈致士篇〉曰「刑政平而百姓歸之」,《孟子‧離婁篇》曰「君子平其政」,昭二十年《左傳》曰「是以政平而不干」,《周南‧芣苢序》箋曰「天下和,政教平,五伯猶未能平其政教」,故曰「非平政教也」。「平政教」三字本篇一見,〈王制篇〉兩見,〈王霸篇〉兩見,其誤為「本政教」者四。唯〈王制篇〉之一未誤,今據以訂正。[39]

可見王引之依據〈王制〉〈王霸〉兩篇重合文辭校正〈仲尼〉之誤字。

(五)〈儒效〉:「若夫譎德而定次,量能而授官。」

> 楊倞注:「譎與商同,古字。商度其德而定位次,本多作『譎』。譎,與決同,謂斷決其德,故下亦有『譎德而序位』

38 同前註,志八之二,頁 12a(總頁 656)。

39 同前註,頁 18b(總頁 659)。

之語。」念孫案：作「譎」者是也。作「譎」者，「譎」之譌耳。「譎」「決」古字通，謂決其德之大小而定位次也。下文「譎德而序位」是其明證。又〈君道篇〉「譎德而定次」，今本作「論德」，「論」字乃後人以意改之。(〈正論篇〉「論德而定次」同。)《韓詩外傳》作「決德」，則《荀子》之本作「譎」甚明。或據〈君道篇〉改此篇之「譎德」為「論德」，非也。又〈正論篇〉「圖德而定次」，舊校云「一本作決德」，亦當以作「決」者為是。作「圖」者，蓋亦後人所改。[40]

可見王念孫依據〈君道〉〈正論〉兩篇重合文辭校正〈儒效〉之誤字。

(六)〈王制〉:「名聲日聞天下願，令行禁止，王者之事畢矣。」

念孫案：「名聲日聞」，本無「聞」字，「日」本作「白」。「名聲白」者，白，明也，顯也，謂名聲顯著於天下也。〈致士篇〉曰：「貴名白，天下願，令行禁止，王者之事畢矣。」文正與此同。「貴名白」即「名聲白」也。〈樂論篇〉曰：「名聲於是白，光輝於是大。」〈堯問篇〉曰：「名聲不白，徒與不眾，光輝不大。」皆其證也。「名聲白」「天下願」二句相對為文，若於上句內加一字，則句法參差矣。此因「白」字譌作「日」，後人不得其解，故於「日」下加「聞」字耳。[41]

可見王念孫依據〈致士〉〈樂論〉〈堯問〉三篇重合文辭校正〈王制〉之誤字及衍文。

40 同前註，頁 28a（總頁 664）。

41 同前註，志八之三，頁 1b（總頁 671）。

（七）〈王制〉：「以時順脩，使賓旅安而貨財通，治市之事也。」

> 引之曰：賓客之事，非治市者所掌，且與「通貨財」無涉。「賓」當為「賓」，字之誤也。《説文》：「賓，行賈也。從貝，商省聲。」今通用「商」字。〈考工記〉「通四方之珍異以資之，謂之商旅」，鄭注曰：「商旅，販賣之客也。」〈月令〉曰：「易關市，來商旅，納貨賄。」故曰「使賓旅安而貨財通，治市之事也」。〈王霸篇〉「商旅安，貨財通」是其明證矣。（今本「貨財通」誤作「貨通財」。）今經傳以「商」代「賓」，「商」行而「賓」遂廢，此「賓」字若不誤為「賓」，則後人亦必改為「商」矣。[42]

可見王引之依據〈王霸〉重合文辭校訂〈王制〉之誤字。

（八）〈王霸〉：「貫日而治詳，一日而曲列之。」

楊註曰：「貫日，積日也。積日而使條理詳備，一日而委曲列之，無差錯也。」[43] 劉台拱則以為「一日」當作「一目」，立一條目而委曲具列之，若簿書之類。[44] 王念孫不以為然，反據〈君道〉重合文辭提出新解，其謂：

> 「一日」與「貫日」相對為文，則「日」非「目」之譌也。〈君道篇〉作「一日而曲辨之」，（今本「日」譌作「內」。）「辨」與「別」古字通，則「列」為「別」之譌也。王逸注〈離騷〉云：「貫，累也」，言以累日之治而辨之於一日也。[45]

---

42 同前註，頁 11b（總頁 676）。

43 王先謙撰，沈嘯寰、王星賢點校：《荀子集解》，頁 250。

44 劉台拱：《荀子補注》，頁 8a。

45 王念孫：《讀書雜志》，志八之四，頁 4a（總頁 684）。

王說一語中的，通過內部重合文辭，得見〈王霸〉「一日而曲列之」，〈君道〉作「一日而曲辨之」，推知今本〈王霸〉「曲列」當為「曲別」之訛，「別」「辨」古通。

（九）〈王霸〉：「桀、紂即序於有天下之勢，索為匹夫而不可得也。」

念孫案：「序」字義不可通。「序」，當為「厚」，字之誤也。言桀、紂有天下之勢雖厚，曾不得以匹夫終其身也。〈仲尼篇〉曰：「桀、紂厚於有天下之勢，而不得以匹夫老。」〈彊國篇〉曰：「厚於有天下之勢，索為匹夫不可得也，桀、紂是也。」皆其證。楊云：「即序於有天下之勢，謂就王者之次序為天子。」此望文生義而曲為之說。[46]

可見王念孫依據〈仲尼〉〈彊國〉兩篇重合文辭校正〈王霸〉之誤字。

（十）〈王霸〉：「以是用挾於萬物，尺寸尋丈莫得不循乎制度數量，然後行。」

念孫案：「用挾」二字文義不明，「用」當為「周」，字之誤也。「周挾」即「周浹」，〈君道篇〉曰：「先王審禮，以方皇周浹於天下。」〈禮論篇〉曰「方皇周挾，曲得其次序」，楊彼注曰：「挾，讀為浹，帀也。言於是禮之中，徘徊周帀，委曲皆得其次序而不亂。」此注亦曰「挾，讀為浹」，則楊本正作「周挾」明矣。「制度數量」，盧云：「各本作『制數度量』，今從宋本。」案：作「制數度量」者是也。〈富國篇〉曰「無

46　同前註，頁 7a（總頁 685）。

制數度量則國貧」，是其證。宋本「數度」二字互誤耳。《禮記・王制》「度量數制」，鄭注曰：「度，丈尺也。量，斗斛也。數，百十也。制，布帛幅廣狹也。」「數制」即「制數」。[47]

可見王念孫依據〈君道〉〈禮論〉〈富國〉三篇重合文辭校正〈王霸〉之誤字。

(十一)〈議兵〉：「然後百姓曉然皆知脩上之法，像上之志而安樂之。」

念孫案：「脩」當為「循」，字之誤也。循，順也，謂順上之法也。〈君道篇〉曰：「百姓莫敢不順上之法，象上之志而勸上之事，而安樂之矣。」文略與此同，「順」與「循」古同聲而通用也。[48]

可見王念孫依據〈君道〉重合文辭校正〈議兵〉之誤字。

(十二)〈天論〉：「若夫心意脩，德行厚，知慮明。」

念孫案：「心意」當為「志意」，字之誤也。《荀子》書皆言「志意脩」，無言「心意脩」者，〈脩身篇〉曰「志意脩則驕富貴」，〈富國篇〉曰「脩志意，正身行」，皆其證。又〈榮辱篇〉曰：「志意致脩，德行致厚，智慮致明。」〈正論篇〉曰：「志意脩，德行厚，知慮明。」皆與此文同一例，此尤其明證也。[49]

可見王念孫依據〈修身〉〈富國〉〈榮辱〉〈正論〉四篇重合文辭校正〈天論〉之誤字。

---

47 同前註，頁 8a（總頁 686）。

48 同前註，志八之五，頁 17a（總頁 700）。

49 同前註，頁 27a（總頁 705）。

(十三)〈正論〉:「昔者武王伐有商,誅紂,斷其首,縣之赤旂。」

宋錢本「旂」作「斾」。元刻、世德堂本同。念孫案:〈解蔽篇〉云「紂縣於赤斾」,則作「斾」者是。[50]

可見王念孫依據〈解蔽〉重合文辭校正〈正論〉之誤字。

(十四)〈正論〉:「今子宋子嚴然而好說,聚人徒,立師學,成文曲。」

念孫案:「成文曲」義不可通,「曲」當為「典」,字之誤也,故楊注云:「文典,文章也。」(今本注文亦誤作「文曲」。)「成文典」謂作《宋子》十八篇也。〈非十二子篇〉云「終日言成文典」,是其證。[51]

可見王念孫依據〈非十二子〉重合文辭校正〈正論〉之誤字。

二、依據《荀子》他篇重合文辭補訂脫誤

(一)〈榮辱〉:「非孰脩為之君子莫之能知也」。

念孫案:〈禮論篇〉曰:「非順孰脩為之君子莫之能知也。」楊彼注云:「順,從也。孰,精也。脩,治也。為,作也。此文脫「順」字,楊又云:「孰,甚也,甚脩飾作為之君子。」直望文生義耳。當從〈禮論篇〉補「順」字。[52]

可見王念孫依據〈禮論〉重合文辭補正〈榮辱〉之脫誤。

---

50 同前註,志八之六,頁 3b(總頁 708)。

51 同前註,頁 9a(總頁 711)。

52 同前註,志八之一,頁 40b(總頁 649)。

(二)〈非十二子〉:「成名況乎〔引之〕(案:此下有脱文,不可考,楊注非。),諸侯莫不願以為臣。」

引之曰:〈儒效篇〉「願」下有「得」字,彼文因此而衍,則此文當有「得」字也。(宋龔本有。)〈非相篇〉「婦人莫不願得以為夫,處女莫不願得以為士」,文義正與此同。據楊注亦當有「得」字。[53]

可見王引之依據〈儒效〉〈非相〉兩篇相近文辭補正〈非十二子〉之脱文。

(三)〈仲尼〉:「鄉方略,審勞佚,畜積脩鬬。」

引之曰:「脩鬬」二字殊為不詞,楊注曰:「脩戰鬬之術。」加數字以解之,其失也迂矣。〈王霸篇〉作「鄉方略,審勞佚,謹畜積,脩戰備」,疑此亦本作「謹畜積,脩鬬備」,而傳寫有脱文也。此篇及〈王霸篇〉自「鄉方略」以下皆以三字為句,以是明之。[54]

可見王引之依據〈王霸〉重合文辭補正〈仲尼〉之脱文。

(四)〈王制〉:「百姓貴之如帝,親之如父母,為之出死斷亡而愉。」

楊注曰:「愉,歡也。」念孫案:「愉」讀為「偷」,「愉」上當有「不」字。「出死斷亡而不愉」者,民皆死其君事而不偷生也。楊所見本已脱「不」字,故誤以「愉」為歡愉之

53 同前註,志八之二,頁 13b(總頁 657)。

54 同前註,頁 19a(總頁 660)。

「愉」。下文「為之出死斷亡而愉」，「愉」上亦脱「不」字。〈王霸篇〉曰「為之出死斷亡而不愉」，《群書治要》引作「不偷」，足正此篇之誤。楊不知「愉」為古「偷」字，反以「不」為衍文，謬矣。〔……〕經傳中「愉」字或作「偷」者，皆後人所改也。此篇之「出死斷亡而不愉」，若非脱去「不」字，則後人亦必改為「偷」矣。[55]

可見王念孫依據〈王霸〉重合文辭校正〈王制〉之脱文。

（五）〈君道〉：「欲得善馭速致遠者」。（宋呂、錢本竝如是。）元刻、世德堂本「速」上有「及」字。盧從宋本，云：「俗閒本有『及』字。」

念孫案：有「及」字者是也。「及速」與「致遠」對文。行速則難及，道遠則難致，故唯善馭者乃能及速致遠，非謂其致遠之速也，則不得以「速致遠」連讀。「善馭及速致遠」與「善射射遠中微」對文，若無「及」字，則與上文不對，一證也。〈王霸篇〉云：「欲得善射，射遠中微，則莫若羿、蠭門矣；欲得善馭，及速致遠，則莫若王良、造父矣。」與此文同一例，二證也。《淮南・主術篇》云：「夫載重而馬羸，雖造父不能以致遠；車輕而馬良，雖中工可使追速。」「追速」「致遠」即「及速」「致遠」，三證也。《群書治要》有「及」字，四證也。[56]

可見王念孫依據〈王霸〉重合文辭校正〈君道〉之脱文。

55　同前註，志八之三，頁 14b（總頁 678）。

56　同前註，志八之四，頁 18a（總頁 691）。

三、依據《荀子》他篇重合文辭校訂誤衍

(一)〈非相〉:「故以人度人,以情度情,以類度類,以說度功,以道觀盡,古今一度也。」

念孫案:「古今一度也」當作「古今一也」,言自「以人度人」以下皆無古今之異,故曰「古今一也」。〈彊國篇〉「治必由之,古今一也」,〈正論篇〉「有擅國,無擅天下,古今一也」,〈君子篇〉「故尊聖者王,貴賢者霸,敬賢者存,慢賢者亡,古今一也」,文意竝與此同,則「一」下不當更有「度」字,蓋涉上數「度」字而衍。楊注云:「古今不殊,盡可以此度彼。」則所見本已有「度」字。《外傳》無。[57]

可見王念孫依據〈彊國〉〈正論〉〈君子〉三篇重合文辭校正〈非相〉之衍文。

(二)〈仲尼〉:「文王誅四,武王誅二,周公卒業,至於成王,則安以無誅矣。」

念孫案:「安」下本無「以」字,此後人不知「安」為語詞,而誤以為「安定」之「安」,故妄加「以」字耳。〈大略篇〉「至成康則案無誅已」,「案」下無「以」字是其明證。[58]

可見王念孫依據〈大略〉重合文辭校正〈仲尼〉之衍文。

57 同前註,志八之二,頁 4b(總頁 652)。

58 同前註,頁 19b(總頁 660)。

(三)〈王霸〉:「主之所極然帥群臣而首嚮之者，則舉義志也。」

> 引之曰:「之所」上本無「主」字，此後人不曉文義而妄加之也。(後人以下有「群臣」二字，故加「主」字。)之，猶其也。言其所極然帥群臣而首嚮之者，則皆義志也。上文「之所與」「之所以」,「之」上皆無「主」字,〈王制篇〉三言「之所以接下之人百姓者」,「之」上亦無「主」字。〈議兵篇〉作「其所以接下之人百姓者」，是「之」與「其」同義。據楊注「主所極信」云云，則所見本已有「主」字。[59]

可見王引之依據〈王霸〉上下文及〈王制〉〈議兵〉兩篇之重合文辭校正〈王霸〉之衍文。

(四)〈王霸〉:「是百王之所以同也，而禮法之樞要也。」

> 楊注曰:「是百王之同用愛民之道而得民也。」盧云:「正文『以同』，疑當作『同以』，觀注言『同用』可見。」念孫案:盧說非也。「是百王之所以同」,「以」，衍文也。上下文皆云:「是百王之所同，而禮法之大分。」〈禮論篇〉云:「是百王之所同，古今之所一也。」皆言「所同」，不言「所以同」，則「以」為衍文明矣。據楊注言「同用愛民之道」，則所見本似已衍「以」字。[60]

可見王念孫依據〈王霸〉上下文辭、〈禮論〉重合文辭校正〈王霸〉之衍文。

59　同前註，志八之四，頁 1a(總頁 682)。

60　同前註，頁 7b(總頁 685)。

(五)〈王霸〉:「辯政令制度,所以接天下之人百姓,有非理者如豪末,則雖孤獨鰥寡必不加焉。」

念孫案:「天下之人百姓」,「天」字後人所加也。下者,對上而言。上文云:「上之於下,如保赤子,政令制度,所以接下之人百姓,有不理者如豪末,則雖孤獨鰥寡必不加焉。」文正與此同。又〈王制篇〉云「之所以接下之人百姓者,則庸寬惠」,又云「之所以接下之人百姓者,則好取侵奪」,又云「之所以接下之人百姓者,則好用其死力矣,而慢其功勞,好用其籍斂矣,而亡其本務」,〈議兵篇〉云「其所以接下之人百姓者,無禮義忠信」,〈彊國篇〉云「今上不貴義,不敬義,如是則下之人百姓皆有棄義之志,而有趨姦之心矣」,(「人百姓」,猶言眾百姓。〈王霸篇〉曰:「朝廷群臣之俗若是,則夫眾庶百姓亦從而成俗,不隆禮義而好貪利矣。」語意略與此同。彼言「眾庶百姓」,猶此言「人百姓」也。)皆其證也。[61]

可見王念孫依據〈王制〉〈議兵〉〈彊國〉三篇重合文辭校正〈王霸〉之衍文。

(六)〈君道〉:「論德而定次,量能而授官,皆使其人載其事而各得其所宜。」

念孫案:人載其事而各得其所宜,謂人人皆載其事而得其宜也。「使」下不當有「其」字,蓋涉下兩「其」字而衍。

61 同前註,頁 9a(總頁 686)。

〈榮辱篇〉曰「皆使人載其事而各得其宜」，〈正論篇〉曰「皆使民載其事而各得其宜」，「使」下皆無「其」字。[62]

可見王念孫依據〈榮辱〉〈正論〉兩篇重合文辭校正〈君道〉之衍文。

（七）〈正論〉：「聖王以為法，士大夫以為道，官人以為守，百姓以為成俗。」

念孫案：第四句本作「百姓以成俗」，與上三句對文。《晉語》注曰：「為，成也。」「以成俗」即「以為俗」。今本「成」上有「為」字，乃涉上三「為」字而衍。〈禮論篇〉「官人以為守，百姓以成俗」，「成」上無「為」字。[63]

可見王念孫依據〈禮論〉重合文辭校正〈正論〉之衍文。

四、依據《荀子》他篇重合文辭校正文字誤倒

（一）〈君道〉：「古有萬國，今有數十焉。」

念孫案：〈富國篇〉「數十」作「十數」，是也。當荀子著書時，國之存者已無數十矣。[64]

可見王念孫依據〈富國〉重合文辭校正〈君道〉之倒文。

62　同前註，頁 16b（總頁 690）。

63　同前註，志八之六，頁 8b（總頁 711）。

64　同前註，志八之四，頁 18b（總頁 691）。

(二)〈成相〉「上能尊主愛下民」。

> 念孫案:「愛下民」當作「下愛民」,與「上能尊主」對文。〈不苟〉〈臣道〉二篇竝云:「上則能尊君,下則能愛民。」是其證。[65]

可見王念孫依據〈不苟〉〈臣道〉兩篇重合文辭校正〈成相〉之倒文。

---

65 同前註,志八之八,頁 2b(總頁 730)。

| 第二章 |

《荀子》互見重合文辭疏證

清代乾嘉學者王念孫成功通過對讀《荀子》重合文辭，校訂今本訛誤，誠如梁啟超所言，成就卓著。由此可見，《荀子》內部重合文辭對於校勘、釋讀原書文義，多有裨益。香港中文大學劉殿爵中國古籍研究中心過去在編纂《〈荀子〉與先秦兩漢典籍重見資料彙編》時，曾整理出數十則《荀子》內部重合的文句。[1] 其後中心在編纂《〈荀子〉詞彙資料彙編》時，又發現《荀子》書中有不少專用詞彙，未見於其他先秦文獻。[2] 由於缺乏其他書證用例，部分《荀子》所用詞彙之義訓，其實難以論斷，自唐朝楊倞以迄近世《荀子》的註譯者，論見紛紜，莫衷一是。《荀子》專用詞彙雖不見於其他先秦兩漢典籍，卻分見於《荀》書的不同篇章，因而可作比對，通過上下文意對讀，佐證相關詞義。下文將利用《荀子》篇章之間重合的字詞、文句，詳加比對，並結合各家學者的註釋，論證其中義訓，望能對《荀》書的文義略作補證。

第一節

文辭相同，義理互補

一、君子寬而不僈

《荀子・不苟》云：「君子寬而不僈，廉而不劌，辯而不爭，

1 參見何志華、朱國藩、樊善標編著：《〈荀子〉與先秦兩漢典籍重見資料彙編》（香港：中文大學出版社，2005 年）。

2 何志華、朱國藩編著：《〈荀子〉詞彙資料彙編》（香港：香港中文大學出版社，2012 年），頁 97。

察而不激。」[3] 楊倞註云：「僈與慢同，怠惰也。」[4] 北京大學《荀子》註釋組《荀子新註》於「寬而不僈」句下註云：「僈：同『慢』，怠慢。」[5] 王天海《荀子校釋》以為「寬，猶舒緩也。」[6] 可見〈不苟〉「君子寬而不僈」，學者理解為舒緩而不怠慢，以為君子本質。考〈非十二子〉云：

> 彼君子則不然。佚而不惰，勞而不僈，宗原應變，曲得其宜，如是，然後聖人也。[7]

楊倞註云：「雖逸而不懈惰，雖勞而不弛慢。」[8] 北京大學《荀子》註釋組《荀子新註》云：「勞而不僈：雖然勞累也不懈怠。」[9] 按楊倞訓「僈」為「弛慢」，北京大學《荀子》註釋組訓為「懈怠」，兩義相近。由此可見「不僈」於〈不苟〉〈非十二子〉兩篇用例相近，取義相同。

二、君子注錯之當，而小人注錯之過

《荀子・榮辱》云：

> 夫不知其與己無以異也，則君子注錯之當，而小人注錯之過也。故孰察小人之知能，足以知其有餘可以為君子之所為也。譬之越人安越，楚人安楚，君子安雅，是非知能材

3 王先謙撰，沈嘯寰、王星賢點校：《荀子集解》，頁 47。

4 同前註。

5 北京大學《荀子》註釋組：《荀子新註》（北京：中華書局，1979 年），頁 28。

6 荀況著，王天海校釋：《荀子校釋》（修訂本）（上海：上海古籍出版社，2016 年），頁 89。

7 王先謙撰，沈嘯寰、王星賢點校：《荀子集解》，頁 124。

8 同前註。

9 北京大學《荀子》註釋組：《荀子新註》，頁 76。

性然也，是注錯習俗之節異也。〔……〕可以為堯、禹，可以為桀、跖，可以為工匠，可以為農賈，在埶注錯習俗之所積耳。[10]

按「注錯」猶言舉措，王天海《荀子校釋》云：

注錯，當為「舉措」。注，乃舉之音轉；錯，通措。《荀書》用「注錯」凡六次，本篇四次、〈儒效篇〉兩次，其義皆同舉措。[11]

王說良是，「注錯」乃《荀》書習慣用語，散見不同篇章。〈榮辱〉以為「注錯」「習俗」之所積，可以改易情性，終而產生君子、小人之別，乃至聖君堯、禹與凶殘桀、跖之異，工匠、農賈之分，一切皆由注錯差別使然。《荀子・儒效》進一步闡述其義云：

注錯習俗，所以化性也；并一而不二，所以成積也。習俗移志，安久移質，并一而不二則通於神明、參於天地矣。〔……〕故聖人也者，人之所積也。人積耨耕而為農夫，積斲削而為工匠，積反貨而為商賈，積禮義而為君子。工匠之子莫不繼事，而都國之民安習其服。居楚而楚，居越而越，居夏而夏，是非天性也，積靡使然也。故人知謹注錯，慎習俗，大積靡，則為君子矣。[12]

注錯習俗之所以具備改易情志之效，全因積靡使然。「積耨耕而為農夫，積斲削而為工匠」，此即〈榮辱〉所言「可以為工匠，可以為農賈」；「居楚而楚，居越而越，居夏而夏，是非天性也，積

10 王先謙撰，沈嘯寰、王星賢點校：《荀子集解》，頁 72。

11 荀況著，王天海校釋：《荀子校釋》，頁 139。

12 王先謙撰，沈嘯寰、王星賢點校：《荀子集解》，頁 170。

靡使然也」，即〈榮辱〉所言「越人安越，楚人安楚，君子安雅，是非知能材性然也，是注錯習俗之節異也。」兩篇論說如出一轍，可以相互補足，闡明荀說義理。

三、矞宇嵬瑣

《荀子・非十二子》云：

> 假今之世，飾邪說，文姦言，以梟亂天下，矞宇嵬瑣，使天下混然不知是非治亂之所存者有人矣。[13]

其謂「矞宇嵬瑣」者，楊倞註云：

> 嵬，謂為狂險之行者也。瑣者，謂為姦細之行者也。《說文》云：「嵬，高不平也。」今此言嵬者，其行狂險，亦猶山之高不平也。《周禮・大司樂》云「大傀裁則去樂」，鄭云：「傀，猶怪也。」《晏子春秋》曰：「不以上為本，不以民為憂，內不恤其家，外不顧其游，夸言傀行，自勤於飢寒，命之曰狂僻之民，明王之所禁也。」嵬，當與傀義同。[14]

可見「嵬瑣」者，乃指「為狂險之行」及「為姦細之行」者也，楊倞並以《晏子春秋》所言「夸言傀行」之「狂僻之民」為喻，則「嵬瑣」者，乃專指行為狂險、姦細之人，可以明矣。然而，郝懿行不以為然，並反駁楊倞云：

> 「嵬」者崔嵬，高不平也。「瑣」者，細碎聲也。此謂飾邪說，文姦言，以欺惑人者。「矞宇」，所謂大言炎炎也。「嵬

13　同前註，頁 105。

14　同前註，頁 106。

瑣」，所謂小言詹詹也。此皆謂「言」矣，注以「行」說，失之。「嵬瑣」又見〈儒效〉〈正論〉篇。[15]

按郝懿行引《莊子・齊物論》「大言炎炎，小言詹詹」，[16] 析述〈非十二子〉「矞宇嵬瑣」之義，並以為專就「言」說，不當兼及「行」，故楊註失誤。今考郝說猶可再商，誠如郝懿行所言，「嵬瑣」一詞又見〈儒效〉及〈正論〉。〈儒效〉云：「其通也，英傑化之，嵬瑣逃之，邪說畏之，眾人媿之。」[17] 楊倞註云：「言英傑之士則慕而化之，狂怪之人則畏而逃去之也。」[18] 可見「嵬瑣」者，專指「狂怪之人」，非指「言說」。又〈正論〉云：「堯、舜者，天下之英也；朱、象者，天下之嵬、一時之瑣也。」[19] 楊倞註云：

言嵬瑣之人，雖被堯、舜之治，猶不可化。言教化所不及。嵬瑣，已解在〈非十二子〉之篇。[20]

可見〈正論〉以「天下之嵬、一時之瑣」以言「嵬瑣之人」，同樣指行為怪異者，而非指「言說」。劉師培（1884–1919）《荀子詞例舉要》云：

此文亦「嵬」「瑣」對文。「嵬」指朱、象之傲言。〈虞書〉言「無若丹朱傲」，又言「象傲」。「傲」即驕倨，非荀子以朱、

15 郝懿行著，管謹訒點校：《荀子補註》，載郝懿行著，安作璋主編：《郝懿行集》第6冊（濟南：齊魯書社，2010年），頁4571。

16 郭慶藩撰，王孝魚點校：《莊子集釋》（北京：中華書局，2018年），頁58。

17 王先謙撰，沈嘯寰、王星賢點校：《荀子集解》，頁163。

18 同前註，頁163。

19 同前註，頁398。

20 同前註，頁398。

象為「天下之嵬」之證乎？「瑣」為鄙猥，若朱之慢游朋淫，象之思得干戈琴弤是也。「嵬瑣」二字取義相反。[21]

「嵬」「瑣」二行相反，而實相成，故荀子以之刺譏堯子丹朱，及舜異母弟象也。可見荀子〈正論〉舉朱、象為證，以見「嵬瑣之人」之顯例，二人並皆不肖者也。所謂「嵬瑣之行」，劉師培云：

> 「嵬瑣」二字對文，「嵬」即〈勸學篇〉之「倚傀」。凡高峻之行（如〈非十二子篇〉所言「綦谿利跂」及「離縱」「跂訾」均是也）、奇僻之言，均謂之「嵬」，以其高而不平也。凡卑污之行（如〈勸學篇〉之「狹隘褊小」「庸眾駑散」是也）、庸陋之言，均謂之「瑣」，以其卑微不足論也。蓋奇詭之説均由好高而生，故〈非十二子〉之「嵬容」、〈正論篇〉之「嵬説」，「嵬容」即奇詭之容，「嵬説」即奇詭之説，與委曲之義迥殊。〈禮論篇〉云：「暴慢、恣睢、輕俗以為高之屬入焉而隊。」此即「嵬」字之的解。〈性惡篇〉云：「則傀然獨立天地之間而不畏。」楊注云：「傀，偉大貌。或曰：與塊同，獨居之貌也。」「嵬」與「傀」同，「傀」有傲義，亦有高義。（楊注雖確，惟待引伸。）[22]

可見「嵬瑣」者，凡高峻之行、奇僻之言，均謂之「嵬」；凡卑污之行、庸陋之言，均謂之「瑣」；則「嵬瑣之人」，可兼及其言行，而非僅限於其言説，郝説猶有未盡，亦不足以駁難楊倞。〈正論〉以朱、象之行為驕倨，説明「嵬瑣」一詞義訓，尤為郝懿行「嵬瑣」皆謂「言矣」一説之反證。

21　劉師培：《荀子詞例舉要》，《劉師培全集》第 1 冊（北京：中共中央黨校出版社，1997 年），頁 3b（總頁 408）。

22　同前註。

四、齊給便利

《荀子・非十二子》云：

> 辯說譬諭、齊給便利而不順禮義謂之姦說。〔……〕高上尊貴不以驕人，聰明聖知不以窮人，齊給速通不（爭）〔以〕先人，[23] 剛毅勇敢不以傷人。[24]

楊倞註云：「齊，疾也。給，急也。便利，亦謂言辭敏捷也。」[25] 然而日本學者冢田虎（1745－1832）不以為然。冢田虎《荀子斷》云：

> 齊給，如字，言足成其理也。下文「齊給速通」同，註非。[26]

按冢田虎以為「齊給，如字」者，即謂「齊給」當訓為「整齊完備」之意。《國語・周語下》：「身聳除潔，內外齊給，敬也。」[27] 韋昭註云：「齊，整也。給，備也。」[28] 大抵即為冢田虎推論義訓所據。惟細考「齊給便利」乃荀卿習用詞彙，除〈非十二子〉外，又見〈修身〉：「勇膽猛戾，則輔之以道順；齊給便利，則節之以動止。」[29] 楊倞註云：「《爾雅》云：『齊，疾也。』齊給便利，皆捷速

23　「先」字據王念孫說改為「以」。參見王念孫：《讀書雜志》，志八之二，頁 16a（總頁 658）。

24　王先謙撰，沈嘯寰、王星賢點校：《荀子集解》，頁 115。

25　同前註。

26　冢田虎：《荀子斷》影印日本寬政七年（1795）京師水玉堂刊本，載嚴靈峰主編：《無求備齋荀子集成》第 42 冊（台北：成文出版社，1977 年），卷 1，頁 30a（總頁 65）。

27　韋昭註，徐元誥集解，王樹民、沈長雲點校：《國語集解》（北京：中華書局，2019 年），頁 109。

28　同前註，頁 110。

29　王先謙撰，沈嘯寰、王星賢點校：《荀子集解》，頁 30。

也。」[30] 可見楊倞訓「齊」為「疾」，實本《爾雅》。北京大學《荀子》註釋組《荀子新註》亦云：「齊給便利：敏捷輕快，這裏指行動不慎重。」[31] 又〈君道〉云：「其所為身也，謹修飾而不危；其應變故也，齊給便捷而不惑。」[32] 久保愛（1759－1835）《荀子增註》亦云：「齊給便捷，謂敏疾也。」[33] 又〈臣道〉：

> 上則能尊君，下則能愛民，政令教化，刑下如影，應卒遇變，齊給如響，推類接譽，以待無方，曲成制象，是聖臣者也。[34]

按「齊給如響」，猶言「齊給便捷」「齊給便利」，其義無別；梁啟雄（1900－1965）〈臣道〉「齊給如響」句下註云：「〈非十二子〉：『齊急便利。』注：『給，急也。』是給亦敏捷之義。」[35] 再考〈性惡〉云：

> 齊給、便敏而無類，雜能、旁魄而無用，析速、粹孰而不急，不恤是非，不論曲直，以期勝人為意，是役夫之知也。[36]

可見「齊給便捷」「齊給便利」，又作「齊給便敏」，其義亦無別。北京大學《荀子》註釋組云：

---

30 同前註。

31 北京大學《荀子》註釋組：《荀子新註》，頁 18。

32 王先謙撰，沈嘯寰、王星賢點校：《荀子集解》，頁 276。

33 久保愛：《荀子增註》影印日本寬政八年（1796）京師水玉堂刊本，載嚴靈峰主編：《無求備齋荀子集成》第 43–44 冊（台北：成文出版社，1977 年），卷 8，頁 4b（總頁 356）。

34 王先謙撰，沈嘯寰、王星賢點校：《荀子集解》，頁 292。

35 梁啟雄：《荀子簡釋》（北京：中華書局，2009 年），頁 175。

36 王先謙撰，沈嘯寰、王星賢點校：《荀子集解》，頁 527。

齊：通「疾」，迅速。齊給：回答很快。便敏：敏捷。齊給便敏：指口齒伶俐。[37]

由此而觀，則〈非十二子〉:「辯説譬諭，齊給便利而不順禮義，謂之姦説。」楊倞註云:「齊，疾也。給，急也。便利亦謂言辭敏捷也。」其實無誤，蓋「齊給便利」，猶言「齊給便敏」也。冢田虎卻以為「齊給，如字」，而以楊倞註説為非，其實未知「齊給便利」《荀》書習見，比對重合文辭，其義自明，楊説無誤。

五、倜然無所歸宿

《荀子・非十二子》云：

終日言成文典，反紃察之，則倜然無所歸宿，不可以經國定分；〔……〕是慎到、田駢也。[38]

楊倞註云：

倜然，疏遠貌。宿，止也。雖言成文典，若反覆紃察，則疏遠無所指歸也。[39]

楊倞訓「倜然」為「疏遠」，不少學者皆從其説。如北京大學《荀子》註釋組《荀子新註》云:「倜然：遠離的樣子。」[40] 王天海《荀子校釋》以為「倜然，形容迂闊之貌」。[41] 廖名春《荀子（節選)》

---

37 北京大學《荀子》註釋組:《荀子新註》，頁 401。

38 王先謙撰，沈嘯寰、王星賢點校:《荀子集解》，頁 109。

39 同前註。

40 北京大學《荀子》註釋組:《荀子新註》，頁 66。

41 荀況著，王天海校釋:《荀子校釋》，頁 207。

亦云：「倜然：遠離的樣子，形容迂闊而遠離實際。」[42] 其實皆可再作闡析。考「倜然」又見〈君道〉：

> 夫文王非無貴戚也，非無子弟也，非無便嬖也，倜然乃舉太公於州人而用之，豈私之也哉！[43]

前人學者早已指出〈君道〉此文又見《韓詩外傳》，冢田虎《荀子斷》云：「倜然，不羈貌。〔……〕《韓詩外傳》作『超然』。」[44] 又郝懿行《荀子補注》云：「『倜』，超遠也。《韓詩外傳・四》『倜』作『超』，『州』作『舟』。」[45] 按《韓詩外傳》卷四原文為：「夫文王非無便辟親比己者，超然乃舉太公於舟人而用之。豈私之哉？」[46]《荀子》「倜然」，《韓詩外傳》作「超然」，兩書重文互見，義當相因。再考《荀子・彊國》云：

> (1) 土地之大，封內千里，人之眾數以億萬，俄而天下倜然舉去桀、紂而犇湯、武，反然舉疾惡桀、紂而貴帝湯、武，是何也？[47]
>
> (2) 不比周，不朋黨，倜然莫不明通而公也，古之士大夫也。[48]
>
> (3) 兼是數具者而盡有之，然而縣之以王者之功名，則倜倜然其不及遠矣。[49]

42　廖名春解讀：《荀子（節選）》（北京：國家圖書館出版社，2019 年），頁 125。

43　王先謙撰，沈嘯寰、王星賢點校：《荀子集解》，頁 286。

44　冢田虎：《荀子斷》，卷 2，頁 29b（總頁 150）。

45　郝懿行著，管謹訒點校：《荀子補註》，頁 4596。

46　韓嬰撰，許維遹校釋：《韓詩外傳集釋》（北京：中華書局，2009 年），頁 146。

47　王先謙撰，沈嘯寰、王星賢點校：《荀子集解》，頁 352。

48　同前註，頁 358。

49　同前註，頁 359。

(3)「則倜倜然其不及遠矣」句，久保愛以為「倜倜，衍一字」，[50] 則原文當作「則倜然其不及遠矣」。「倜然」於《荀子》共五見，王天海《荀子校釋》謂「皆當隨文而訓之，不可一律也」，[51] 其實「倜然」於《荀子》全書取義相同，皆訓為「超然」之義。(2)「倜然」與「不比周」「不朋黨」並舉成義，王天海《荀子校釋》因以為「倜然，猶超然，超脫貌」。[52] (3)「倜然其不及遠矣」與《韓詩外傳》卷九「藩籬之雀超然自知不及遠矣」[53]「世俗之士超然自知不及遠矣」句義相近。[54] 據此，前引〈非十二子〉謂慎到、田駢「倜然無所歸宿，不可以經國定分」，意謂慎到、田駢言論超脫現實，無有歸宿，因亦不能治理國家，確定名分。

六、上周密則下疑玄

《荀子・正論》云：

> 上周密則下疑玄矣，上幽險則下漸詐矣，上偏曲則下比周矣。疑玄則難一，漸詐則難使，比周則難知。[55]

上文兩次提到「疑玄」。前者楊倞註云：「玄，謂幽深難知。或讀為眩，惑也，下同。」[56] 郝懿行已指出楊倞兩說中，後說為是。[57] 後來學者也多從楊倞或說。按「疑玄則難一」句下楊註云：「疑

50 久保愛：《荀子增註》，卷 11，頁 11a（總頁 473）。

51 荀況著，王天海校釋：《荀子校釋》，頁 660。

52 同前註，頁 669。

53 韓嬰撰，許維遹校釋：《韓詩外傳集釋》，頁 331。

54 同前註，頁 332。

55 王先謙撰，沈嘯寰、王星賢點校：《荀子集解》，頁 380。

56 同前註。

57 郝懿行著，管謹訒點校：《荀子補註》，頁 4608。

或不知所從，故難一也。」[58]「疑或」即「疑惑」，楊倞以此釋「疑玄」，與前註或說同。考「疑玄」一詞先秦文獻僅見《荀子》。除上引〈正論〉，又見〈解蔽〉。〈解蔽〉云：

> 凡人之有鬼也，必以其感忽之間、疑玄之時正之。此人之所以無有而有無之時也，而已以正事。[59]

楊倞註云：「感忽，猶慌惚也。玄，亦幽深難測也。」[60]「幽深難測」與前引楊註「幽深難知」同。此處亦當作眩惑解，意謂人在恍惚昏惑時誤以為有鬼。後文「此人之所以無有而有無之時也」，楊倞註云：「無有，謂以有為無也。有無，謂以無為有也。此皆人所疑惑之時也。」[61]亦是以「疑惑」解釋文意。冢田虎《荀子斷》云：「玄，亦讀為眩。〈正論〉『上周密則下疑玄矣』同。註不得之。」[62]正以《荀子》兩篇用詞重合，當作相同訓解。

七、審節奏

《荀子・王制》云：「案平政教，審節奏，砥礪百姓，為是之日，而兵剸天下〔之〕[63]勁矣。」[64]其謂「審節奏」者，李滌生云：「『節奏』，法度也。」[65]按「節奏」似不當訓為「法度」，因「節奏」乃《荀》書習用詞彙，又見〈富國〉。〈富國〉云：

58 王先謙撰，沈嘯寰、王星賢點校：《荀子集解》，頁 380。

59 同前註，頁 479。

60 同前註。

61 同前註。

62 冢田虎：《荀子斷》，卷 3，頁 36a（總頁 245）。

63 「之」字據王先謙說補。參見王先謙撰，沈嘯寰、王星賢點校：《荀子集解》，頁 203。

64 同前註。

65 李滌生：《荀子集釋》，頁 189。

凡主相臣下百吏之（俗）〔屬〕，[66] 其於貨財取與計數也，須孰盡察，其禮義節奏也，芒軔僈楛，是辱國已。[67]

其謂「禮義節奏」者，廖名春《荀子（節選）》云：「節奏：制度，指禮節禮儀等方面的具體規定。」[68] 可見「節奏」非泛指「法度」或「制度」，而專指「禮節禮儀之法度」。〈富國〉又云：

必將修禮以齊朝，正法以齊官，平政以齊民，然後節奏齊於朝，百事齊於官，眾庶齊於下。[69]

所謂「節奏齊於朝」者，楊倞註亦云：「齊，整也。節奏，禮之節文也。謂上下皆有禮也。」[70] 而北京大學《荀子》註釋組亦同意楊說，並云：「節奏：指禮儀法度的各種規定。」[71] 可見《荀》書所言「節奏」，皆指「禮儀節奏」，是以王天海《荀子校釋》云：「節奏，猶言禮之調節。《外傳》『節奏』上正有『禮義』二字。」[72]

又〈致士〉嘗言：「凡節奏欲陵，而生民欲寬，節奏陵而文，生民寬而安。」[73] 其謂「節奏」，實指「禮義節奏」也。故楊倞註云：「節奏，謂禮節奏。陵，峻也。」[74] 楊註是也，「節奏」即指「禮節奏」。郝懿行《荀子補註》亦云：

---

66 「俗」據俞樾改為「屬」。參見俞樾：《諸子平議》（北京：中華書局，1956 年），頁 251。

67 王先謙撰，沈嘯寰、王星賢點校：《荀子集解》，頁 228。

68 廖名春解讀：《荀子（節選）》，頁 216。

69 王先謙撰，沈嘯寰、王星賢點校：《荀子集解》，頁 237。

70 同前註。

71 北京大學《荀子》註釋組：《荀子新註》，頁 160。

72 荀況著，王天海校釋：《荀子校釋》，頁 471。

73 王先謙撰，沈嘯寰、王星賢點校：《荀子集解》，頁 309。

74 同前註。

> 「陵」者，丘陵，喻高峻也。「節奏」以禮言，欲其高峻，防逾越也。〔……〕節奏陵而文敦禮讓也，生民寬而安樂太平也。[75]

然而，〈彊國〉云：「彼國者亦有砥厲，禮義節奏是也。」[76] 楊倞又註云：「節奏，有法度也。」[77] 蓋以原文作「禮義節奏」，故可逕訓「節奏」為「法度」，此與〈王制〉李滌生謂「『節奏』，法度也」者，迥異不同。〈彊國〉「禮義節奏是也」句下，王先謙註云：「節奏，包法度在內，不能訓節奏為有法度。」[78] 蓋未知楊倞兼及正文「禮義節奏」，故以「節奏」為「有法度」；而董治安、鄭傑文《荀子彙校彙註》亦云：「節奏，猶『節文』，禮儀之類。」[79] 比合《荀》書不同篇章重合文辭，可證其言「節奏」者，多指「禮義節奏」而言，而非泛指一般之「法度」也。

八、陶誕、突盜

《荀子・榮辱》云：

> 飾邪說，文姦言，為倚事，陶誕、突盜，惕、悍、憍、暴，以偷生反側於亂世之間，是姦人之所以取危辱死刑也。[80]

楊倞註云：

75　郝懿行著，管謹訒點校：《荀子補註》，頁 4600。

76　王先謙撰，沈嘯寰、王星賢點校：《荀子集解》，頁 344。

77　同前註，頁 309。

78　同前註。

79　董治安、鄭傑文彙撰：《荀子彙校彙註》（濟南：齊魯書社，1997 年），頁 508。

80　王先謙撰，沈嘯寰、王星賢點校：《荀子集解》，頁 70。

「陶」當爲「檮杌」之「檮」，頑嚚之貌。突，淩突不順也。或曰：「陶」當為「逃」，隱匿其情也。[81]

楊倞讀「陶」為「逃」，王念孫不以為然，《讀書雜志》云：

楊釋「陶」字之義未安。余謂「陶」讀為「謟」。（音滔。）「謟」「誕」雙聲字，「謟」亦「誕」也。〈性惡篇〉曰「其言也謟，其行也悖」，謂其言誕也，即上所謂「飾邪說，文姦言」也。作「陶」者，借字耳。〈彊國篇〉曰：「陶誕比周以爭與，汙漫突盜以爭地。」「陶誕」「突盜」四字，義竝與此同。[82]

王念孫提出〈榮辱〉「陶誕突盜」與〈彊國〉「陶誕比周」「汙漫突盜」語義相同，即通過《荀子》他篇互見用語證成義訓，可謂深得《荀子》重合文辭互證之旨。〈彊國〉「汙漫突盜」一語，亦見〈榮辱〉，又見〈王霸〉，今試比對三篇文辭如下：

〈榮辱〉	飾邪說，文姦言，為倚事，陶誕、突盜，惕、悍、憍、暴，
〈榮辱〉	汙僈、突盜，常危之術也，然而未必不安也。[83]
〈王霸〉	亂世不然：汙漫、突盜以先之，權謀傾覆以示之，[84]
〈彊國〉	陶誕、比周以爭與，〔……〕汙漫、突盜以爭地。[85]

「汙漫突盜」四字連用，並見〈榮辱〉〈王霸〉〈彊國〉三篇，當為《荀》書習慣用語。王念孫以為「陶誕」當讀為「謟誕」，實即「誕詐」之義。《荀子・君道》云：「上好權謀，則臣下百吏誕詐之人

81 同前註。

82 王念孫：《讀書雜志》，志八之一，頁 34a（總頁 646）。

83 王先謙撰，沈嘯寰、王星賢點校：《荀子集解》，頁 73。

84 同前註，頁 267。

85 同前註，頁 353。

乘是而後欺。」[86] 是其義。又〈榮辱〉「突盜」一詞兩見，一與「陶誕」連用，一與「汙僈」並舉，與〈王霸〉〈彊國〉之例用法重合。由此推論，則「陶誕」「汙漫」兩詞亦當義近，並皆貶抑之詞。〈榮辱〉「汙僈」一詞下，楊倞註云：

> 「僈」當為「漫」，漫亦汙也。水冒物謂之漫。〔……〕一曰：漫，欺誑之也。[87]

可見「汙僈」亦有欺詐之義。今按〈王霸〉〈彊國〉皆作「汙漫」，可證楊說為是。「汙」「漫」同義，「陶」「誕」同義，兩詞的構詞方法亦復相同。

九、縱情性，安恣睢

《荀子・非十二子》云：

> 縱情性，安恣睢，禽獸行，不足以合文通治；然而其持之有故，其言之成理，足以欺惑愚眾，是它囂、魏牟也。[88]

「縱情性，安恣睢」乃荀子批判它囂、魏牟之語，相近文辭又見〈性惡〉。〈性惡〉合計三例，其文云：

> (1) 縱性情、安恣睢，而違禮義者為小人。用此觀之，然則人之性惡明矣，其善者偽也。[89]
>
> (2) 所賤於桀、跖、小人者，從其性，順其情，安恣睢，以出乎貪利爭奪。[90]

86　同前註，頁 273。

87　同前註，頁 73。

88　同前註，頁 107。

89　同前註，頁 514。

90　同前註，頁 522。

(3) 以秦人之從情性、安恣睢、慢於禮義故也。[91]

久保愛提出首例「縱性情」當依〈非十二子〉作「縱情性」，[92] 王天海《荀子校釋》亦言「『性情』，當作『情性』」，[93] 可從。(2)「從其性，順其情」亦與「從情性」義同。此外，〈儒效〉云：

> 故人知謹注錯，慎習俗，大積靡，則為君子矣；縱性情而不足問學，則為小人矣。[94]

「縱性情」《古逸叢書》本作「縱情性」，[95] 與〈非十二子〉同。按〈非十二子〉貶抑它囂、魏牟，楊倞註云：

> 恣睢，矜放之貌。言任情性所為而不知禮義，則與禽獸無異，故曰「禽獸行」。睢，許季反。[96]

楊說的確，「縱情性，安恣睢」，則有違禮義，故曰「不足以合文通治」。「合文通治」者，楊倞註以為「不足合於古之文義，通於治道」。[97] 北京大學《荀子》註釋組進一步闡析楊說云：

> 縱：放縱。安：安於，習慣。恣睢：任意作為。禽獸行：行為如同禽獸。文：文飾，指禮義。合文通治：符合禮義，達到國家的治理。[98]

---

91 同前註，頁 523。

92 久保愛：《荀子增註》，卷 17，頁 2b（總頁 688）。

93 荀況著，王天海校釋：《荀子校釋》，頁 938。

94 王先謙撰，沈嘯寰、王星賢點校：《荀子集解》，頁 171。

95 荀況撰，楊倞註：《荀子》縮印《古逸叢書》本（上海：商務印書館，1936 年），頁 49。

96 王先謙撰，沈嘯寰、王星賢點校：《荀子集解》，頁 107。

97 同前註。

98 北京大學《荀子》註釋組：《荀子新註》，頁 65。

北京大學《荀子》註釋組以為「縱情性，安恣睢」，則不合於文飾，猶言不足以符合禮義。此說至確。既不足合於古義治道，〈儒效〉因以為「不足問學」。〈儒效〉後文闡述「問學」之道云：「匹夫問學不及為士，則不教也；百家之說不及後王，則不聽也。」[99] 以為「問學」者，當以「為士」之義及「後王」之道為旨，義正相因。由此可見〈儒效〉與〈非十二子〉兩篇於「縱情性」一語相關表述上，取義相近。

再考〈儒效〉云「縱性情而不足問學，則為小人矣」，〈性惡〉亦云「縱性情、安恣睢，而違禮義者為小人」，兩篇皆視「縱情性」為小人的特點。既「縱情性」，又不努力學習，乃為「小人」。〈性惡〉又云「所賤於桀、跖、小人者」，然而篇中既以為人性本惡，則為何單獨標舉「桀、跖」為說？冢田虎《荀子斷》因云：

> 若謂性善，則不可貴堯、禹；乃亦可謂性惡，則不可獨賤桀、跖也。人性皆惡，而桀、跖能從其性，乃何人又賤之邪？[100]

按冢田虎所問，亦可以《荀子》他篇相關文辭得以解答。〈王制〉云：「彼人之情性也，雖桀、跖，豈有肯為其所惡賊其所好者哉！」[101] 可見世人放縱本性，欲利惡害，則必生爭奪，雖「桀、跖」亦無例外。北京大學《荀子》註釋組《荀子新註》云：

> 這句意思是：一個人的本性即使像桀跖那樣凶暴，哪肯為他所厭惡的人去殘害他所喜愛的人呢？[102]

---

99 王先謙撰，沈嘯寰、王星賢點校：《荀子集解》，頁 174。

100 冢田虎：《荀子斷》，卷 4，頁 11b（總頁 270）。

101 王先謙撰，沈嘯寰、王星賢點校：《荀子集解》，頁 204。

102 北京大學《荀子》註釋組：《荀子新註》，頁 135。

〈王制〉舉「桀、跖」以見世人本性一致，雖暴君大盜，亦與世人同。因之，〈性惡〉乃云：「所賤於桀、跖、小人者，從其性，順其情，安恣睢。」蓋以「小人」已然縱情性，安恣睢而違禮義，更遑論「桀、跖」矣，兩篇文辭可以相互參證，其義乃見。

十、騏驥一躍，不能十步；駑馬十駕，功在不舍

《荀子》中〈勸學〉〈修身〉兩篇並以「騏驥」與「駑馬」為喻。〈勸學〉云：「騏驥一躍，不能十步；駑馬十駕，功在不舍。」[103]〈修身〉云：「夫驥一日而千里，駑馬十駕則亦及之矣。」[104] 兩篇皆言「駑馬十駕」，〈勸學〉楊倞註云：

> 言駑馬十度引車，則亦及騏驥之一躍。據下云「駑馬十駕，則亦及之」，此亦當同，疑脱一句。[105]

劉台拱評騭楊註，其文云：

> 十駕，十日之程也。旦而受駕，至暮説之，故以一日所行為一駕。若十度引車，則不過十步耳，非駕義也。〈脩身篇〉云：「夫驥一日而千里，駑馬十駕則亦及之矣。」此不言千里者，蒙上騏驥省文，非脱也。[106]

劉氏認為「十駕」相當於十日之程，而非「十度引車」；「駑馬十駕」之下並無脱文，而是蒙上省略。考〈勸學〉云：

---

103 王先謙撰，沈嘯寰、王星賢點校：《荀子集解》，頁 9。

104 同前註，頁 36。

105 同前註，頁 9。

106 劉台拱：《荀子補註》，頁 1b。

> 積土成山，風雨興焉；積水成淵，蛟龍生焉；積善成德，而神明自得，聖心備焉。故不積蹞步，無以至千里；不積小流，無以成江海。騏驥一躍，不能十步；駑馬十駕，功在不舍。鍥而舍之，朽木不折；鍥而不舍，金石可鏤。[107]

「騏驥一躍」「駑馬十駕」對舉為義，呼應前文「不積蹞步，無以至千里」。良驥一次跳躍，不能達致十步之距，駑馬十日之行，可至千里之遙，可見成功在乎「鍥而不舍」。不論騏驥抑或駑馬，千里之行，皆需累積。〈勸學〉文義完整，未見脱誤，楊倞疑有脱文，恐非。至於〈修身〉，則以騏驥、駑馬引起後文。〈修身〉云：

> 夫驥一日而千里，駑馬十駕則亦及之矣。將以窮無窮、逐無極與？其折骨絕筋、終身不可以相及也。將有所止之，則千里雖遠，亦或遲或速，或先或後，胡為乎其不可以相及也？不識步道者，將以窮無窮，逐無極與？意亦有所止之與？夫堅白、同異、有厚無厚之察，非不察也，然而君子不辯，止之也；倚魁之行，非不難也，然而君子不行，止之也。故學曰[108]：「遲彼止而待我，我行而就之，則亦或遲或速，或先或後，胡為乎其不可以同至也？」故蹞步而不休，跛鱉千里；累土而不輟，丘山崇成；厭其源，開其瀆，江河可竭；一進一退，一左一右，六驥不致。彼人之才性之相縣也，豈若跛鱉之與六驥足哉？然而跛鱉致之，六驥不致，是無他故

107　王先謙撰，沈嘯寰、王星賢點校：《荀子集解》，頁 8。

108　王念孫《讀書雜志》云：「『學曰』疑當作『學者』，謂學者或遲或速，或先或後，皆可同至也。（見下文。）今本『者』作『曰』，寫者脱其半耳。楊云：『學曰，謂為學者傳此言也。』此不得其解而為之詞。」可備一説。王念孫：《讀書雜志》，志八之一，頁 18b（總頁 638）。

焉，或為之，或不為爾。道雖邇，不行不至；事雖小，不為不成。其為人也多暇日者，其出（入）〔人〕[109]不遠矣。[110]

〈修身〉以為騏驥一日而行千里，駑馬以十日之行，亦可達致，差別僅在於遲速而已，故云「千里雖遠，亦或遲或速、或先或後」。關鍵在於釐清目標範圍，因知「有所止之」，否則便成「折骨絕筋」。荀子意謂才性儘管存在差異，然而通過積累，即使「跛鱉」，最終亦能至千里。由此可見，〈勸學〉〈修身〉雖同以騏驥、駑馬為喻，兩篇旨意不盡相同。

十一、小人之學也，以為禽犢

《荀子・勸學》云：

古之學者為己，今之學者為人。君子之學也，以美其身；小人之學也，以為禽犢。故不問而告謂之傲，問一而告二謂之囋。傲，非也；囋，非也；君子如嚮矣。[111]

「禽犢」一詞，楊倞以為「饋獻之物」。[112]郝懿行推論楊倞乃據〈致士〉「貨財禽犢之請，君子不許」為訓，[113]進而論斷「禽犢」當訓為「玩弄之物」。郝懿行云：

小曰禽，大曰獸。禽犢謂犢之小小者，人喜撫弄而愛玩之。非必己有，非可獻人，直以為玩弄之物耳。小人之學，

109「入」字據王念孫説改為「人」。參見王念孫：《讀書雜志》，志八之一，頁 19a（總頁 639）。

110 王先謙撰，沈嘯寰、王星賢點校：《荀子集解》，頁 36。

111 同前註，頁 15。

112 同前註。

113 同前註，頁 305。

入乎耳，出乎口，無裨於身心，但為玩好而已，故以禽犢譬況之。註據〈致士篇〉「貨財禽犢之請，君子不許」，故云「禽犢，饋獻之物」。不知貨財謂賄賂，禽犢謂玩好耳。[114]

王先謙否定二說，以為「禽犢」實即「禽獸」之義：

楊註固非，郝說尤誤。上言君子之學入耳箸心而布於身，故曰學所以美其身也；小人入耳出口，心無所得，故不足美其身，亦終於為禽犢而已，文義甚明。荀子言學，以禮為先，人無禮則禽犢矣。上文云「學至乎《禮》而止矣」，是其言學之宗旨。又云「為之，人也；舍之，禽獸也」，正與此文相應，「禽獸」「禽犢」，特小變其文耳。小人學與不學無異，不得因此文言小人之學而疑其有異解也。[115]

潘重規（1908–2003）〈讀王先謙荀子集解札記〉對王說加以反駁：

王說非也。〈儒效篇〉云：「呼先王以欺愚者而求衣食焉，得委積足以揜其口則揚揚如也；隨其長子，事其便辟，舉其上客，億然若終身之虜而不敢有他志，是俗儒者也。」所謂俗儒，即此小人之學。〈致士篇〉曰：「貨財禽犢之請，君子不許。」「禽犢」與「貨財」連文，則「禽犢」猶委積耳。《荀》書屢言「禽獸」，未嘗有變文為「禽犢」者。即如所云，小人之學以為禽獸，果復成何語乎？[116]

114 郝懿行著，管謹訒點校：《荀子補註》，頁 4554。

115 王先謙撰，沈嘯寰、王星賢點校：《荀子集解》，頁 15。

116 潘重規：〈讀王先謙《荀子集解》札記〉，《制言半月刊》1936 年第 12 期，頁 2。

誠如潘文所言，《荀子》貶斥小人言行，一律以「禽獸」為喻。除王先謙所引〈勸學〉「為之，人也；舍之，禽獸也」外，[117] 又如〈修身〉云：

> 小人反是，致亂而惡人之非己也，致不肖而欲人之賢己也，心如虎狼、行如禽獸而又惡人之賊己也。[118]

〈臣道〉云：「人賢而不敬，則是禽獸也；人不肖而不敬，則是狎虎也。」[119]〈禮論〉云：「一朝而喪其嚴親，而所以送葬之者不哀不敬，則嫌於禽獸矣。」[120] 反觀「禽犢」一詞，於先秦典籍中僅見《荀子》中〈勸學〉及〈致士〉兩篇。楊倞據〈致士〉重合文辭以釋〈勸學〉，較王先謙說可取。劉師培《荀子斠補》同意楊註，並引《墨子》佚文為證，其文云：

> 楊說是。《意林》引《墨子》云：「齊王問墨子曰：『古之學者為己，今之學者為人，何如？』對曰：『古之學者得一善言以附其身，今之學者得一善言務以悅人。』」(《北堂書鈔》八十三引《新序》同。) 意與此文略符，以為禽犢亦即悅人之意，猶《莊子・列禦寇篇》所云「苞苴竿牘」也。〈致士篇〉「貨財禽犢」並文，是其證。[121]

劉師培於《荀子補釋》進一步闡析「以為禽犢」即「務以悅人」之意，並據《禮記》提出「禽犢」者，實「以犢代羔」。劉氏云：

117 王先謙撰，沈嘯寰、王星賢點校：《荀子集解》，頁 13。

118 同前註，頁 25。

119 同前註，頁 300。

120 同前註，頁 428。

121 劉師培：《荀子斠補》，《劉師培全集》第 2 冊（北京：中共中央黨校出版社，1997 年），卷 1，頁 4a（總頁 280）。

案眾說俱非。「以為禽犢」句，承上文「為人」言，即以學為贄之謂也。《禮記・曲禮》言「凡贄……卿羔，大夫雁，士雉，[122] 庶人鶩」，是所執之贄非獸即禽。特此文以犢代羔耳。（犢從賣聲，《說文》云：「賣，衒也。」《廣雅》：「賣也。」是賣又炫鬻之義，與以學為贄之義合。）以學為贄，猶言執所學以取信於人耳。《新序》載齊王問墨子曰：「古之學者為己，今之學者為人，何如？」對曰：「古之學者得一善言以附其身（附猶加也，言以獸加于己身），今之學者得一善言務以悅人。」「務以悅人」，即「以為禽犢」之確解。言小人自炫其學，欲以學見之於人也，與上文「小人之學，入乎耳，出乎口」三語前後相應。[123]

考《意林》引《墨子》並無齊王問墨子語，《荀子斠補》所引「齊王問墨子曰」一段當屬《北堂書鈔》引《新序》佚文。[124]《意林》引《墨子》之文如下：

古之學者，得一善言，附於其身；今之學者，得一善言，務以說人；言過而行不及。[125]

兩書佚文皆提及「得一善言」。鄧漢卿《荀子繹評》以為〈勸學〉「小人之學也，以為禽犢」，意思是「小人的學習是為了得一善言

122 原書誤「士」為「土」。

123 劉師培：《荀子補釋》，《劉師培全集》第 2 冊（北京：中共中央黨校出版社，1997 年），頁 1a（總頁 314）。

124 參見虞世南編：《北堂書鈔》影印首都圖書館藏清光緒十四年（1888）南海孔氏三十有三萬卷堂影宋刊本（北京：學苑出版社，2003 年），卷 83，頁 1b（下冊總頁 18）。

125 王天海、王韌：《意林校釋》（北京：中華書局，2014 年），頁 106。

去討取別人的歡心」，[126]或即受到《墨子》和《新序》佚文的影響，然而《荀子》原文並無涉及「善言」。《顏氏家訓・勉學》云：「古之學者為己，以補不足也；今之學者為人，但能說之也。」[127]「補不足」可與《荀子・勸學》「美其身」相參，「能說之」與上引墨子言「務以說人」意思亦相近。《顏氏家訓》成書於六朝，年代容或稍晚，然其〈勉學〉此文，旨在闡述荀卿〈勸學〉相關文辭旨意，可為佐證。至於劉師培前後兩說，從前說者如李滌生《荀子集釋》與王天海《荀子校釋》，[128]亦有採納後說者，如董治安（1934–2012）、鄭傑文、魏代富《荀子彙校彙註附考說》。[129]其實《荀子補釋》「以犢代羔」之說，書證猶有未足，純屬猜測。即使「賣（賣）」字確有炫鬻之義，也僅為「犢」字聲符，「犢」字並無此義，傳世文獻未見用例。《荀子・勸學》批評小人學習，多以一己學問作為「禽犢」（家禽和小牛），藉此討好取悅別人，文意自通，不必與《禮記・曲禮》所言「凡摯卿羔」之說牽強湊合。[130]荀卿既以為小人以學問取悅他人，故〈勸學〉後文乃有「不問而告」「問一而告二」之說。〈勸學〉認為二者皆非，是以君子不為。〈致士〉「貨財禽犢之請，君子不許」，楊倞註：「行賂請謁者也。」[131]此以「禽犢」作為行賄之物，亦指取悅他人，〈勸學〉〈致士〉兩篇文辭

---

126 鄧漢卿：《荀子繹評》（長沙：嶽麓書社，1994年），頁32。

127 王利器：《顏氏家訓集解》（北京：中華書局，2018年），頁207。

128 李滌生：《荀子集釋》，頁14；荀況著，王天海校釋：《荀子校釋》，頁30。

129 董治安、鄭傑文、魏代富整理：《荀子彙校彙註附考說》（南京：鳳凰出版社，2018年），頁46。

130《禮記・曲禮》所載「摯」禮，除羔、禽外，尚有諸多物品。〈曲禮下〉云：「凡摯，天子鬯，諸侯圭，卿羔，大夫鴈，士雉，庶人之摯匹。童子委摯而退。野外軍中無摯，以纓、拾、矢可也。婦人之摯，椇、榛、脯、脩、棗、栗。」參見鄭玄註，孔穎達疏，龔抗雲整理，王文錦審定：《禮記正義》，載《十三經注疏》整理委員會整理：《十三經注疏》（北京：北京大學出版社，2000年），頁190。

131 王先謙撰，沈嘯寰、王星賢點校：《荀子集解》，頁305。

用例一致。《荀子》以「禽」「犢」並稱，或因「禽獸」常用以比喻言行卑劣之人，故改以「禽犢」表示饋贈之物，兩詞有別，不宜混同。

十二、偷儒轉脫

《荀子・修身》云：

> 勞苦之事則偷儒轉脫，饒樂之事則佞兌而不曲，辟違而不愨，程役而不錄，橫行天下，雖達四方，人莫不弃。[132]

〈修身〉以為「勞苦之事」則退縮懶惰，「饒樂之事」則諂媚阿諛，邪僻不誠，逞慾放縱，從不檢束，如斯者走遍天下，即使富貴顯達，人皆厭棄。其中「偷儒」一詞，楊倞註云：「偷，謂苟避於事；儒，亦謂懦弱畏事，皆懶惰之義。」[133]「偷儒」又作「偷懦」，《荀子》書中凡五見。〈修身〉下文云：「偷儒憚事，無廉恥而嗜乎飲食，則可謂惡少者矣。」楊倞註云：「偷儒憚事，皆謂懦弱、怠惰、畏勞苦之人也。」[134] 相近文辭又見〈非十二子〉：

> 勞苦事業之中則儢儢然，離離然，偷儒而罔，無廉恥而忍謑詢：是學者之嵬也。〔……〕偷儒憚事，無廉恥而耆飲食，必曰君子固不用力，是子游氏之賤儒也。[135]

132 同前註，頁 33。

133 楊倞註又有或説，以為「偷」當作「輸」，相關內容盧文弨以為「多訛脱」，後來學者亦大多不取或説。參見王先謙撰，沈嘯寰、王星賢點校：《荀子集解》，頁 33；荀況撰，楊倞註，盧文弨、謝墉校：《荀子（附校勘補遺）》（北京：中華書局，1985 年），頁 24。

134 王先謙撰，沈嘯寰、王星賢點校：《荀子集解》，頁 40。

135 同前註，頁 122。

楊倞註云：「偷儒，謂苟避事之勞苦也。」[136] 最後一例見〈禮論〉。〈禮論〉云：

> 故人苟生之為見，若者必死；苟利之為見，若者必害；苟怠惰偷懦之為安，若者必危；苟情説之為樂，若者必滅。[137]

楊倞註云：「懦，讀為儒。言苟以怠惰為安居，不能恭敬辭讓，若此者必危也。」[138] 盧文弨（1717－1796）以為〈非十二子〉作「偷儒」者是也。[139] 鍾泰（1888－1979）《荀註訂補》以為〈禮論〉原文本作「偷儒」，而註文作「儒，讀為懦」，並云：

> 蓋正文本作「儒」字，故有此註。後人既改正文，不知者遂並註文乙轉矣。[140]

其實「儒」「懦」義同。包遵信（1937－2007）則疑「偷懦」為衍文，其文云：

> 「偷懦」二字疑衍。上文「苟生之為見」「苟利之為見」相儷，此「苟怠惰之為安」與下「苟情説之為樂」相儷，不當作「怠惰偷懦」。怠惰與偷懦義近，荀書中以「怠惰偷懦」連文亦僅此一見。《史記》正無此二字。觀楊註僅曰：「言苟以怠惰為安居」云云，是楊所見本亦無此二字。而今註尚有「懦讀為儒」四字，殆妄人所加，非楊註本文也。[141]

---

136 同前註。

137 同前註，頁 412。

138 同前註。

139 荀況撰，楊倞註，盧文弨、謝墉校：《荀子（附校勘補遺）》，頁 24。

140 鍾泰：《荀註訂補》（上海：商務印書館，1935 年），頁 121。

141 包遵信〈讀荀子札記（上）〉和〈讀荀子札記（下）〉原文分別發表於《文史》第 5 及第 6 輯，後收入論文集《跬步集》，今據後者引用。詳見包遵信：〈讀荀子札記〉，《跬步集》（成都：四川人民出版社，1986 年），頁 446。

包遵信根據上下文例推斷《荀子》原文不當作「怠惰偷懦」，誠然可信；惟「偷懦」二字是否誤衍，尚可再商。王天海《荀子校釋》引諸家見解後亦以「偷懦」為衍文：

> 偷懦，《荀書》僅此一見，作「偷儒」者則四見也，故盧、鍾二說是。然則，據楊註，可知註文「懦，讀為儒」四字乃後人所加，皆因「偷懦」二字為「怠惰」旁註之文羼〔筆者按：字當作「羼」〕入正文之故也，原文必無此二字。[142]

王天海以為「偷儒」二字為旁註誤入正文，然而「怠惰」本為常見之詞，《國語》《商君書》《孔子家語》諸書皆見，「偷懦」則為罕見詞彙，先秦兩漢古籍中僅見《荀子》，以「偷懦」註解「怠惰」，是以罕用語訓解常用詞，未符註解原則。考「怠惰」一詞除〈禮論〉外，不見《荀子》其他篇章，而「偷懦」則為《荀子》習用詞彙，楊註云「言苟以怠惰為安居，不能恭敬辭讓」，是以「怠惰」闡釋「偷懦」之意。註文「懦讀為儒」，足證楊倞所見《荀子》原文有「偷懦」二字。

十三、拘守而詳

《荀子・仲尼》云：

> 主尊貴之，則恭敬而僔；主信愛之，則謹慎而嗛；主專任之，則拘守而詳；主安近之，則慎比而不邪；主疏遠之，則全一而不倍；主損絀之，則恐懼而不怨。[143]

142　荀況著，王天海校釋：《荀子校釋》，頁 757。

143　王先謙撰，沈嘯寰、王星賢點校：《荀子集解》，頁 129。

「拘守而詳」，楊倞註云：「謹守職事，詳明法度。」[144] 按楊倞訓「詳」為「詳明」，既於文義不合，而解作「詳明法度」，亦覺增字為釋。劉師培因云：

> 「詳」與下句「不邪」對文，則「詳」當作「祥」。古代「詳」「祥」通用，如《佚周書》「作威不詳」，《左傳・成十六年》「德刑詳」，義均當作「祥」是也。《爾雅》：「祥，善也。」「善」與「邪」字相反。「拘守而祥」，猶言恭敬而慈詳也。[145]

劉氏以「詳」為「祥」，又訓「祥」為善，並以「拘守而詳」，為「恭敬而慈詳」之意，説自可通，惟上文作「主信愛之，則謹慎而嗛」，楊倞註云：「嗛與歉同，不足也，言不敢自滿也。」[146] 則主信愛而不敢自滿，主專任則恭敬慈祥，語意未通，亦與首句「主尊貴之則恭敬而僔」者，語義重複。考「拘守而詳」又見〈修身〉。〈修身〉云：

> 勞苦之事則爭先，饒樂之事則能讓，端愨誠信，拘守而詳，橫行天下，雖困四夷，人莫不任。[147]

可見「拘守而詳」與「端愨誠信」對文，當就臣下審議職事而言，非謂「詳明法度」也。楊倞〈修身〉此文註云：「拘守，謂守而勿失。詳，謂審於事也。」[148] 乃得其訓。〈仲尼〉「主專任之，則拘守而詳」句下，李中生云：

---

144 同前註，頁 129。

145 劉師培：《荀子補釋》，頁 16a（總頁 321）。

146 王先謙撰，沈嘯寰、王星賢點校：《荀子集解》，頁 129。

147 同前註，頁 33。

148 同前註。

> 「詳明法度」與被「專任」，缺少邏輯聯繫，楊註非。詳字之義，當指細心處理事務。《說文》：「詳，審議也。」《公羊傳・宣公十二年》「不赦不詳」何休註：「善用心曰詳。」「主專任之則拘守而詳」，意思是：君主把一件事完全委託你去辦，你就要忠於職守，細心處理事務。〈修身〉篇：「勞苦之事則爭先，饒樂之事則能讓，端愨誠信，拘守而詳。」楊倞註：「詳，謂審於事也。」此註可取。[149]

可見李中生通過對讀《荀》書重合文辭，推論「拘守而詳」正確義訓，其說可信。

十四、一物失稱，亂之端也

《荀子・正論》云：

> 凡爵列、官職、賞慶、刑罰，皆報也，以類相從者也。一物失稱，亂之端也。夫德不稱位，能不稱官，賞不當功，罰不當罪，不祥莫大焉。[150]

楊倞註云：「失稱，謂失其所稱，類不相從也。稱，尺證反。」[151] 梁啟雄《荀子簡釋》又引〈禮論〉楊註云：「稱，謂各當其宜。」[152] 其實，「失稱」猶言失當，「一物失稱，亂之端也」意謂一事處理

149 原文初見李中生〈讀《荀子》札記（續）〉，發表於《中山大學學報》1996 年第 1 期，後收入論文集《荀子校詁叢稿》，今據後者引用。詳見李中生：〈讀《荀子》札記〉，《荀子校詁叢稿》（廣州：廣東高等教育出版社，2001 年），頁 151。

150 王先謙撰，沈嘯寰、王星賢點校：《荀子集解》，頁 387。

151 原書標點作「失稱，謂失其所稱類，不相從也」，據《荀子》前文「以類相從者也」，註文當標點為「謂失其所稱，類不相從也」。見王先謙撰，沈嘯寰、王星賢點校：《荀子集解》，頁 387。

152 梁啟雄：《荀子簡釋》，頁 238；王先謙撰，沈嘯寰、王星賢點校：《荀子集解》，頁 410。

不當，便成禍亂肇端。王先謙不同意楊註，《荀子集解》云：「稱，權稱也。失稱，謂失其平，楊註非。」[153] 熊公哲（1895–1990）、楊柳橋（1907–1993）從王說，故熊公哲《荀子今註今譯》將原文翻譯為：「一物失其權稱，便是禍亂之起端。」[154] 楊柳橋《荀子詁譯》則譯為：「一種事物失掉了平衡，就是紊亂的開端。」[155] 亦有學者認為王說不確，如鍾泰《荀註訂補》云：「失稱謂不相當，《荀子》本文甚明。王說謂失其平，反泛而不切矣。」[156] 包遵信〈讀荀子札記〉亦云：

> 以下文「夫德不稱位，能不稱官，賞不當功，罰不當罪」例之，則楊註不誤。王說非。[157]

其實，相關爭議可以借助重合文辭，蒐集佐證，論得其實。久保愛《荀子增註》已指出相近文辭又見〈哀公〉。久保愛於〈正論〉楊註下云：「〈哀公篇〉『失稱』作『不應』，義同。」[158] 考〈哀公〉云：

> 君昧爽而櫛冠，平明而聽朝，一物不應，亂之端也，君以此思憂，則憂將焉而不至矣。[159]

久保愛云：「不應，不當理也。《家語》作『失理』。」[160] 按久保愛所據見《孔子家語・五儀解》。〈五儀解〉云：「一物失理，亂亡

153 王先謙撰，沈嘯寰、王星賢點校：《荀子集解》，頁 387。

154 熊公哲：《荀子今註今譯》（台北：台灣商務印書館，2010 年第 2 版），頁 398。

155 楊柳橋：《荀子詁譯》（濟南：齊魯書社，2009 年），頁 342。

156 鍾泰：《荀註訂補》，頁 113。

157 包遵信：〈讀荀子札記〉，頁 444。

158 久保愛：《荀子增註》，卷 12，頁 7b（總頁 512）。

159 王先謙撰，沈嘯寰、王星賢點校：《荀子集解》，頁 641。

160 久保愛：《荀子增註》，卷 20，頁 20a（總頁 851）。

之端。」[161] 前後內容與《荀子・哀公》大抵相同。[162]「一物失稱」「一物不應」與「一物失理」義當相近。〈哀公〉「君昧爽而櫛冠，平明而聽朝」，謂人君天未亮即起床梳洗，平明時分已然上朝聽政。君主如此行事，正因擔憂政事處理不當，將成禍亂肇始。再考〈君道〉云：

> 人主不能不有遊觀安燕之時，則不得不有疾病物故之變焉。如是國者，事物之至也如泉原，一物不應，亂之端也。故曰：人主不可以獨也。卿相輔佐，人主之基、杖也，不可不早具也。[163]

意謂人主享樂於遊玩安逸之際，當知世間亦有遭遇疾病變故之時，然而國家事情多如泉源，倘若事情處理失當，即成亂禍之始。因此，人主不可以獨自一人治理國家，必須借助卿相臣下予以輔佐。「一物不應」，顯然與「權稱」無關，意在強調國家事務必須及時處理。通過〈君道〉〈哀公〉兩篇重合文辭對讀，可知王先謙對〈正論〉「失稱」之理解，多有可商，反未及楊註通達。

十五、弟子勉學，無所營也

《荀子・樂論》云：「弟子勉學，無所營也。」[164]「勉」字別本或作「免」。[165] 盧文弨云：「『勉』，元刻作『免』，古通用。」[166] 歷

161 高尚舉、張濱鄭、張燕校註：《孔子家語校註》（北京：中華書局，2021 年），頁 78。

162 參何志華、朱國藩、樊善標編著：《〈荀子〉與先秦兩漢典籍重見資料彙編》，頁 273。

163 王先謙撰，沈嘯寰、王星賢點校：《荀子集解》，頁 288。

164 同前註，頁 452。

165 董治安、鄭傑文《荀子彙校彙註》云：「『弟子勉學』，巾箱本、劉本、遞修本『勉』作『免』。」董治安、鄭傑文彙撰：《荀子彙校彙註》，頁 688。

166 荀況撰，楊倞註，盧文弨、謝墉校：《荀子（附校勘補遺）》，頁 91。

來《荀》書註家於「勉學」一詞，理解有二。其一，以「勉學」為勉力學習之意，例如北京大學《荀子》註釋組《荀子新註》云：

> 營：通「熒」，迷惑。這句意思是：學生們好好地學習啊，不要被那些邪說迷惑了。[167]

同樣認為「營」通「熒」，鄧漢卿《荀子繹評》以為「弟子勉學」二句的意思是：「學生們應該努力學習，沒有甚麼值得疑惑的。」[168]亦有學者認為「營」不必通「熒」，如楊柳橋《荀子詁譯》把「弟子勉學」二句譯為：「弟子們，要好好地學習吧，不要胡亂追求啊！」[169] 以上諸說對原文「營」字的翻譯存在分歧，惟對「勉學」的釋讀，則為一致。其二，以「勉學」為「免學」，「免」義為「離」，說見冢田虎《荀子斷》，其文云：

> 免，離也。言離禮樂之學，乃無所營為也。茂卿曰「免、勉通」「營，熒也」，不穩矣。[170]

「茂卿」即指日本學者物雙松（1666–1728），可見兩位日本學者所見《荀子》文本均作「免」。物雙松《讀荀子》以為「免、勉通」，[171] 冢田虎卻釋「免」為「離」。按「免」雖有「離」義，惟結合《荀子》他篇用例，則知「離禮樂之學」一說，並不足取。考

167 北京大學《荀子》註釋組：《荀子新註》，頁 339。

168 鄧漢卿：《荀子繹評》，頁 431。

169 楊柳橋：《荀子詁譯》，頁 406。

170 冢田虎：《荀子斷》，卷 3，頁 28b（總頁 230）。

171 物雙松：《讀荀子》影印日本寶曆十四年（1764）京師水玉堂刊本，載嚴靈峰主編：《無求備齋荀子集成》第 41 冊（台北：成文出版社，1977 年），卷 3，頁 28a（總頁 201）。

「弟子勉學」又見《荀子・賦篇》。〈賦〉云:「弟子勉學,天不忘也。」[172] 楊倞註云:

> 言天道福善,故曰「不忘」。恐弟子疑為善無益而解惰,故以此勉之也。[173]

可見「弟子勉學」,實為勸勉之辭,意謂勉力學習者,天道福善,不曾或忘。準此可知,冢田虎「免離禮樂」之說,實不可信。

與此同時,〈賦〉篇所言「弟子勉學」,其所謂「弟子」之義,註家理解亦復不同。據楊註,「弟子勉學」為荀子勸勉弟子之言,「弟子」當指荀子門生。久保愛《荀子增註》卻疑「弟子」係荀卿自稱,[174] 後來亦有不少學者堅持此說。如楊柳橋《荀子詁譯》譯為:「學生我勉於學習,上天是不會把我忘掉的。」[175] 此說主要理據乃為前文「弟子不敏」之「弟子」為荀子自稱。[176] 熊公哲《荀子今註今譯》云:「弟子,荀卿自謂,與〈雲賦〉『弟子不敏』同。」[177] 又劉如瑛《諸子箋校商補》云:

> 弟子,荀況自稱。上文:「弟子不敏」,楊註:「弟子,荀卿自謂。」此處楊註則云「恐弟子疑為善無益而解惰,故以此勉之也」。一篇之中,「弟子」兩指,實為矛盾。[178]

---

172 王先謙撰,沈嘯寰、王星賢點校:《荀子集解》,頁 569。

173 同前註。

174 久保愛:《荀子增註》,卷 18,頁 17b(總頁 756)。

175 楊柳橋:《荀子詁譯》,頁 516。

176 王先謙撰,沈嘯寰、王星賢點校:《荀子集解》,頁 562。

177 熊公哲:《荀子今註今譯》,頁 599。

178 劉如瑛:《諸子箋校商補》(濟南:山東教育出版社,1995 年),頁 30。

按「一篇之中，『弟子』兩指」之説並不正確。今本《荀子・賦篇》實包五篇辭賦，分別為〈禮〉〈知〉〈雲〉〈蠶〉〈箴〉，以及佹詩，合共六篇。五篇辭賦應視為獨立辭作，而佹詩不但內容與諸賦並不相連，文體亦復有異。梁啟雄即疑佹詩「好像本來是另外一篇獨立的篇章，不是〈賦篇〉的卒章」。[179]「弟子不敏」見於〈雲〉，而「弟子勉學」則見於佹詩，因而「弟子」之指稱不必勉強統一，據此亦可知楊註其實不誤。

十六、名聲若日月

《荀子・不苟》云：

> 盜跖吟口，名聲若日月，與禹、舜俱傳而不息；然而君子不貴者，非禮義之中也。[180]

按荀卿將盜跖與禹、舜並提共論，前者惡名遠播，名聲顯著；後者功績顯赫，後世傳而不息，然而二者操守不中禮義，是以君子不貴。董治安、鄭傑文《荀子彙校彙註》於此嘗加闡述：

> 《荀子》之書，「跖」字凡十一見，其中「盜跖」與「桀紂」連言者一見，「跖」與「桀」連言者八，足見在荀子眼中，跖之名聲之大，與古代著名暴君夏桀及殷紂同。故言其「聲若日月」。[181]

然而劉師培以為「盜跖吟口」一語可商，《荀子補釋》云：

> 「吟口」者，即「貪」字也，轉寫分為二字，復誤「貝」為「口」，另加「口」旁于「今」側，遂成「吟口」。且「名」「聲」

179 梁啟雄：《荀子簡釋》，頁 360。

180 王先謙撰，沈嘯寰、王星賢點校：《荀子集解》，頁 45。

181 董治安、鄭傑文彙撰：《荀子彙校彙註》，頁 95。

同義，「聲」字亦係衍文。蓋《荀子》本文祇作「盜跖貪名若日月」，「貪名」連文，猶言清名、高名耳。「聲」字亦後人妄增，以訛傳訛，遂妄分一語為二語矣。[182]

按劉說謂「吟口」實為「貪」字，未知然否？然而其以「『名』『聲』同義，『聲』字亦係衍文」，則恐未確。此因「名聲若日月」一語又見〈王霸〉。〈王霸〉云：

名聲若日月，功績如天地，天下之人應之如景響，是又人情之所同欲也，而王者兼而有是者也。[183]

可見「名聲若日月」乃荀卿習用文辭，「聲」字當非衍文。再考〈王霸〉此文內容旨意，亦與〈不苟〉相互關涉，其謂「名聲若日月」者，即就「盜跖吟口」言；其謂「功績如天地」者，即就「禹、舜」治績言；其謂「天下之人應之如影響」者，即指後世「傳而不息」也。通過《荀子》內部文辭對讀，互文見義，可明〈不苟〉此文旨意，而知劉師培所謂「名聲若日月」之「聲」字乃衍文者，實可商榷，未足稱信。

十七、伐德之色

《荀子・仲尼》云：

天下之行術：以事君則必通，以為仁則必聖。〔……〕君雖不知，無怨疾之心；功雖甚大，無伐德之色；省求，多功，愛敬不勌。[184]

182　劉師培：《荀子補釋》，頁 6a（總頁 316）。

183　王先謙撰，沈嘯寰、王星賢點校：《荀子集解》，頁 256。

184　同前註，頁 133。

所謂「伐德之色」，熊公哲《荀子今註今譯》云：「自稱其功曰伐，即矜伐也。」[185] 又北京大學《荀子》註釋組《荀子新註》云：「伐：自誇。伐德之色：自誇功勞的表情。」[186] 可見事君之道，貴在功大而無伐德之色。然而，如何可以功大而無伐德？〈仲尼〉未有明言。今考相關文辭又見〈正名〉。〈正名〉云：

> 有兼聽之明而無奮矜之容，有兼覆之厚而無伐德之色。說行則天下正，說不行則白道而冥窮，是聖人之辨說也。[187]

可見「伐德之色」與「奮矜之容」，並舉為義，其要在於「兼聽兼覆」，楊倞註云：

> 是時百家曲說，皆競自矜伐，故述聖人辨說雖兼聽兼覆，而無奮矜伐德之色也。[188]

楊倞註語切中肯綮，聖人因能兼覆，故無「伐德之色」。〈仲尼〉謂「功雖甚大，無伐德之色」者，因能「兼覆」也。其意謂功大而能兼覆，乃無伐德之色。有關「有功而能兼覆」之義，則可參〈君道〉。〈君道〉云：

> 是故窮則必有名，達則必有功，仁厚兼覆天下而不閔，〔……〕夫是之謂聖人。審之禮也。[189]

北京大學《荀子》註釋組《荀子新註》云：

185 熊公哲：《荀子今註今譯》，頁 121。

186 北京大學《荀子》註釋組：《荀子新註》，頁 85。

187 王先謙撰，沈嘯寰、王星賢點校：《荀子集解》，頁 501。

188 同前註。

189 同前註，頁 276。

> 達：顯達，指地位高。仁厚：仁愛寬厚，指有高尚的道德品質。兼覆天下：覆育整個天下。閔：通「窮」，盡。不閔：沒有止境。[190]

由此可見，聖人顯達有功，惟品格仁厚兼覆，包容至廣，固無伐德之色。通過《荀》書不同篇章重合文辭，句意互參，可以進一步闡述〈仲尼〉「功雖甚大，無伐德之色」之旨意。

十八、百里之國足以獨立矣

《荀子・富國》云：「君人者亦可以覺矣。百里之國足以獨立矣。」[191] 楊倞註云：「此言無道則雖大必至滅亡，有道則雖小足以獨立也。」[192] 按楊倞以為此文闡述「小國足以獨立」，未有進一步訓解「獨立」之意，惟以「獨立」者則不至於「滅亡」。至於北京大學《荀子》註釋組《荀子新註》則云：「百里之國：指小國。」[193] 則以楊倞所言為然，惟於「獨立」一詞，仍然未見訓釋。再考鍾泰《荀註訂補》云：

> 獨立謂不隨俗也。可以覺、足以獨立，義正相同，非謂其雖小而不至滅亡也。註失之。[194]

按鍾說然也，此文並無闡述「國雖小而不至滅亡」之意。至於「獨立」為何可以理解為「不隨俗」，鍾泰未有明言依據。今按〈富國〉此文重合文辭又見〈仲尼〉。〈仲尼〉云：

---

190 北京大學《荀子》註釋組：《荀子新註》，頁 195。

191 王先謙撰，沈嘯寰、王星賢點校：《荀子集解》，頁 231。

192 同前註。

193 北京大學《荀子》註釋組：《荀子新註》，頁 157。

194 鍾泰：《荀註訂補》，頁 113。

故善用之，則百里之國足以獨立矣；不善用之，則楚六千里而為讎人役。[195]

北京大學《荀子》註釋組云：

善用之：指善於運用治國之道。楚：春秋戰國時國名，在今湖北和湖南北部。六千里：泛指楚國國土廣大。讎人：仇人，這裏指秦國。楚懷王死在秦國，而懷王的兒子襄王又被秦國所控制，因此楚視秦為仇人。役：役使，這裏指楚國為秦國所役使。[196]

準此可知，〈仲尼〉「百里之國足以獨立矣」，乃與「楚六千里而為讎人役」對舉為義，則〈富國〉「百里之國足以獨立」者，亦當指「不為人役使」之意，並非如鍾泰所言，指「不隨俗」也。〈仲尼〉「百里之國足以獨立矣」句下，桃井白鹿（1722−1801）《荀子遺秉》云：「獨立，謂不為人所役也。」[197] 當乃參照後文「楚六千里而為讎人役」而為訓解，可謂翔實可取，信而有徵。

十九、君子道其常而小人道其怪

《荀子・榮辱》云：「君子道其常而小人道其怪也。」[198] 楊倞註云：「道，語也。怪，謂非常之事。取以自比也。」[199] 按「道」不當訓「語」，當訓為「由」，劉師培云：

---

195 王先謙撰，沈嘯寰、王星賢點校：《荀子集解》，頁 128。

196 北京大學《荀子》註釋組：《荀子新註》，頁 81。

197 桃井白鹿：《荀子遺秉》影印日本寬政十二年（1800）京師水玉堂刊本，載嚴靈峰主編：《無求備齋荀子集成》第 45 冊（台北：成文出版社，1977 年），卷之上，頁 15a（總頁 55）。

198 王先謙撰，沈嘯寰、王星賢點校：《荀子集解》，頁 73。

199 同前註，頁 74。

「道」訓為由。《禮記・中庸》註云「道者，由也」，此其證。「道其常」者，言君子所由者常道，即前文所謂「仁義德行」也。「道其怪」者，言小人所由者邪僻之道，即前文所謂「汙僈突盜」也。又〈富國篇〉云：「不足以持國安身，明君不道。」「道」亦訓由。楊註均訓為言語，失之。[200]

可見「道」當訓由，劉說是也。至於「小人道其怪」，劉氏以為即言「小人所由者邪僻之道」，並引〈榮辱〉及〈富國〉所言為證。劉氏所謂「邪僻之道」，是否即指「汙僈突盜」？考〈榮辱〉上文云：「汙僈、突盜，常危之術也，然而未必不安也。」[201] 楊倞註云：

僈，當為漫，漫亦汙也。水冒物謂之漫。《莊子》云：「北人無擇曰：『舜以其辱行汙漫我。』」漫，莫半反。《莊子》又曰「澶漫為樂」，崔云：「淫衍也。」李云：「縱逸也。」一曰：漫，欺誑之也。[202]

則「汙漫突盜」，亦淫衍欺誑之意。今考〈榮辱〉「君子道其常而小人道其怪」，相近文辭其實又見〈天論〉。〈天論〉云：「君子道其常而小人計其功。」[203] 楊倞註云：「君子常造次必守其道，小人則計一時之功利，因物而遷之也。」[204] 比合兩篇文辭而觀，則〈榮辱〉「小人道其怪也」者，或即指「小人計其功」，不由常道，因與君子迥然不同，似較「汙漫突盜」之解，更為可信。

200　劉師培：《荀子補釋》，頁 9b（總頁 318）。

201　王先謙撰，沈嘯寰、王星賢點校：《荀子集解》，頁 73。

202　同前註。

203　同前註，頁 368。

204　同前註。

二十、是禹、桀之所同也

《荀子・榮辱》云：

> 飢而欲食，寒而欲煖，勞而欲息，好利而惡害，是人之所生而有也，是無待而然者也，是禹、桀之所同也。[205]

其謂「是禹、桀之所同」者，乃指生而即然之事。熊公哲《荀子今註今譯》云：「無待而然，謂生而即然，無待借助于外也。」[206] 又北京大學《荀子》註釋組《荀子新註》亦言：「無待而然：這裏指不需經過後天學習培養就具備。」[207] 相關文辭又見〈非相〉。〈非相〉云：

> 飢而欲食，寒而欲煖，勞而欲息，好利而惡害，是人之所生而有也，是無待而然者也，是禹、桀之所同也。[208]

楊倞亦註云：「不待學而知也。」[209] 又李滌生《荀子集釋》云：

> 前三項是生理反應，後一項是心理反應（此反應不出於理智）。荀子以為皆出於自然之性，且不問賢愚，人人皆然。案：此不獨賢愚所皆然，亦人禽所同然。[210]

可見「是禹、桀之所同」者，乃《荀》書習用文辭，於〈榮辱〉及〈非相〉皆用以闡述生而即然之事，即出於自然之性。此猶如〈性

205 同前註，頁 74。

206 熊公哲：《荀子今註今譯》，頁 63。

207 北京大學《荀子》註釋組：《荀子新註》，頁 45。

208 王先謙撰，沈嘯寰、王星賢點校：《荀子集解》，頁 92。

209 同前註。

210 李滌生：《荀子集釋》，頁 80。

惡〉云：「今人之性，飢而欲飽，寒而欲煖，勞而欲休，此人之情性也。」[211] 又〈榮辱〉云：

> 目辨白黑美惡，耳辨音聲清濁，口辨酸鹹甘苦，鼻辨芬芳腥臊，骨體膚理辨寒暑疾養，是又人之所常生而有也，是無待而然者也，是禹、桀之所同也。[212]

可見《荀》書以「是禹、桀之所同也」闡明「目、耳、口、鼻、形體」等天官之所感，亦人之所生而有，無待而然者也。又於〈榮辱〉云：

> 可以為堯、禹，可以為桀、跖，可以為工匠，可以為農賈，在埶注錯習俗之所積爾，是又人之所生而有也，是無待而然者也，是禹、桀之所同也。[213]

則又以「是禹、桀之所同也」闡明上古帝王之與春秋大盜，抑或工匠之與農賈，並皆注錯習俗長期積累所致。又〈君道〉云：

> 為人主者，莫不欲彊而惡弱，欲安而惡危，欲榮而惡辱，是禹、桀之所同也。[214]

則又以「是禹、桀之所同也」闡明人主並皆欲強惡弱、欲安惡危、欲榮惡辱，亦自然而生。又〈天論〉云：

> 日月、星辰、瑞曆，是禹、桀之所同也。〔……〕繁啟蕃長於春夏，畜積收臧於秋冬，是又禹、桀之所同也。〔……〕得地則生，失地則死，是又禹、桀之所同也。[215]

211 王先謙撰，沈嘯寰、王星賢點校：《荀子集解》，頁 516。

212 同前註，頁 74。

213 同前註。

214 同前註，頁 283。

215 同前註，頁 367。

則又以「是禹、桀之所同也」闡明日月星辰之運轉，春生冬藏之四時規律，土地之得失於存亡之影響。凡此並皆自然運行之法則，既不為聖王而存，亦不為暴君而亡。禍福興衰全繫於世人自身的治亂之道，而非出於上天的賜福降禍。比合諸篇而觀，可見《荀》書屢用「是禹、桀之所同也」闡明不同旨意，隨文立意，義理非一。

二十一、埶在人下則社稷之臣、國君之寶

《荀子・儒效》云：

> 秦昭王問孫卿子曰：「儒無益於人之國？」孫卿子曰：「儒者法先王，隆禮義，謹乎臣子而致貴其上者也。〔……〕埶在人上則王公之材也，在人下則社稷之臣、國君之寶也。[216]

按孫卿子以為儒者有益於國，「埶在人上」者乃王公之材，「在人下」者則為「社稷之臣、國君之寶」。王念孫云：「埶者，位也。言位在本朝也。」[217] 然則儒者位在人下，如何可以成為「社稷之臣、國君之寶」？〈儒效〉未有明言，然而相近文辭又見〈臣道〉。〈臣道〉云：

> 大臣父子兄弟有能進言於君，用則可，不用則去，謂之諫；有能進言於君，用則可，不用則死，謂之爭；有能比知同力，率群臣百吏而相與彊君撟君，君雖不安，不能不聽，遂以解國之大患，除國之大害，成於尊君安國，謂之輔；有能抗君之命，竊君之重，反君之事，以安國之危，除君之

216 同前註，頁 138。

217 王念孫：《讀書雜志》，志八之二，頁 24a（總頁 662）。

> 辱，功伐足以成國之大利，謂之拂。故諫、爭、輔、拂之人，社稷之臣也，國君之寶也，明君之所尊所厚也。[218]

兩篇文辭並讀，可見有能「進言於君」「不用則死」者，謂之「諫」「爭」；有能「彊君撟君」「安國之危，除君之辱」者，謂之「輔」「拂」，而能「諫、爭、輔、拂」之人，〈臣道〉以為即「社稷之臣也，國君之寶也」。〈儒效〉〈臣道〉兩篇文辭互參，可見儒者雖然位在人下，如能「諫、爭、輔、拂」，自可成為「社稷之臣、國君之寶」。可見〈儒效〉〈臣道〉兩篇相近文辭互文見義，其旨意可以相互證成。

二十二、案唯便嬖親比己者之用

《荀子・君道》云：

> 然而求卿相輔佐，則獨不若是其公也，案唯便嬖親比己者之用也，豈不過甚矣哉！[219]

熊公哲《荀子今註今譯》云：

> 此案字義同「乃」。便讀為駢，便嬖，猶狎嬖也。比讀為俾。親比，謂親附阿比也。[220]

熊說是也，廖名春《荀子（節選）》亦云：

> 案：順承連詞，就。唯便嬖親比己者之用：唯用便嬖親比己者，只任用些寵愛的小臣與親近依附自己的人。[221]

---

218 王先謙撰，沈嘯寰、王星賢點校：《荀子集解》，頁 294。

219 同前註，頁 286。

220 熊公哲：《荀子今註今譯》，頁 286。

221 廖名春解讀：《荀子（節選）》，頁 271。

今考「唯便嬖親比己者之用」亦《荀》書習用文辭，又見〈王霸〉。〈王霸〉云：

> 身不能，不知恐懼而求能者，安唯便僻左右親比己者之用，如是者危削，綦之而亡。[222]

〈王霸〉「案」作「安」，兩字古可通用。惟王天海《荀子校釋》卻云：

> 安，當屬上句作「不知恐懼而求能者安」，下文「唯便辟親比己者之用」上亦無「安」字，是證。[223]

按王說非是，「安」本語助，此文當置句首。王引之《經傳釋詞》云：「安，猶於是也，乃也，則也。字或作『案』，或作『焉』，其義一也。」[224] 久保愛註解〈王霸〉此文亦云：「安，語助，下同。〈君道篇〉曰：『案唯便嬖親比己者之用也。』」[225] 是其義矣。再審王天海所據〈王霸〉下文云：

> 小用之者，先利而後義，安不卹是非，不治曲直，唯便辟親比己者之用，夫是之謂小用之。[226]

可見〈王霸〉此文其實亦有「安」字，惟置於「不卹是非」之句首，全句作「安不卹是非、不治曲直、唯便辟親比己者之用」，蓋以「不卹是非」「不治曲直」「唯便辟親比己者之用」三句連讀

---

222 王先謙撰，沈嘯寰、王星賢點校：《荀子集解》，頁 247。

223 荀況著，王天海校釋：《荀子校釋》，頁 489。

224 王引之：《經傳釋詞》影印王氏家刻本（南京：江蘇古籍出版社，2000 年），卷 2，頁 6b（總頁 19）。

225 久保愛：《荀子增註》，卷 7，頁 7b（總頁 314）。

226 王先謙撰，沈嘯寰、王星賢點校：《荀子集解》，頁 247。

為義，因置語助詞「安」字於句首，領起下文三分句，「安」字用法與上文「安唯便僻左右親比己者之用」，及〈君道〉「案唯便嬖親比己者之用也」相同，王天海反以為「安」字當置於上句句末，而作「不知恐懼而求能者安」，其說未是。

第二節

文辭重合，義訓集證

一、均薪施火，火就燥；平地注水，水流溼

《荀子．大略》云：「均薪施火，火就燥；平地注水，水流溼。」[227] 意在表明「夫類之相從也，如此之著也」。[228] 按〈大略〉為荀卿弟子所記荀子言行，其文又見〈勸學〉。〈勸學〉云：「施薪若一，火就燥也；平地若一，水就溼也。」[229] 則在表明「物各從其類也」，[230] 兩文意旨全同。〈勸學〉「施薪若一」句下楊倞註云：「布薪於地，均若一，火就燥而焚之矣。」[231] 是其義。北京大學《荀子》註釋組《荀子新註》於〈勸學〉「施薪若一」句下註云：

227 同前註，頁 607。

228 同前註。

229 王先謙撰，沈嘯寰、王星賢點校：《荀子集解》，頁 8。

230 同前註。

231 同前註。

> 這句意思是：堆放的柴草看來一樣，火總是先從乾燥的柴草燒起。[232]

可見北京大學《荀子》註釋組理解「若一」之義，是「柴草看來一樣」。至於〈大略〉作「均薪施火，火就燥；平地注水，水流溼。」北京大學《荀子》註釋組《荀子新註》又註云：

> 這句意思是：在一堆鋪平的木柴上點火，乾燥的木柴先起火；在平地上注水，濕的地方水先流。[233]

兩段文義理應相同，惟北京大學《荀子》註釋組於此則理解為「鋪平的木柴」，可見北京大學《荀子》註釋組於〈勸學〉「若一」之義未盡理解。其實，證諸〈大略〉作「均薪施火」，則〈勸學〉「施薪若一」者，「若一」當指均平若一之義，意謂均平地施放柴薪有若「一」字，劉殿爵（1921–2010）〈《荀子・勸學篇》「施薪若一，火就燥也；平地若一，水就溼也」解〉詳加析述云：

> 「平地若一」與「施薪若一」對文。因為「施」字只能作動詞用，所以「施薪」只能看作動賓結構。「平地」與「施薪」對文，所以也只能是動賓結構。〔……〕這裏「一」字可以看作「完全相同」的具體象徵，也可以解作「一」字。如果解作「一」字，這句話便可以理解為「把柴鋪開，鋪到像「一」字那樣均勻……；把地弄平，弄到和「一」字那樣平。[234]

---

232 北京大學《荀子》註釋組：《荀子新註》，頁 5。

233 同前註，頁 468。

234 劉殿爵〈《荀子・勸學篇》「施薪若一，火就燥也；平地若一，水就溼也」解〉原載《中國語文通訊》1990 年第 10 期，後收入論文集《語言與思想之間》，今據後者引用。詳見劉殿爵：〈《荀子・勸學篇》「施薪若一，火就燥也；平地若一，水就溼也」解〉，載劉殿爵著，朱國藩編：《語言與思想之間》（香港：香港中文大學吳多泰中國語文研究中心，1993 年），頁 125。

劉氏論證〈勸學〉「施薪若一」一語義訓，其說甚確，當能入信。北京大學《荀子》註釋組在訓解〈勸學〉「施薪若一」時，大抵未有參考〈大略〉作「均薪施火」，因而訓解未盡精確。

二、入乎耳，出乎口

《荀子・勸學》云：「小人之學也，入乎耳，出乎口。」[235] 楊倞註云：「所謂今之學者為人，道聽涂說也。」[236] 其所謂「道聽涂說」者，謂未經深思熟慮，即《韓詩外傳・卷九》云：「小人之聞道，入之於耳，出之於口，苟言而已。」[237] 按〈勸學〉此文又見〈不苟〉。〈不苟〉云：

> 山淵平，天地比，齊、秦襲，入乎耳，出乎口，鉤有須，卵有毛，是說之難持者也，而惠施、鄧析能之。[238]

楊倞註云：

> 未詳所明之意。或曰：即山出口也，言山有耳口也。凡呼於一山，眾山皆應，是山聞人聲而應之，故曰「入乎耳，出乎口」。或曰：山能吐納雲霧，是以有口。[239]

可見楊倞於〈不苟〉此文「入乎耳，出乎口」句意之所指，未能盡明，因亦曲為之說，牽強附會。考久保愛《荀子增註》云：「此六字，〈勸學篇〉之語，錯亂入此而已，今為衍文。」[240] 又楊樹達（1885－1956）《積微居讀書記》亦云：

235 王先謙撰，沈嘯寰、王星賢點校：《荀子集解》，頁 14。

236 王先謙撰，沈嘯寰、王星賢點校：《荀子集解》，頁 14。

237 韓嬰撰，許維遹校釋：《韓詩外傳集釋》，頁 319。

238 王先謙撰，沈嘯寰、王星賢點校：《荀子集解》，頁 44。

239 同前註。

240 久保愛：《荀子增註》，卷 2，頁 1b（總頁 70）。

> 此節皆難持之說，若「入耳出口」，非難持之說矣。原文蓋本作「出乎耳，入乎口」，淺人據〈勸學篇〉文妄改耳。[241]

可見〈不苟〉「入乎耳，出乎口」六字，文辭上雖與〈勸學〉重合，義理上卻無關涉，當為歷代傳鈔錯誤羼入而已。

三、惡少

《荀子・修身》云：「偷儒憚事，無廉恥而嗜乎飲食，則可謂惡少者矣。」[242] 楊倞於「惡少」一詞無註。荀卿以後，世人多以「惡少」泛指品行惡劣之少年。《史記・酷吏列傳》云：「吏苛察，盜賊惡少投缿購告言姦。」[243] 即其例。其實〈修身〉此文全本〈非十二子〉。〈非十二子〉云：

> 偷儒憚事，無廉恥而耆飲食，必曰君子固不用力，是子游氏之賤儒也。[244]

可見荀卿詆詘子游氏，以為偷懦憚事，既無廉恥，又嗜飲食，因稱「賤儒」，或稱「惡少」，多所抨擊。〈修身〉「惡少」一詞，實有專指，殆非泛稱。

四、國家無禮則不寧

《荀子・修身》云：「故人無禮則不生，事無禮則不成，國家無禮則不寧。」[245] 為何「國家無禮則不寧」？荀子未有詳言，僅

---

241 楊樹達：《積微居讀書記》(上海：上海古籍出版社，2006 年)，頁 178。

242 王先謙撰，沈嘯寰、王星賢點校：《荀子集解》，頁 40。

243 司馬遷撰，裴駰集解，司馬貞索隱，張守節正義：《史記》，頁 3822。

244 王先謙撰，沈嘯寰、王星賢點校：《荀子集解》，頁 123。

245 同前註，頁 27。

於段末引錄《詩・小雅・楚茨》「禮儀卒度，笑語卒獲」作結。[246]今按〈大略〉云：

> 禮之於正國家也，如權衡之於輕重也，如繩墨之於曲直也。故人無禮不生，事無禮不成，國家無禮不寧。[247]

〈大略〉此文闡述〈修身〉旨意，明言禮之於國，猶如權衡繩墨，因可以「正國家」也，論說遠較〈修身〉詳審，究其所本，則為〈王霸〉。〈王霸〉云：

> 禮之所以正國也，譬之猶衡之於輕重也，猶繩墨之於曲直也，猶規矩之於方圓也，既錯之而人莫之能誣也。[248]

可見禮義之措置，乃能端正國家，而國民莫敢誣詆。楊倞註云：

> 禮能正國，譬衡所以辨輕重，繩墨所以辨曲直，規矩所以定方圓也。錯，置也。《禮記》曰「衡誠懸，不可欺以輕重；繩墨誠陳，不可欺以曲直；規矩誠設，不可欺以方圓」也。[249]

三篇比合而觀，乃能闡明〈修身〉「國家無禮則不寧」之旨。

五、物至而應，事起而辨

《荀子・不苟》云：

---

246 毛亨傳，鄭玄箋，孔穎達疏，龔抗雲等整理，劉家和審定：《毛詩正義》，載《十三經註疏》整理委員會整理：《十三經註疏》（北京：北京大學出版社，2000 年），頁 953。

247 王先謙撰，沈嘯寰、王星賢點校：《荀子集解》，頁 585。

248 同前註，頁 248。

249 同前註。

上則能尊君，下則能愛民，物至而應，事起而辨，若是，則可謂通士矣。[250]

楊倞註云：「物有至則能應之，事有疑則能辨之。」[251] 楊倞以為「事起」者，即「事有疑」之意，「辨」當理解為「辨別」。王念孫不以為然，並以為「事起而辨」，「辨」當訓為「治」。王氏云：

辨者，治也。謂事起而能治之，非謂事有疑而能辨之也。《說文》：「辯，治也。」昭元年《左傳》「主齊盟者誰能辯焉」，杜註與《說文》同。〈王霸篇〉「儒者為之，必將曲辯」，楊註曰：「辯，治也。」字或作「辨」。〈議兵篇〉「城郭不辨」，註曰：「辨，治也。」合言之，則曰「治辯」，〈儒效篇〉曰：「分不亂於上，能不窮於下，治辯之極也。」〈王霸篇〉曰：「有加治辯彊固之道焉。」(「有」，讀為「又」。舊本「有加」二字倒轉，今據楊註乙正。楊以「辯」為「分別」，失之。) 又曰：「天下莫不平均，莫不治辯。」〈議兵篇〉曰：「禮者，治辯之極也。」或作「治辨」，〈榮辱篇〉曰：「君子脩正治辨。」〈正論篇〉曰：「上宣明則下治辨矣。」〈禮論篇〉曰：「君者，治辨之主也。」以上凡言「治辯」者，皆兩字同義，倒言之則曰「辯治」。〈小雅・采菽〉傳曰：「平平，辯治也。」《荀子・君道篇》「君者，善班治人者也」，「班」亦與「辯」同，《韓詩外傳》作「辯治」，〈成相篇〉「辯治上下」。[252]

按王念孫以為「事起而辨」者，即「事起而能治之」之意，並歷舉《荀子》一書「治辨」「辨治」用例多則，證成〈不苟〉「事起而辨」

250 同前註，頁 57。

251 同前註。

252 王念孫：《讀書雜志》，志八之一，頁 27a（總頁 643）。

者，「辨」當訓為「治」。然而，王氏忽略〈不苟〉此文「物至而應，事起而辨」兩句，其實又見〈解蔽〉。〈解蔽〉云：

> 不慕往，不閔來，無邑憐之心，當時則動，物至而應，事起而辨，治亂可否，昭然明矣。[253]

可見〈解蔽〉「物至而應，事起而辨」兩句後接「治亂可否，昭然明矣」，則「辨」當如楊倞所言作「分辨」解，而不當訓為「治」，否則便成「事起而治，治亂可否」，語意重複，不成文義，既稱「事起而治」，則不當再有「治亂可否」之疑，「辨」之不可訓「治」，可以明矣。楊倞註謂：「事有疑則能辨之」，或即參考〈解蔽〉「事起而辨，治亂可否，昭然明矣」，故有此說。「辨」只能作「分辨」解，〈解蔽〉此文意謂「治」之與「亂」，「可」之與「否」，皆可昭然辨別。李滌生《荀子集解》云：

> 「事起而辨」，即〈儒效篇〉「倚物怪變，所未嘗聞也，所未嘗見也，卒然起一方，則舉統類而應之，無所儗㤆」之義。亦即上文：「莫形而不見，莫見而不論，莫論而失位」之義。「辨」，辨別，或訓為治，殆非。[254]

按李說是也。再考〈解蔽〉又云：

> 謂合王制與不合王制也。天下有不以是為隆正也，然而猶有能分是非、治曲直者邪？若夫非分是非，非治曲直，非辨治亂，非治人道，雖能之無益於人，不能無損於人。[255]

253 王先謙撰，沈嘯寰、王星賢點校：《荀子集解》，頁 484。

254 李滌生：《荀子集釋》，頁 503。

255 王先謙撰，沈嘯寰、王星賢點校：《荀子集解》，頁 482。

〈解蔽〉謂「非分是非，非治曲直，非辨治亂」則「辨」與「分」對文，亦當理解為「分辨」之意。荀子此文旨在抨擊當時學說有不以「王制」為宗，則不能區分「是非」、治理「曲直」、分辨「治亂」。此等學說既非用以區分是非、治理曲直、分辨治亂，因而「無益於人」。〈不苟〉嘗言：

> 君子治治，非治亂也。曷謂耶？曰：禮義之謂治，非禮義之謂亂也。故君子者，治禮義者也，非治非禮義者也。[256]

可見荀卿倡言「禮義之謂治」，此猶〈解蔽〉所謂「合王制」也；〈不苟〉謂「非禮義之謂亂」，猶〈解蔽〉所謂「不合王制」也。因之，「治亂可否」，乃可分辨，其旨即在「合王制與不合王制」也。再考〈解蔽〉啟篇即言：

> 今諸侯異政，百家異說，則必惑是惑非，惑治惑亂。

今案「惑」通「或」，既稱「或是或非」「或治或亂」，因須「事起而辨」，俾使諸侯異政、百家異說，其「治亂可否」，可以清楚辨別，故曰「昭然明矣」。

又按《淮南子・主術訓》云：

> 是故明主之耳目不勞，精神不竭，物至而觀其象，事來而應其化，近者不亂，遠者治也。是故不用適然之數，而行必然之道，故萬舉而無遺策矣。[257]

其謂「物至而觀其象」，即《荀子》「物至而應」；其謂「事來而應其化」，即《荀子》「事起而辨」。《淮南》作「觀其象」，王念孫《讀書雜志・淮南內篇雜志》云：

---

256 同前註，頁 52。

257 何寧：《淮南子集釋》，頁 665。

> 念孫案：「物至而觀其象」，「象」當為「變」，草書之誤也。「變」與「化」同義，「觀其變」亦謂觀其變而應之也。作「象」則非其指矣。《文子・上義篇》正作「物至而觀其變」。[258]

王氏以為「『觀其變』亦謂觀其變而應之」，明顯依據《荀子》互見文辭作「物至而應」為解。由此可見，《淮南》「物至而觀其變，事來而應其化」，實本《荀子》為説。王氏當知《淮南》既作「事來而應其化」，則變化之端，猶需細辨，再加應對，殆非「事起即能治之」之意。

考賈誼《新書・輔佐》云：「辨其民人之眾寡，政之治亂。」[259]亦謂分辨民人之眾寡，辨別政事之治亂，是亦《荀子・解蔽》「辨治亂」之意。王念孫未知〈不苟〉「物至而應，事起而辨」又見〈解蔽〉，而後接「治亂可否，昭然明矣」，則「辨」實不當訓為「治」，而應作「辨別」解，王氏千慮一失，實可商榷。由此亦可證全面比對《荀子》內部重合文辭，於《荀》書義理之詮釋，不無裨益。

六、誠信生神，夸誕生惑

《荀子・不苟》云：「公生明，偏生闇，端愨生通，詐偽生塞，誠信生神，夸誕生惑。」[260]楊倞註云：

> 誠信至則通於神明。〈中庸〉曰：「至誠如神。」矜夸妄誕則貪惑於物。[261]

---

258 王念孫：《讀書雜志》，志九之九，頁 18b（總頁 842）。

259 賈誼撰，閻振益、鍾夏校註：《新書校註》，頁 206。

260 王先謙撰，沈嘯寰、王星賢點校：《荀子集解》，頁 59。

261 同前註。

按楊倞訓解「誠信生神」，援引《禮記・中庸》書證「至誠如神」以為說解。[262] 日本學者安積信（1791—1861）不以為然，《荀子略說》云：「神，謂神妙不測之德。註屬歧解。」[263]

今按楊說為是，因為〈不苟〉「誠信生神，夸誕生惑」兩句，相近文辭又見〈致士〉。〈致士〉云：「得眾動天。美意延年。誠信如神。夸誕逐魂。」[264] 楊倞註云：

> 誠信則如神明，言物不能欺也。逐魂，逐去其精魂，猶喪精也。矜夸妄誕，作偽心勞，故喪其精魂。此四者皆言善惡之應也。[265]

可見〈不苟〉「誠信生神」，〈致士〉正作「誠信如神」，與〈中庸〉「至誠如神」語意相同，其意即如楊註所言，謂「誠信則如神明」也。楊說信而有徵，安積信反以為歧解，未足服人。楊倞引用《中庸》相近文辭以證「誠信生神」即「至誠如神」之意，卻未知《荀子・致士》相近文辭正作「誠信如神」，捨近求遠，猶有未盡。

七、快快而亡者，怒也

《荀子・榮辱》云：

> 快快而亡者，怒也；察察而殘者，忮也；博而窮者，訾也；清之而俞濁者，口也。[266]

---

262 鄭玄註，孔穎達疏，龔抗雲整理，王文錦審定：《禮記正義》，頁 1693。

263 安積信：《荀子略說》影印日本昭和八年（1933）排印本，載嚴靈峰主編：《無求備齋荀子集成》第 49 冊（台北：成文出版社，1977 年），頁 8。

264 王先謙撰，沈嘯寰、王星賢點校：《荀子集解》，頁 307。

265 同前註，頁 308。

266 同前註，頁 63。

楊倞註云：

> 肆其快意而亡，由於忿怒也。至明察而見傷殘者，由於有忮害之心也。言詞辯博而見窮蹙者，由於好毀訾也。欲求其清而俞濁者，在口說之過，謂言過其實也。[267]

由此可見，〈榮辱〉此段文辭皆與「言詞」「口說」相關，惟首句「快快而亡者，怒也」，與「言詞」「口說」無涉。王先謙進一步闡述楊倞註文云：

> 快快，即肆意之義。〈大略篇〉云「賤師而輕傅則人有快，人有快則法度壞」，楊註云：「人有肆意。」是快猶肆也。快快與有快同義。肆意而亡其身者，由怒害之。[268]

王說較楊說詳審，然仍未能闡述「快快而亡者，怒也」，與「言詞」「口說」之關係。又「肆意而亡」與「忿怒」兩義有何關涉？楊倞與王先謙皆未言明。

今考梁啟雄《荀子簡釋》引梁啟超云：「伯兄曰：快快疑當作『怏怏』。」[269] 按「怏怏」者，謂心意不平之意。《史記・絳侯周勃世家》：

> 條侯心不平，顧謂尚席取櫡。景帝視而笑曰：「此不足君所乎？」條侯免冠謝。上起，條侯因趨出。景帝以目送之，曰：「此怏怏者非少主臣也！」[270]

267 同前註。

268 同前註。

269 梁啟雄：《荀子簡釋》，頁 35。

270 司馬遷撰，裴駰集解，司馬貞索隱，張守節正義：《史記》，頁 2523。

北京大學《荀子》註釋組雖據楊倞之訓「快快」為「肆意」，卻另存他說以作解讀：

> 快快：肆意，不顧後果。一說「快快」為「夬夬」，決斷而不疑的意思。[271]

按「夬夬」見《周易・夬》：「君子夬夬，獨行，遇雨若濡。有慍，無咎。」[272] 即堅決不疑之意。由此可見，梁啟超及北大註釋組所提別解「一說」，大抵均以〈榮辱〉「快快而亡」者，語意未通。今考〈榮辱〉此文又見〈大略〉。〈大略〉云：「惟惟而亡者，誹也；博而窮者，訾也；清之而俞濁者，口也。」[273] 可見〈榮辱〉「快快而亡者，怒也」，〈大略〉作「惟惟而亡者，誹也」；而「誹也」「訾也」「口也」，皆與「言詞」「口說」相關。有關「口也」之義，王天海《荀子校釋》云：

> 口，於此引申為言辯，有論說、辯解之義。《史記・魏其武安侯列傳》：「蚡辯有口。」又〈淮南衡山列傳〉：「淮南王有女，靈慧，有口辯。」皆口辨連言之證。故知單言「口」亦可，即辯解之義。[274]

可見〈大略〉此文「誹」「訾」「辯」，皆與言說相關，語意一貫；其作「惟惟而亡者，誹也」，似較〈榮辱〉「快快而亡者，怒也」更能契合下文句意。再考〈大略〉楊倞註云：

271 北京大學《荀子》註釋組：《荀子新註》，頁 37。

272 王弼註，孔穎達疏，盧光明、李申整理，呂紹綱審定：《周易正義》，載《十三經註疏》整理委員會整理：《十三經註疏》（北京：北京大學出版社，2000 年），頁 213。

273 王先謙撰，沈嘯寰、王星賢點校：《荀子集解》，頁 612。

274 荀況著，王天海校釋：《荀子校釋》，頁 121。

> 惟，讀為唯，以癸反。唯唯，聽從貌。常聽從人而不免亡者，由於退後即誹謗也。[275]

可見「惟惟而亡者，誹也」，意指唯唯諾諾者，聽從他人，言近誹謗，而終不免於亡，語意通達。筆者因疑〈榮辱〉「快快而亡者，怒也」，「快快」疑本當作「惟惟」，「惟」「快」兩字形構相近，當為形誤。至於「怒」之與「誹」，或亦形誤使然。

八、身死國亡，為天下大僇，後世言惡則必稽焉

《荀子‧非相》云：

> 古者桀、紂長巨姣美，天下之傑也；筋力越勁，百人之敵也。然而身死國亡，為天下大僇，後世言惡則必稽焉。[276]

楊倞註云：「僇與戮同。稽，考也。後世言惡，必考桀、紂為證也。」[277] 按楊說是也，「身死國亡，為天下大僇，後世言惡則必稽焉」者，乃《荀》書習用文辭，本用於闡述桀紂之敗亡，所以〈正論〉又云：

> 桀、紂者，其知慮至險也，其至意至闇也，其行（之）為至亂也；[278] 親者疏之，賢者賤之，生民怨之，禹、湯之後也，而不得一人之與；刳比干，囚箕子，身死國亡，為天下之大僇，後世之言惡者必稽焉；是不容妻子之數也。[279]

---

275 王先謙撰，沈嘯寰、王星賢點校：《荀子集解》，頁 612。

276 同前註，頁 88。

277 同前註。

278「之」字據王引之說刪。參見王念孫：《讀書雜志》，志八之六，頁 2a（總頁 708）。

279 王先謙撰，沈嘯寰、王星賢點校：《荀子集解》，頁 383。

楊倞復註云：「言惡者必稽考桀、紂以為龜鏡也。」[280] 熊公哲亦同意楊說，因云：「稽，考也。質言之，即指為鑑戒。」[281] 然而，既稱《荀》書習用文辭，則或有不用於「桀紂」而言他君者，諸如〈王霸〉云：

> 故彊，南足以破楚，西足以詘秦，北足以敗燕，中足以舉宋。及以燕、趙起而攻之，若振槁然，而身死國亡，為天下大戮，後世言惡則必稽焉。是無它故焉，唯其不由禮義而由權謀也。[282]

楊倞註：

> 為天下大戮辱也。《春秋傳》曰：「古者明王伐不敬，取其鯨鯢而封之，以為大戮也。」後世稽考，閔王為龜鏡也。[283]

可見〈王霸〉此文乃言「閔王」事。北京大學《荀子》註釋組再據楊倞說詳加析述：

> 戮：恥辱。稽：考察，借鑒。後世言惡，則必稽焉：意思是，後世的人談起壞事都以它為教訓。這裏指公元前 284 年燕聯合趙、韓、魏、秦攻佔齊都臨淄，齊閔王死於莒一事。[284]

由此可證，《荀》書習以「身死國亡，為天下大戮，後世言惡則必稽焉」析述古代帝王敗亡故事，並無專指。

---

280 同前註，頁 384。

281 熊公哲：《荀子今註今譯》，頁 394。

282 王先謙撰，沈嘯寰、王星賢點校：《荀子集解》，頁 244。

283 同前註。

284 北京大學《荀子》註釋組：《荀子新註》，頁 166。

九、幼而不肯事長，賤而不肯事貴，不肖而不肯事賢

《荀子・非相》云：

> 人有三不祥：幼而不肯事長，賤而不肯事貴，不肖而不肯事賢，是人之三不祥也。[285]

楊倞註云：「言必有禍災也。」[286]為何「幼而不肯事長，賤而不肯事貴，不肖而不肯事賢」，則必有禍災？楊倞未有言明。久保愛以為此說與《禮記・中庸》相關。[287]〈中庸〉云：

> 愚而好自用，賤而好自專，生乎今之世，反古之道，如此者，烖及其身者也。[288]

然而，「愚而好自用，賤而好自專」，與〈非相〉所言「幼而不肯事長，賤而不肯事貴，不肖而不肯事賢」，取意不同，久保愛之說仍有未足。今考〈非相〉此文相近文辭又見〈仲尼〉。〈仲尼〉云：

> 少事長，賤事貴，不肖事賢，是天下之通義也。有人也，埶不在人上而羞為人下，是姦人之心也。志不免乎姦心，行不免乎姦道，而求有君子聖人之名，辟之是猶伏而咶天，救經而引其足也。說必不行矣，俞務而俞遠。故君子時詘則詘、時伸則伸也。[289]

楊倞因註云：

---

285 王先謙撰，沈嘯寰、王星賢點校：《荀子集解》，頁 90。

286 同前註。

287 久保愛：《荀子增註》，卷 3，頁 5a（總頁 121）。

288 鄭玄註，孔穎達疏，龔抗雲整理，王文錦審定：《禮記正義》，頁 1700。

289 王先謙撰，沈嘯寰、王星賢點校：《荀子集解》，頁 133。

埶在上則為上，在下則為下，必當其分，安有埶不在上而羞為下之心哉！[290]

可見〈仲尼〉進一步闡述為下而事上之義，以為不當有羞愧之心，並以為「少事長，賤事貴，不肖事賢」者，本乃「天下之通義」，相關論說可證成〈非相〉之所言，互文見義，相互補足。

十、知而無法，勇而無憚，察辯而操僻淫，大而用之

《荀子・非十二子》云：

知而無法，勇而無憚，察辯而操僻淫，大而用之，好姦而與眾，利足而迷，負石而墜，是天下之所棄也。[291]

楊倞註云：

「知而無法」，騁其異見也。知，如字。「勇而無憚」，輕死。「察辯而操僻淫」，為察察之辯，而操持僻淫之事。操，七刀反。「大而用之」，以前數事為大而用之也。[292]

據楊倞註，則顯然讀「察辯而操僻淫」為句，故註云「而操持僻淫之事」。王念孫亦以為然，故云：

「察辯」二字平列，言能察能辯，而所操皆僻淫之術也。〈勸學篇〉曰：「不隆禮，雖察辯，散儒也。」〈不苟篇〉曰：「君子辯而不爭，察而不激。」《荀子書》皆以「察」「辯」對文，不可枚舉。[293]

290 同前註，頁 134。

291 同前註，頁 116。

292 同前註。

293 王念孫：《讀書雜志》，志八之二，頁 15b（總頁 658）。

按王念孫既謂「所操皆僻淫之術」，則又以楊倞於「僻淫」斷句為是。然而王氏以為「察辯」不當訓為「察察之辯」，據「察辯」一詞重見於〈勸學〉及〈不苟〉兩篇，以為「察辯」二字平列，實為「能察能辯」之意，說自可信。今考〈非十二子〉此文其實又見〈大略〉。〈大略〉重見文辭云：「疏知而不法，察辨而操辟，勇果而亡禮，君子之所憎惡也。」[294] 其「辟」下無「淫」字，而楊倞註云：「疏，通也。察辨而操辟，謂聽察其辨，所操之事邪僻也。操，七刀反。」[295] 可證「察辨而操辟」自成一句。〈非十二子〉當句讀為「察辯而操僻，淫大而用之」，俞樾（1821－1907）云：

> 楊註讀「察辯而操僻淫」為句，誤也。當以「察辯而操僻」五字為句。〈大略篇〉亦云「察辯而操僻」，是其證。「大」讀為「汰」，「淫汰」連文。〈仲尼篇〉曰「若是其險汙淫汰也」，是其證。「之」者，「乏」之壞字。襄十四年《左傳》曰「匱神乏祀」，《釋文》曰：「本或作『之祀』。」蓋「之」「乏」形似，故易誤耳。「淫汰而用乏」，與「察辯而操僻」相對成文。[296]

可見俞樾深明〈非十二子〉此文重見於〈大略〉，因能據〈大略〉重合文辭修訂楊倞句讀之誤。又據「淫汰」一詞重見於〈仲尼〉，推論〈非十二子〉「淫大而用之」當作「淫汰而用乏」，而「淫汰而用乏」，實與「察辯而操僻」對文，並得其旨，皆可徵信。

至於楊倞訓解〈非十二子〉「知而無法」一句，以為「知，如字」，則讀「知」為「知道」之義，亦有未是。據〈大略〉重合文辭，則〈非十二子〉「知而無法」者，當理解為「疏知而不法」。楊倞〈大

294　王先謙撰，沈嘯寰、王星賢點校：《荀子集解》，頁 611。

295　同前註。

296　俞樾：《諸子平議》，頁 240。

略〉註亦云：「疏，通也。」北京大學《荀子》註釋組《荀子新註》云：「疏：通。疏知：智慧通達。不法：不合乎地主階級的法令制度。」[297] 是知〈非十二子〉「知而無法」一句，「知」當讀為「智」，「智」與下「勇」對文。熊公哲《荀子今註今譯》因云：「『知』與下『勇』相對為義，字同智；無法，不守禮法。」[298] 是其義矣。

十一、多言無法而流喆然，雖辯，小人也

《荀子・大略》云：

> 多言而類，聖人也。少言而法，君子也。多言無法而流喆然，雖辯，小人也。[299]

此亦荀門弟子所記荀卿之言，又見〈非十二子〉。〈非十二子〉云：

> 故多言而類，聖人也；少言而法，君子也；多少無法而流湎然，雖辯，小人也。[300]

〈非十二子〉作「流湎」，冢田虎云：「〈樂記〉『流湎以忘本』，移而不反之貌也。」[301]〈大略〉楊倞註謂：「『喆』，當為『湎』。〈非十二子篇〉有此語，此當同。」[302]

又〈非十二子〉作「多少無法而流湎然」，〈大略〉作「多言無法而流喆然」。盧文弨於〈非十二子〉「多少無法而流湎然」句下註曰：「此數語又見〈大略篇〉。彼作『多言無法』，

297 北京大學《荀子》註釋組：《荀子新註》，頁 471。

298 熊公哲：《荀子今註今譯》，頁 103。

299 王先謙撰，沈嘯寰、王星賢點校：《荀子集解》，頁 611。

300 同前註，頁 115。

301 冢田虎：《荀子斷》，卷 1，頁 30a（總頁 65）。

302 王先謙撰，沈嘯寰、王星賢點校：《荀子集解》，頁 611。

此『少』字似訛。」[303] 王念孫以為盧說可信，因於《讀書雜志》收載其說，並云：「而與如同。」[304] 惟龍宇純不採盧說，並重新釋讀〈非十二子〉「多少無法而流湎然，雖辯，小人也」云：

> 當讀「多少無法而流」句，「湎然雖辯」句，「小人也」句。〔……〕「湎」當作「喆」，「喆」即「哲」字，「喆然」形容「辯」字，謂言無論多少，若不合於法而游移不定，翻空易奇，則雖哲然善辯，亦小人而已。「哲」讀《詩》「哲婦傾城」之「哲」。「喆」作「湎」，則義不可通。本篇「喆」誤為「湎」者，蓋後人不知「喆」字當與「然」字連讀，以為「流喆」義不可通，又以《荀》書多以「流湎」連文，遂改「喆」為「湎」字。〔……〕「多少無法」，猶言無論或多或少而無法也，非此文「少」字譌誤，〈大略篇〉「言」字當作「少」耳，盧說非。[305]

龍宇純釋讀方法，王天海信以為然。[306] 今按「流湎」成詞，早見《禮記・樂記》，[307] 龍宇純以為當於「流」字絕句，再讀「湎」為「哲」，反覺迂曲，其說實可商榷。考〈非十二子〉〈大略〉並謂「多言而類，聖人也。少言而法，君子也」，相關內容尚見《荀子》他篇文辭，其義可以互參，惜乎學者討論時未嘗措意。〈性惡〉云：

---

303 荀況撰，楊倞註，盧文弨、謝墉校：《荀子（附校勘補遺）》，頁 91。

304 王念孫：《讀書雜志》，志八之二，頁 14a（總頁 657）。

305 龍宇純：《荀子論集》，《龍宇純全集》第 3 冊（台北：秀威資訊科技股份有限公司，2015 年），頁 146。

306 荀況著，王天海校釋：《荀子校釋》，頁 217。

307 《禮記・樂記》云：「是故其聲哀而不莊，樂而不安，慢易以犯節，流湎以忘本。」鄭玄註，孔穎達疏，龔抗雲整理，王文錦審定：《禮記正義》，頁 1291。

> 多言則文而類，終日議其所以，言之千舉萬變，其統類一也，是聖人之知也。少言則徑而省，論而法，若佚之以繩，是士君子之知也。[308]

〈性惡〉謂「多言則文而類，〔……〕是聖人之知」，即〈非十二子〉〈大略〉所謂「多言而類，聖人也」；〈性惡〉謂「少言則徑而省，論而法，〔……〕是士君子之知」，即〈非十二子〉〈大略〉所謂「少言而法，君子也」。〈性惡〉楊倞註云：「徑，易也。省，謂辭寡。論而法，謂論議皆有法，不放縱也。」[309] 又郝懿行云：「『佚』者，隱也。言若闇合於繩墨，不邪曲也。」[310] 可見「少言而法」者，乃謂君子辭寡而論議有法，闇合繩墨，既不放縱，亦無邪曲。〈大略〉〈非十二子〉謂「多言無法而流湎然」者，乃從反面言之，故有如「流湎」，謂放縱流移，因而未合繩墨，乃致邪曲，旨意正與〈性惡〉所言相合，義亦相因，如出一轍。由此言之，〈非十二子〉實不當從龍宇純說讀為「多少無法而流，哲然雖辯，小人也」。蓋如此斷句，則與〈性惡〉所言迴異無涉，義無關聯故也。

十二、怨天者無識

《荀子・法行》云：「怨人者窮，怨天者無識。失之己而反諸人，豈不亦迂哉！」[311] 此文又見〈榮辱〉。〈榮辱〉云：

308 王先謙撰，沈嘯寰、王星賢點校：《荀子集解》，頁 526。

309 同前註。

310 郝懿行著，管謹訒點校：《荀子補註》，頁 4629。

311 王先謙撰，沈嘯寰、王星賢點校：《荀子集解》，頁 633。

> 自知者不怨人，知命者不怨天，怨人者窮，怨天者無志。失之己，反之人，豈不迂乎哉！[312]

兩篇文辭幾近全同。兩文對讀，〈法行〉「怨天者無識」，北京大學《荀子》註釋組《荀子新註》於句下註云：

> 這句意思是：自己不努力，只是埋怨別人，說明自己沒有辦法，埋怨老天，說明自己沒有見識。[313]

可知〈法行〉「怨天者無識」，乃指識見；〈榮辱〉作「怨天者無志」，取義理應相同，「志」亦當讀為「識」，惟楊倞於〈榮辱〉「怨天者無志」句下卻云：「有志之士，但自修身，遇與不遇，皆歸於命，故不怨天。」[314] 顯然以為「怨天者無志」，乃指「志氣」而言，其理解與〈法行〉作「怨天者無識」相違。王念孫云：

> 志，讀為「知識」之「識」。不知命而怨天，故曰「無識」。〈法行篇〉正作「怨天者無識」，楊彼註云：「無識，不知天命。」是也。此註以「志」為「志氣」之「志」，失之。[315]

可證〈榮辱〉楊倞釋讀有誤，王念孫實據〈法行〉互見文辭推論〈榮辱〉「怨天者無志」一句訓詁，因亦得其確解。

十三、慎終如始，終始如一

《荀子・議兵》云：「慮必先事而申之以敬，慎終如始，終始如一，夫是之謂大吉。」[316] 日本學者帆足萬里（1778–1852）《荀

312 同前註，頁 67。

313 北京大學《荀子》註釋組：《荀子新註》，頁 468。

314 王先謙撰，沈嘯寰、王星賢點校：《荀子集解》，頁 68。

315 王念孫：《讀書雜志》，志八之一，頁 32a（總頁 645）。

316 王先謙撰，沈嘯寰、王星賢點校：《荀子集解》，頁 328。

子標註》云：「終始如一，是古注文攙入。」[317] 按帆足萬里所言未是，「慎終如始，終始如一」本乃《荀》書習用文辭，〈議兵〉此文用以闡明凡謀慮者必事先慎重考慮，慎終如始。北京大學《荀子》註釋組《荀子新註》云：

> 申：重視。敬：謹慎。慮必先事而申之以敬：在行動之前一定要周密地考慮並且要慎之又慎。[318]

又李滌生《荀子集釋》亦云：

> 言謀慮必在事先，而加之以敬慎，常懷戒懼，慎終如始，則必有大吉之福，而無覆敗之禍。[319]

今考「慎終如始，終始如一」又見〈禮論〉。〈禮論〉云：

> 生，人之始也；死，人之終也。終始俱善，人道畢矣。故君子敬始而慎終。終始如一，是君子之道、禮義之文也。[320]

可證《荀》書習以「慎終如始，終始如一」，闡述人生終始俱善之意，引申以為「君子之道」「禮義之文」，又可指謀慮者事先敬慎戒懼，慎終如始之意。帆足萬里未明乎此，因以為〈議兵〉「終始如一」，乃「古註文攙入」，用以釋讀「慎終如始」，其說未敢遽信。

十四、物不能澹則必爭，爭則必亂，亂則窮

荀子以為人之有「欲」，此本天性使然，不可改易。人之多慾，乃致爭奪，緣於不知足。《荀子‧榮辱》云：

---

317 帆足萬里：《荀子標註》影印日本昭和二年（1927）排印本，載嚴靈峰主編：《無求備齋荀子集成》第 49 冊（台北：成文出版社，1977 年），頁 27。

318 北京大學《荀子》註釋組：《荀子新註》，頁 239。

319 李滌生：《荀子集釋》，頁 325。

320 王先謙撰，沈嘯寰、王星賢點校：《荀子集解》，頁 424。

> 人之情，食欲有芻豢，衣欲有文繡，行欲有輿馬，又欲夫餘財蓄積之富也，然而窮年累世不知（不）足，[321] 是人之情也。[322]

荀子以為人之多慾，又復不知足，其漸必至於爭奪，而陷於亂窮。為此，〈王制〉云：

> (1) 埶位齊而欲惡同，物不能澹則必爭，爭則必亂，亂則窮矣。楊倞註：澹，讀為贍。既無等級，則皆不知紀極，故物不能足也。[323]
>
> (2) 故人生不能無群，群而無分則爭，爭則亂，亂則離，離則弱，弱則不能勝物。[324]

〈王制〉提出兩重論議，其一在於慾惡相同，必將導致物不能贍，物不能贍必將引起爭奪，爭奪必將引發亂窮；其二在於「群而無分」，必將導致爭奪，爭奪必將引發「亂離」。倘若勢位相等者慾惡相同，而世間物質資源有限，將不足以滿足世人慾望；慾望不能得到滿足，必將導致窮困。再考〈禮論〉云：

> 人生而有欲，欲而不得，則不能無求；求而無度量分界，則不能不爭；爭則亂，亂則窮。[325]

〈禮論〉同樣提出人生而有慾，慾望不能得到滿足，必將引發爭奪，爭奪必將引起動亂，動亂必將導致窮困，其立意、文辭皆同

---

321 楊倞云：「『不知不足』，當為『不知足』，剩『不』字。」今據楊註刪「不」字。王先謙撰，沈嘯寰、王星賢點校：《荀子集解》，頁 78。

322 同前註。

323 同前註，頁 180。

324 同前註，頁 194。

325 同前註，頁 409。

於上引〈王制〉其一所言。久保愛《荀子增註》以為《史記》無「亂則窮」三字「義似優」，[326] 實不明〈禮論〉所論同於〈王制〉。[327]

再考〈王制〉「亂則窮矣」下楊倞註云：「物窮竭也。」[328]〈禮論〉「亂則窮」下楊倞註云：「窮，謂計無所出也。」[329] 劉如瑛以後說為是，其文云：

> 窮，指辦法窮盡，不指物資匱竭。楊註：「窮，物窮竭也。」非是。〈正論〉：「群而無分則爭，爭則亂，亂則窮矣。」楊註：「窮，困。」〈禮論〉：「爭則亂，亂則窮。」楊註：「窮，謂計無所出也。」這兩處的註是對的。[330]

按劉文所言〈正論〉當為〈富國〉之誤。〈富國〉云：

> 人之生，不能無群，群而無分則爭，爭則亂，亂則窮矣。楊倞註：窮，困。[331]

〈富國〉從「群爭」推論「亂窮」，與上引〈王制〉其二文辭用語，如出一轍。楊倞對〈王制〉〈富國〉〈禮論〉三篇「窮」字註解不盡相同。除劉如瑛外，尚有不少學者提出意見。〈王制〉之「窮」，安積信《荀子略說》云：「窮，謂民之窮困也。註乃云『物窮竭』，

---

326 久保愛：《荀子增註》，卷 13，頁 1a（總頁 543）。

327 蕭旭《〈荀子〉校補》云：「久說非是，《類聚》卷 38、《御覽》卷 523、《西山讀書記》卷 8、《皇王大紀》卷 80 引同摹宋本。『爭則亂，亂則窮』二語亦見本書〈富國篇〉，又〈王制〉：『爭則亂，亂則離，離則弱，弱則不能勝物。』此則總之曰『亂則窮』。」其說可參。蕭旭：《〈荀子〉校補》（新北：花木蘭文化出版社，2016 年），頁 403。

328 王先謙撰，沈嘯寰、王星賢點校：《荀子集解》，頁 180。

329 同前註，頁 409。

330 劉如瑛：《諸子箋校商補》，頁 17。

331 王先謙撰，沈嘯寰、王星賢點校：《荀子集解》，頁 212。

誤矣。」[332] 王天海《荀子校釋》云：「窮，困也。此指政事陷於困境。既非指物，亦非指民，劉氏謂『辦法窮盡』，亦未切。」[333]〈禮論〉之「窮」，章詩同《荀子簡註》云：「窮，無法收拾。」[334] 王天海《荀子校釋》則云：「窮，窘也。此指使社會陷入困境。」[335] 按〈王制〉〈富國〉〈禮論〉三篇之「窮」不必各自為說。三篇所描述者，皆為爭奪引起動亂，動亂導致窮亂之必然結果。「窮」不應限於某一方面之困境，而乃泛指整體之狀況。「亂則窮」乃荀子習用短語，「窮」即「窮困」之義，諸篇一致，可相參照。

十五、周公卒業，至於成王則安以無誅矣

《荀子・仲尼》云：「文王誅四，武王誅二，周公卒業，至於成王則安以無誅矣。」[336] 此文又見〈大略〉。〈大略〉云：「文王誅四，武王誅二，周公卒業，至成、康則案無誅已。」[337] 兩文對讀，〈仲尼〉「安以無誅矣」，〈大略〉作「案無誅已」，王念孫據〈大略〉以為〈仲尼〉「安」下「以」字衍文。王念孫云：

> 「安」下本無「以」字，此後人不知「安」為語詞而誤以為安定之「安」，故妄加「以」字耳。〈大略篇〉「至成、康則案無誅已」。（「案」亦語詞。）「案」下無「以」字，是其明證。[338]

---

332 安積信：《荀子略說》，頁 21。

333 荀況著，王天海校釋：《荀子校釋》，頁 349。

334 章詩同：《荀子簡註》（上海：上海人民出版社，1974 年），頁 203。

335 荀況著，王天海校釋：《荀子校釋》，頁 752。

336 王先謙撰，沈嘯寰、王星賢點校：《荀子集解》，頁 128。

337 同前註，頁 594。

338 王念孫：《讀書雜志》，志八之二，頁 19b（總頁 660）。

又楊倞於〈大略〉註云：

> 竝解在〈仲尼篇〉。言周公終王業，猶不得無誅伐，至成、康然後刑措也。重引此者，明不與民爭利則刑罰省也。[339]

此因〈大略〉上文曾言「從士以上皆羞利而不與民爭業」，[340]楊倞因以為〈大略〉此文重引「文王誅四，武王誅二」一段，旨在闡明不與民爭利，刑罰乃省。其實，〈大略〉重複引用他篇之言，其例甚多，未必與上下文扣連相關。

十六、近者歌謳而樂之，遠者竭蹶而趨之

《荀子・儒效》云：

> 故近者歌謳而樂之，遠者竭蹶而趨之，四海之內若一家，通達之屬莫不從服，夫是之謂人師。[341]

其中「遠者竭蹶而趨之」一句，「竭蹶」之義為何？楊倞註云：「竭蹶，顛倒也。遠者顛倒趨之，如不及然。」[342]高亨（1900–1986）不以楊註為然，《諸子新箋》云：

> 竭蹶，疾走之貌也。竭借為朅。《説文》：「朅，去也。」朅本疾走而去之義。亦以偈字為之。《集韻》引《廣雅》：「偈，疾也。」《詩・匪風》：「匪車偈兮」。毛《傳》：「偈偈，疾驅。」《白帖》十一引偈作朅。此朅有疾走之義之證。蹶亦有疾走之義。《爾雅・釋訓》：「蹶蹶，敏也。」《禮記・

339 王先謙撰，沈嘯寰、王星賢點校：《荀子集解》，頁 594。

340 同前註，頁 593。

341 同前註，頁 143。

342 同前註。

曲禮上》：「足毋蹶。」鄭註：「蹶，行遽貌。」《國語・越語》：「蹶而趨之。」韋註：「蹶，走也。」《文選・射雉賦》：「或蹶或啄。」李註引賈逵曰：「蹶，走也。」(《說文》：「走，趨也。」) 並其證也。〈議兵〉篇「遠者竭蹙而趨之」義同。楊說非。[343]

按誠如高亨所言，〈儒效〉此文相近文辭又見〈議兵〉。〈議兵〉云：

> 故近者歌謳而樂之，遠者竭蹙而趨之，無幽閒辟陋之國莫不趨使而安樂之，四海之內若一家，通達之屬莫不從服，夫是之謂人師。[344]

〈議兵〉楊倞註又云：「竭蹙，顛仆，猶言匍匐也。《新序》作『竭走而趨之』。」[345] 可見楊倞即使得見《新序》重合文辭「竭蹶」作「竭走」，[346] 仍堅信「竭蹶」之義當為「顛倒」「顛仆」。今按高亨未有提及〈儒效〉此文除見〈議兵〉外，其實尚見〈王制〉。〈王制〉云：

> 四海之內若一家，故近者不隱其能，遠者不疾其勞，無幽閒隱僻之國莫不趨使而安樂之。夫是之謂人師。[347]

三篇比合而觀，可見〈儒效〉〈議兵〉「遠者竭蹶而趨之」，〈王制〉作「遠者不疾其勞」，則「竭蹶」之義當與「疾勞」相關。楊倞

343 高亨：《諸子新箋》，載高亨著，董治安編：《高亨著作集林》第 6 卷（北京：清華大學出版社，2004 年），頁 151。

344 王先謙撰，沈嘯寰、王星賢點校：《荀子集解》，頁 329。

345 同前註。

346《新序・雜事五》云：「故近者謌謳而樂之，遠者竭走而趨之，四海之內若一家，通達之屬，莫不從服，夫是之謂人師。」劉向編著，石光瑛校釋，陳新整理：《新序校釋》（北京：中華書局，2017 年），頁 699。

347 王先謙撰，沈嘯寰、王星賢點校：《荀子集解》，頁 190。

亦註云：「不隱其能，謂竭其才力也。不疾苦其勞，謂奔走來王也。」[348] 考〈儒效〉「遠者竭蹶而趨之」下，久保愛《荀子增註》云：

> 竭蹶，勞苦不休以來至之貌。《淮南子》曰：「形勞而不休則蹶，精用而不已則竭。」[349]

久保愛所言良是，「竭蹶」即「勞苦不休以來至」之意，此可與〈王制〉「遠者不疾其勞」相合，而《新序》重合文辭「竭蹶」作「竭走」，亦有「勞苦以來至」之意。

再考久保愛訓解「竭蹶」之義，乃據《淮南子・精神訓》：「形勞而不休則蹶，精用而不已則竭」為說。[350] 今按《淮南》此文訓解「竭蹶」之義，闡明兩字明確義訓，因可依據，蓋《莊子・刻意》本作「形勞而不休則弊，精用而不已則勞，勞則竭。」[351]《淮南》本於《莊子》而改「弊勞」為「蹶竭」，乃立意釋讀「竭蹶」一詞之正詁，或即受《荀子》用詞之影響。由此可證，「竭蹶」之義，當以久保愛所言為是，以其可與〈王制〉重合文辭相應故也。楊倞、高亨未達其意，說皆未確。

十七、仁人上下，百將一心，三軍同力

《荀子・議兵》云：

> 故仁人上下，百將一心，三軍同力，臣之於君也，下之於上也，若子之事父，弟之事兄也，若手臂之扞頭目而覆胸腹也，詐而襲之，與先驚而後擊之，一也。[352]

---

348 同前註。

349 久保愛：《荀子增註》，卷 4，頁 4b（總頁 178）。

350 何寧：《淮南子集釋》，頁 520。

351 郭慶藩撰，王孝魚點校：《莊子集釋》，頁 546。

352 王先謙撰，沈嘯寰、王星賢點校：《荀子集解》，頁 316。

學者或以為「仁人上下，百將一心」二句內容訛誤，如冢田虎《荀子斷》以為「上下」乃誤文，「《新序》作『故仁人之兵』，是也」。[353]按《新序・雜事三》云：

> 故仁人之兵或將，三軍同力，上下一心，臣之於君也，下之於上也，若子之事父也，若弟之事兄也，若手足之捍頭目而覆胸腹也。[354]

「仁人之兵」後有「或將」二字，此二字應屬上讀，抑屬下讀？是否傳鈔訛誤？迄今未有定論。[355]《荀子・議兵》此文後文亦與《新序》有異，似不宜逕據《新序》校改《荀子》。

梁啟雄《荀子簡釋》以為〈議兵〉「仁人上下」當作「仁人在上」，[356]趙海金、章詩同、李滌生等亦同此說。[357]此說以《荀子・富國》「故仁人在上，百姓貴之如帝，親之如父母」為證。[358]亦有學者以唐宋類書引《荀子》異文為說，王天海《荀子校釋》云：「《治要》作『故仁人上下一心』，無『百將』二字，於文為順。」[359]蕭旭《〈荀子〉校補》則云：

> 《通鑒》卷6引作「故仁人之兵，上下一心，三軍同力」，《玉海》卷140引作「夫仁人之兵，百將一心，三軍同力」，

353 冢田虎：《荀子斷》，卷2，頁16a（總頁163）。

354 劉向編著，石光瑛校釋，陳新整理：《新序校釋》，頁320。

355 參見梁榮茂：《新序校補》（台北：水牛出版社，1971年），頁65；蔡信發：〈新序疏證（上）〉，《台北市立女子師範專科學校學報》1976年第8期，頁44（總頁238）；陳茂仁：《〈新序〉校證》（永和：花木蘭文化出版社，2007年），頁154。

356 梁啟雄：《荀子簡釋》，頁191。

357 參見趙海金：〈荀子校補〉，《大陸雜誌》第21卷第3期（1960年），頁135；章詩同：《荀子簡註》，頁150；李滌生：《荀子集釋》，頁314。

358 王先謙撰，沈嘯寰、王星賢點校：《荀子集解》，頁214。

359 荀況著，王天海校釋：《荀子校釋》，頁604。

《武經總要》前集卷1〈將職〉、《樂書》卷65、198引作「百將一心，三軍同力」。此文當作「故仁人之兵，百將上下一心，三軍同力」，今本脱「之兵」二字，「百將」又誤倒於下耳。本書〈富國〉、〈彊國〉、《韓詩外傳》卷6、《新序・雜事四》亦有「上下一心，三軍同力」之語。[360]

按「上下」乃就社會階級而言，《荀子》書中屢見以「上」指稱君主，「下」則指臣下百姓，尊卑有別，如〈王制〉「君臣上下之間者，彼將厲厲焉日日相離疾也。」[361] 又如〈王霸〉「如是，則臣下百姓莫不以詐心待其上矣」。[362] 前引〈富國〉及〈榮辱〉皆言「仁人在上」。[363]《群書治要》作「仁人上下一心」，[364] 若作「百將上下一心」，然《荀子》書中未有稱將領為上者。楊柳橋《荀子詁譯》將〈議兵〉標點為「故，仁人、上下、百將一心，三軍同力」，[365] 以「仁人」「上下」「百將」三者並列，謬誤更甚。尤當注意者，蕭旭已指出《荀子》他篇、《韓詩外傳》和《新序》皆作「上下一心，三軍同力」。《荀子・富國》云：

> 將辟田野，實倉廩，便備用，上下一心，三軍同力，與之遠舉極戰則不可。[366]

又云：

360 蕭旭：《〈荀子〉校補》，頁307。

361 王先謙撰，沈嘯寰、王星賢點校：《荀子集解》，頁205。

362 同前註，頁234。

363 同前註，頁83。

364 魏徵、褚遂良、虞世南合編：《群書治要》縮印日本尾張藩刻本五十卷（台北：世界書局，2011年），卷38，頁1003。

365 楊柳橋：《荀子詁譯》，頁269。

366 王先謙撰，沈嘯寰、王星賢點校：《荀子集解》，頁232。

> 如是，則近者競親，遠方致願，上下一心，三軍同力，名聲足以暴炙之，威強足以捶笞之，拱揖指揮，而強暴之國莫不趨使，譬之是猶烏獲與焦僥搏也。[367]

〈彊國〉云：

> 是以為善者勸，為不善者沮，上下一心，三軍同力，是以百事成而功名大也。[368]

可見「上下一心，三軍同力」當為荀子習慣用語。《群書治要》所引《荀子》亦以「上下一心，三軍同力」連文。今本《荀子・議兵》文辭或有誤倒，原文似當作「故仁人百將，上下一心，三軍同力」，「上下一心」專指「仁君」與「百將」，上下同心，砥礪同行。

十八、能則天下歸之，不能則天下去之

《荀子・儒效》云：

> 能則天下歸之，不能則天下去之，是以周公屏成王而及武王以屬天下，惡天下之離周也。[369]

北京大學《荀子》註釋組《荀子新註》云：「能則天下歸之：能勝任天子的人，天下的人就歸順他。去：背離。」[370] 可知〈儒效〉謂「能則天下歸之，不能則天下去之」者，乃就天子能否勝任立論，而未有闡明如何可以勝任天子之位，又能勝任者所指何人？相關文辭又見〈王霸〉。〈王霸〉云：

367　同前註，頁238。

368　同前註，頁348。

369　同前註，頁136。

370　北京大學《荀子》註釋組：《荀子新註》，頁88。

用國者，得百姓之力者富，得百姓之死者彊，得百姓之譽者榮。三得者具而天下歸之，三得者亡而天下去之；天下歸之之謂王，天下去之之謂亡。湯、武者，循其道，行其義，興天下同利，除天下同害，天下歸之。[371]

可見天子能得「百姓之力」「百姓之死」及「百姓之譽」者，天下歸之，乃能為王。湯、武即其顯例也。此可與〈儒效〉對讀，闡明〈儒效〉「能則天下歸之」之旨意。至於〈儒效〉「不能則天下去之」，即指天子不能有此「三得」於百姓，故天下去之，此之謂「亡」。至其顯例，則可參〈正論〉。〈正論〉云：

湯、武非取天下也，修其道，行其義，興天下之同利，除天下之同害，而天下歸之也。桀、紂非去天下也，反禹、湯之德，亂禮義之分，禽獸之行，積其凶，全其惡，而天下去之也。天下歸之之謂王，天下去之之謂亡。[372]

可見「天下去之」之顯例，即為「桀、紂」。蓋桀、紂既無「三得」於百姓，復更「反禹、湯之德，亂禮義之分，禽獸之行，積其凶，全其惡」，是以「天下去之」。至於〈正論〉謂「桀、紂非去天下也」者，鍾泰《荀註訂補》云：「去猶棄也。桀、紂不棄天下，而天下自去之，故曰『非去天下也』。」[373] 是其義矣。通過對讀《荀子》之〈儒效〉〈王霸〉〈正論〉三篇重合文辭，可以進一步闡明〈儒效〉「能則天下歸之，不能則天下去之」之旨意。

371 王先謙撰，沈嘯寰、王星賢點校：《荀子集解》，頁 265。

372 同前註，頁 382。

373 鍾泰：《荀註訂補》，頁 112。

十九、狂惑戇陋之人，乃始率其群徒，辯其談説，明其辟稱

《荀子・儒效》云：

> 而狂惑戇陋之人，乃始率其群徒，辯其談說，明其辟稱，老身長子，不知惡也。夫是之謂上愚。[374]

所謂「辯其談説，明其辟稱」，北京大學《荀子》註釋組《荀子新註》云：「辯：申辯。明：闡明。辟：同『譬』，比喻。稱：引證。」[375]而物雙松《讀荀子》云：「辟稱，言譬喻稱説也。」[376]又熊公哲《荀子今註今譯》云：「明其譬稱，猶言便辭巧喻。」[377]依據北京大學《荀子》註釋組及物雙松、熊公哲之説，則此「狂惑戇陋之人」率其群徒，申辯其談説，闡明其譬喻稱説，便辭巧喻，實為「上愚」。細考〈儒效〉此文所言「狂惑戇陋之人」，並非暗喻，實為明示。考〈正論〉云：

> 子宋子曰：「人之情欲寡，而皆以己之情為欲多，是過也。」故率其群徒，辨其談說，明其譬稱，將使人知情（欲之）〔之欲〕[378]寡也。[379]

可見〈儒效〉所指「狂惑戇陋之人」，實為宋鈃。兩篇文辭互參，其意旨明確，實有所貶。

374 王先謙撰，沈嘯寰、王星賢點校：《荀子集解》，頁 147。

375 北京大學《荀子》註釋組：《荀子新註》，頁 94。

376 物雙松：《讀荀子》，卷 1，頁 35a（總頁 83）。

377 熊公哲：《荀子今註今譯》，頁 134。

378 「欲之」據王念孫説改為「之欲」。參見王念孫：《讀書雜志》，志八補，頁 9b（總頁 754）。

379 王先謙撰，沈嘯寰、王星賢點校：《荀子集解》，頁 406。

二十、相高下，視墝肥，序五種，君子不如農人

《荀子・儒效》云：

> 君子之所謂賢者，非能徧能人之所能之謂也；君子之所謂知者，非能徧知人之所知之謂也；君子之所謂辯者，非能徧辯人之所辯之謂也；君子之所謂察者，非能徧察人之所察之謂也：有所正止矣。相高下，視墝肥，序五種，君子不如農人。[380]

楊倞註云：

> 相，視也。高下，原隰也。墝，薄田也。五種，黍、稷、豆、麥、麻。序，謂不失次序，各當土宜也。[381]

由此可見，視原隰、薄田，依土地之宜，播種黍、稷、豆、麥、麻五穀，君子實不如農人。然而，荀卿以為農事繁多，又非農人皆可熟知者，考〈儒效〉相近文辭又見〈王制〉，〈王制〉云：

> 相高下，視肥墝，序五種，省農功，謹蓄臧，以時順修，使農夫樸力而寡能，治田之事也。[382]

可見「省農功，謹蓄臧，以時順修，使農夫樸力而寡能」者，「治田」更勝「農人」。北京大學《荀子》註釋組詳析其意云：

> 省農功，檢查農民耕作的功效。謹蓄藏：認真儲備糧食。樸力而寡能：一心一意地致力於農業生產，而不要從事其他技能。治田：即司田，官名。[383]

---

380 同前註，頁 144。

381 同前註，頁 145。

382 同前註，頁 198。

383 北京大學《荀子》註釋組：《荀子新註》，頁 130。

考治田之事，貴能「使農夫樸力而寡能」，劉師培《荀子補釋》云：「『能』當作『罷』。」[384] 王天海詳析其義云：

> 寡能，猶言少罷也。能，依劉說或「罷」之訛，罷，通疲。疲，困也。少疲，少疲困也。[385]

治田能使農夫樸力而少疲，意義重大，蓋〈王霸〉云：

> 農夫朴力而寡能，則上不失天時，下不失地利，中得人和，而百事不廢。[386]

由此可見，治田既能使農夫朴力而寡能，其效驗可使上得天時、下得地利，而中得人和，百事不廢。對讀〈儒效〉〈王制〉〈王霸〉三篇重合文辭，可以進一步闡明「君子不如農人」而「農人」又不如「治田」之意。

二十一、夫堯、舜者，一天下也，不能加毫末於是矣

《荀子・王制》云：

> 權者重之，兵者勁之，名聲者美之。夫堯、舜者，一天下也，不能加毫末於是矣。[387]

學者於「夫堯、舜者，一天下也，不能加毫末於是矣」一段文辭，論見有二。其一者，如王先謙《荀子集解》云：「夫，猶彼也。言如此，則彼堯、舜所以一天下，無以加之。」[388] 意謂「權者重之」

384 劉師培：《荀子補釋》，頁 21b（總頁 324）。

385 荀況著，王天海校釋：《荀子校釋》，頁 394。

386 王先謙撰，沈嘯寰、王星賢點校：《荀子集解》，頁 271。

387 同前註，頁 203。

388 同前註，頁 204。

「兵者勁之」「名聲美之」三事，乃為彼堯、舜統一天下之良方，因而無以復加矣。北京大學《荀子》註釋組《荀子新註》亦云：

> 這兩句意思是：牢牢掌握政權，不斷加強軍事力量，努力提高名聲威望，這就是堯舜統一天下的作法，不能對此再增加一絲一毫了。[389]

此外，安積信《荀子略說》云：「者，似當作『之』。」[390] 梁啟雄《荀子簡釋》云：「者猶『之』也。」[391] 李滌生《荀子集釋》綜合各家說法云：

> 言權勢則加重，士卒則加強，名聲則加美，彼堯舜之所以統一天下，無以加於此矣。「夫」，彼也。「堯舜者」之「者」字，猶「之」。[392]

其二者，乃以「一天下」「不能加毫末」兩句之主語，均指堯舜。意謂堯舜可以「一天下」，卻無法再「加毫末」於其上。如久保愛《荀子增註》云：「雖堯、舜不能出其上也。」[393] 包遵信〈讀荀子札記〉云：

> 信按：此言君主倘能使權者重之，兵者勁之，名聲者美之，則雖一天下之堯舜，亦不可復加毫釐於此矣。楊註〔引者按：楊註當為王（先謙）說之誤。〕增「所以」二字為訓，失荀本意。[394]

---

389 北京大學《荀子》註釋組：《荀子新註》，頁 134。

390 安積信：《荀子略說》，頁 25。

391 梁啟雄：《荀子簡釋》，頁 115。

392 李滌生：《荀子集釋》，頁 190。

393 久保愛：《荀子增註》，卷 5，頁 19b（總頁 252）。

394 包遵信：〈讀荀子札記〉，頁 416。

張覺《荀子譯註》譯為：

> 權勢，使其舉足輕重；軍隊，使其強勁有力；名聲：使其美好無比。就是堯、舜那樣統一了天下的人，也不能在這三個方面再增加絲毫了。[395]

考〈王制〉相近文辭又見〈子道〉。〈子道〉云：「若夫志以禮安，言以類使，則儒道畢矣，雖舜，不能加毫末於是也。」[396] 楊倞註云：「志安於禮，不妄動也；言發以類，不怪說也。如此，則儒者之道畢矣。」[397] 可見「儒者之道畢」，乃能無以復加。北京大學《荀子》註釋組再作闡述云：

> 這句意思是：如果習慣於用禮義約束自己思想，說話按照禮義來推論，這樣儒道就完備了，即使舜也不能比這更高了。[398]

〈子道〉以為儒道完備，即使帝舜亦不能增加分毫。〈子道〉以帝舜之賢德，對比「志以禮安，言以類使」，以為「志以禮安，言以類使」更為重要，致使聖君帝舜亦無以復加毫釐。參考〈子道〉相近文辭，〈王制〉「夫堯、舜者，一天下也，不能加毫末於是矣」，當以上文所述其二見解為然，即指堯、舜雖能一統天下，卻無法復加毫釐，意謂國之存亡王霸，重在權、兵、名聲，實乃聖人所不能改易之道。

395 張覺：《荀子譯註》（上海：上海古籍出版社，2012 年），頁 113。

396 王先謙撰，沈嘯寰、王星賢點校：《荀子集解》，頁 624。

397 同前註。

398 北京大學《荀子》註釋組：《荀子新註》，頁 486。

二十二、求有君子聖人之名

《荀子‧仲尼》云：

> 志不免乎姦心，行不免乎姦道，而求有君子聖人之名，辟之是猶伏而咶天，救經而引其足也。説必不行矣，俞務而俞遠。[399]

此文又見《荀子‧彊國》。〈彊國〉云：

> 若是其悖繆也，而求有湯、武之功名可乎？辟之是猶伏而咶天，救經而引其足也，説必不行矣，俞務而俞遠。[400]

兩文互斠，〈仲尼〉「求有君子聖人之名」，〈彊國〉作「求有湯、武之功名」，可見〈仲尼〉所言「君子聖人」者，專指「湯、武」。〈仲尼〉及〈彊國〉下文並云「辟之是猶伏而咶天」，今考《後漢書‧皇后紀》云：「湯夢及天而咶之，斯皆聖王之前占。」[401]相近內容又見《東觀漢記》云：「湯夢及天舐之，皆聖主之夢。」[402]《後漢書》作「咶」而《東觀漢記》作「舐」，兩者相通。準此，亦可證明「咶天」一詞，專指商湯。

至若〈仲尼〉「君子聖人之名」，〈彊國〉作「湯、武之功名」，則〈仲尼〉作「名」者，亦當專指「功名」而言。北京大學《荀子》註釋組《荀子新註》於〈仲尼〉此句下註云：

> 這句意思是：思想上保留着反對封建禮義的念頭，行為上也幹的是反對封建禮義的那一套，卻想追求君子、聖人

399 王先謙撰，沈嘯寰、王星賢點校：《荀子集解》，頁 133。

400 同前註，頁 353。

401 范曄撰，李賢等註：《後漢書》（北京：中華書局，1973 年），頁 418。

402 劉珍等撰，吳樹平校註：《東觀漢記校註》（北京：中華書局，2008 年），頁 204。

的名聲，這就好比是趴在地下想舐天，救上吊的人而拉他的腳，這是明擺着行不通的，這是愈離愈遠。[403]

北京大學《荀子》註釋組以「名聲」對譯原文「名」字，大抵未有參考〈彊國〉之作「求有湯、武之功名」，恐亦未盡確切。

二十三、得之則治，失之則亂

《荀子・富國》云：

兼制天下者，為莫若仁人之善也夫！故其知慮足以治之，其仁厚足以安之，其德音足以化之，得之則治，失之則亂。[404]

包遵信〈讀荀子札記〉云：

「得之」「失之」兩之字俱謂上文「知（慮）〔慮〕」[405]「仁厚」「德音」言。[406]

可見〈富國〉此文闡述仁人之在君位，其「知慮」「仁厚」與「德音」，皆可關係國家治亂，故曰「得之則治，失之則亂」。然而，相近文辭又見〈致士〉。〈致士〉云：

君子也者，道法之摠要也，不可少頃曠也。得之則治，失之則亂；得之則安，失之則危；得之則存，失之則亡。[407]

403　北京大學《荀子》註釋組：《荀子新註》，頁 85。

404　王先謙撰，沈嘯寰、王星賢點校：《荀子集解》，頁 213。

405　原書誤作「知憲」，據《荀子》原文改。

406　包遵信：〈讀荀子札記〉，頁 421。

407　王先謙撰，沈嘯寰、王星賢點校：《荀子集解》，頁 307。

北京大學《荀子》註釋組《荀子新註》云：「摠要：總管。少頃：片刻。曠：缺少。」[408] 李滌生《荀子集釋》云：「『之』皆指君子。」[409] 由此可見，〈致士〉此文所謂「得之則治，失之則亂」者，乃言君子者乃道法之總管，不可片刻或缺，得君子者，國家可治；失君子者，國家乃亂。又〈禮論〉云：「得之則治，失之則亂，文之至也；得之則安，失之則危，情之至也。」[410] 楊倞註云：

> 文，謂法度也。治亂所繫，是有法度之至也。情，謂忠厚。使人去危就安，是忠厚之至者也。[411]

可見〈禮論〉所謂「得之則治，失之則亂」者，乃指禮教法度而言，國得禮教法度者治，國失禮教法度者亂。北京大學《荀子》註釋組《荀子新註》云：

> 這句意思是，按這樣去做，國家就能治理好，不這樣去做，國家就會混亂，這是最完美的禮法制度。[412]

又李滌生《荀子集釋》云：

> 就國家言，得之則治，失之則亂，所以是法度教化之極至；就人民言，得之則安，失之則危，所以是恩情忠厚之極樂。[413]

由此可見，「得之則治，失之則亂」者，實為《荀》書習用文辭，或則表示仁人之在君位，可以關係國家治亂；或則表示君子乃道

---

408 北京大學《荀子》註釋組：《荀子新註》，頁 224。

409 李滌生：《荀子集釋》，頁 305。

410 王先謙撰，沈嘯寰、王星賢點校：《荀子集解》，頁 443。

411 同前註。

412 北京大學《荀子》註釋組：《荀子新註》，頁 329。

413 李滌生：《荀子集釋》，頁 449。

法之總管，因而得君子者，國家可治；失君子者，國家可亂；又或闡述禮教法度可以關係國家治亂，其所蘊含之義理不一而足，而《荀》書隨文立意，並無固守。

二十四、父子不得不親，兄弟不得不順，男女不得不歡，少者以長，老者以養

《荀子・富國》云：

> 君子以德，小人以力。〔……〕百姓之壽，待之而後長。父子不得不親，兄弟不得不順，男女不得不歡，少者以長，老者以養。故曰：「天地生之，聖人成之。」此之謂也。[414]

其謂「天地生之，聖人成之」者，楊倞註云：「古者有此語，引以明之也。」[415] 又廖名春《荀子（節選）》亦云：

> 從「此之謂也」可知，「故曰」猶「《傳》曰」，非荀子語，是荀子引用的古書傳記之説。「天地生之，聖人成之」又見《荀子・大略篇》，當為古書傳記之説無疑。[416]

按楊倞及廖名春説皆是，古自有「天地生之，聖人成之」語，荀卿引之以明君子以德治國之意。李中生〈讀《荀子》札記〉云：

> 「父子不得不親」等句，實際上是説「父子不得之不親，兄弟不得之不順，男女不得之不歡」，各句中的「之」，均承前「待之」的「之」（指君子之德）而省。[417]

414 王先謙撰，沈嘯寰、王星賢點校：《荀子集解》，頁 215。

415 同前註，頁 216。

416 廖名春解讀：《荀子（節選）》，頁 206。

417 李中生：〈讀《荀子》札記〉，頁 166。

可見「父子不得不親，兄弟不得不順，男女不得不歡。少者以長，老者以養」乃用以闡述「君子之德」，荀卿再引古語「天地生之，聖人成之」以明其旨。廖名春謂「天地生之，聖人成之」又見《荀子・大略》，其實〈富國〉此文整段文辭均重見於〈大略〉，然其闡述之旨意不一。〈大略〉云：

> 吉事尚尊，喪事尚親。
>
> 君臣不得不尊，父子不得不親，兄弟不得不順，夫婦不得不驩。少者以長，老者以養。故天地生之，聖人成之。[418]

細考〈大略〉所言，與〈富國〉相合文辭幾近全同，僅略有差異。久保愛《荀子增註》云：

> 〈富國篇〉無「君臣不得不尊」六字，「夫婦」作「男女」，「驩」作「歡」。[419]

然而，〈大略〉此段文辭所謂「不得」之意，究何所指？楊倞註云：「不得，謂不得聖人之禮法。」[420] 按楊註以為專指「聖人之禮法」，大抵即據〈大略〉上段文辭「吉事尚尊，喪事尚親」為說；而北京大學《荀子》註釋組《荀子新註》亦云：「不得：沒有禮作準則。」[421] 可見楊倞與北京大學《荀子》註釋組均以為此段文辭乃闡述禮法之義，其意大抵如此。由此可見，〈富國〉〈大略〉兩段文辭皆以「父子不得不親，兄弟不得不順，夫婦不得不驩。少者以長，老

---

418 王先謙撰，沈嘯寰、王星賢點校：《荀子集解》，頁 583。

419 久保愛：《荀子增註》，卷 19，頁 9a（總頁 775）。

420 王先謙撰，沈嘯寰、王星賢點校：《荀子集解》，頁 583。

421 書中據文義把此段從「吉事尚尊，喪事尚親」之後移至「故人無禮不生，事無視不成，國家無視不寧」之後。參見北京大學《荀子》註釋組：《荀子新註》，頁 449。

者以養。故天地生之，聖人成之」闡述論說，惟所言非一，隨文立說，各自圓足。

二十五、故人之命在天，國之命在禮

《荀子・彊國》云：

> 故人之命在天，國之命在禮。人君者隆禮尊賢而王，重法愛民而霸，好利多詐而危，權謀、傾覆、幽險而亡。[422]

相近文辭又見〈天論〉〈大略〉。三篇內容可排列如下：

〈彊國〉：	故人之命在天，國之命在禮。人君者隆禮尊賢而王，重法愛民而霸，好利多詐而危，權謀、傾覆、幽險而亡。[423]
〈天論〉：	故人之命在天，國之命在禮。君人者隆禮尊賢而王，重法愛民而霸，好利多詐而危，權謀、傾覆、幽險而（盡）[424]亡矣。[425]
〈大略〉：	君人者，隆禮尊賢而王，重法愛民而霸，好利多詐而危。[426]

---

422 王先謙撰，沈嘯寰、王星賢點校：《荀子集解》，頁 344。

423 王天海疑「傾覆」二字為衍文，「或『亡』之旁註之文混入正文」。（荀況著，王天海校釋：《荀子校釋》，頁 217。）對此蕭旭已有辨析：「王氏妄改，《皇王大紀》卷 79 引有『傾覆』二字，〈天論〉同，《外傳》卷 1 作『權謀傾覆而亡』。『權謀傾覆』是《荀子》成語，見於〈王制〉〈富國〉〈王霸〉〈議兵〉諸篇，且本篇下文又云『傾覆滅亡可立而待』，『傾覆』又豈是『亡』之旁註？王氏妄說耳。此本無事，王氏妄生是非，故不得不辨。又王氏於〈天論篇〉，又不謂『傾覆』是衍文，一人著作，前後歧出，其粗疏有如此者！」詳見蕭旭：《〈荀子〉校補》，頁 348。

424 王先謙云：「『盡』字無義，衍文也。〈彊國篇〉四語與此同，無『盡』字。」于省吾（1896–1984）云：「王說是也。《韓詩外傳》及錢氏《攷異》引監本，均無『盡』字。」今據刪。參見王先謙撰，沈嘯寰、王星賢點校：《荀子集解》，頁 374；于省吾：《雙劍誃諸子新證》（北京：中華書局，2009 年），頁 1191。

425 王先謙撰，沈嘯寰、王星賢點校：《荀子集解》，頁 374。

426 同前註，頁 573。

〈彊國〉「人君者」，久保愛《荀子增註》云：「〈天論〉作『君人者』，是也。」[427] 龍宇純《荀子論集》引久保愛說，並云：

〈大略篇〉亦云：「君人者，隆禮尊賢而王，重法愛民而霸，好利多詐而危。」本篇下文云：「故君人者，愛民而安，好士而榮。」〈王霸篇〉云：「故用國者，義立而王，信立而霸，權謀立而亡。」並可證此文係君人之誤例。[428]

案久保愛說良是，〈彊國〉「人君者」當為「君人者」之誤倒，〈天論〉〈大略〉兩篇重合文辭可證。

梁啟雄《荀子簡釋》云：

此節言：「人之命在天」，與本篇篇恉正相反，最後四句又與〈彊國〉首段重出，疑是錯簡，或後人妄增。[429]

鄧漢卿《荀子繹評》亦云：

這一段既不承上，也不啟下，疑是錯簡。「故人之命在天」以下七句，見〈彊國〉首段。[430]

按《荀子》全書屢見重合文辭，散見於不同篇章，〈天論〉〈彊國〉兩篇文辭重合，未足稱奇。從文辭內容觀之，「人之命在天」是否與〈天論〉「篇恉正相反」？〈天論〉：「故人之命在天，國之命在禮。」學者多以「命」為「命運」，如北京大學《荀子》註釋組《荀子新註》云：

---

427 久保愛：《荀子增註》，卷 11，頁 1b（總頁 452）。

428 龍宇純：《荀子論集》，頁 287。

429 梁啟雄：《荀子簡釋》，頁 228。

430 鄧漢卿：《荀子繹評》，頁 355。

> 這句意思是：所有人的命運取決於如何對待自然界，國家的命運取決於如何對待禮義。[431]

然亦有以「命」為「生命」之義，如李滌生《荀子集釋》云：「人類的生命是受之於自然，國家的命脈在有禮法。」[432] 王天海認為「命」當釋為「生命」：

> 命，生命也。《禮・祭法》「大凡生於天地之間者皆曰命」。此言人之生命乃天賦，國之生命在禮存。若訓此「命」為命運，則與本篇「制天命而用之」之主旨相反，荀卿焉有此矛盾之說。[433]

王天海《荀子校釋》未見引用梁啟雄說，不過「主旨相反」與梁啟雄「篇恉正相反」意思相同。王天海以為若理解為「人之命運乃天賦」，則明顯與「制天命而用之」矛盾不合。後文「從天而頌之，孰與制天命而用之」，[434] 王天海云：「制，掌握控制也。天命，天道也。用，利用也。」[435] 大抵即以為荀子不可能一方面主張人之命運乃天賦，另一方面又提倡掌控天道、利用天道。[436] 王氏釋「天命」為「天道」，其實亦與梁啟雄相同。梁啟雄《荀子簡釋》云：

> 《詩・維天之命》箋：「命猶道也。」此言：與其順從天道而頌揚它的功德，豈如制裁天道而利用它呢！[437]

431　北京大學《荀子》註釋組：《荀子新註》，頁 278。

432　李滌生：《荀子集釋》，頁 377。

433　荀況著，王天海校釋：《荀子校釋》，頁 696。

434　王先謙撰，沈嘯寰、王星賢點校：《荀子集解》，頁 375。

435　荀況著，王天海校釋：《荀子校釋》，頁 697。

436　然而〈彊國〉「故人之命在天，國之命在禮」，王天海《荀子校釋》卻云：「命，命運也。」兩處註釋明顯矛盾。荀況著，王天海校釋：《荀子校釋》，頁 649。

437　梁啟雄：《荀子簡釋》，頁 229。

按「天命」一語，其實可從楊倞註釋理解為「天之所命」，[438] 意指「天生之萬物」。[439]〈天論〉主張「明於天人之分」，[440] 天、人各有分職，「天有其時，地有其財，人有其治」。[441] 可見「制天命而用之」，實不應理解為以人制天，李中生、廖名春已有辯解。[442] 廖名春〈《荀子・天論》篇「大天而思之」章新詮〉云：

> 荀子所謂「制天命」，就是要將「天生之物」按照人類的需要製造出來，生產出來。〔……〕而「制天命而用之」，就是要生成、造就出「天生之物」來，以供人類享受、利用。這種「制天命」，實質就是「天生人成」，換言之，也就是「人成天生」。[443]

廖說良是。據此可知，〈天論〉並無「人之命在天」(人的命運在天) 與「制天命而用之」(以人制天) 之矛盾。〈天論〉言「天行有常，不為堯存，不為桀亡」，[444] 以為「天」並無喜怒、愛惡，天本自然規律，「既無意識，亦無情感」。[445] 然而荀子並無否定命運。〈正名〉云：「節遇謂之命。」[446] 梁啟雄《荀子簡釋》引梁啟超云：

---

438 楊倞註云：「頌者，美盛德也。從天而美其盛德，豈如制裁天之所命而我用之？謂若曲者為輪，直者為桷，任材而用也。」王先謙撰，沈嘯寰、王星賢點校：《荀子集解》，頁 375。

439 李滌生：《荀子集釋》，頁 378。

440 王先謙撰，沈嘯寰、王星賢點校：《荀子集解》，頁 364。

441 同前註，頁 365。

442 參李中生〈《荀子》「制天命」新訓〉。原文發表於《學術研究》1994 年第 5 期，後收入論文集《荀子校詁叢稿》。今據後者引用，詳見李中生：〈《荀子》「制天命」新訓〉，《荀子校詁叢稿》，頁 81。

443 詳見廖名春：〈《荀子・天論》篇「大天而思之」章新詮〉，《邯鄲學院學報》2012 年第 4 期，頁 93。

444 王先謙撰，沈嘯寰、王星賢點校：《荀子集解》，頁 362。

445 梁啟雄：《荀子簡釋》，頁 220。

446 王先謙撰，沈嘯寰、王星賢點校：《荀子集解》，頁 489。

> 節遇、猶云偶遇。荀子視「命」為「非常的」「偶然的」，有如佛家所云之「因緣和合」之意，與世人視「命」為天定者根本不同。[447]

荀子以為人之命運，並非由上天主觀意志決定，而且充滿偶然性。故〈榮辱〉云：「自知者不怨人，知命者不怨天。」[448] 楊倞註云：「有志之人，但自修身，遇與不遇，皆歸於命，故不怨天。」[449] 人之命運在於自然，因而自然災害仿如水旱、寒暑、袄怪等，世人無法避免，而國家之治亂，則在於禮，此君主可以自行作出決定。故後文云：「隆禮尊賢而王，重法愛民而霸，好利多詐而危，權謀、傾覆、幽險而亡。」天自有其常道，而君主明白「天人之分」，「知其所為，知其所不為」，[450] 以禮治國，乃能王天下。由此開展後文「大天而思之，孰與物畜而（制）〔裁〕之」[451]「從天而頌之，孰與制天命而用之」[452] 等論題。可見「人之命在天」一段文辭與〈天論〉內容相互緊扣。至於〈天論〉相關文辭又重見於〈彊國〉，廖名春云：

> 「故人之命在天」至「幽險而盡亡矣」幾句又見於〈彊國篇〉，當是荀子着力強調的主張。[453]

除此以外，「隆禮尊賢而王，重法愛民而霸，好利多詐而危」，又

447 梁啟雄：《荀子簡釋》，頁 310。

448 王先謙撰，沈嘯寰、王星賢點校：《荀子集解》，頁 67。

449 同前註，頁 68。

450 同前註，頁 366。

451 原文本作「孰與物畜而制之」，「制」字據王念孫改為「裁」。參見王念孫：《讀書雜志》，志八之五，頁 30b（總頁 706）。

452 王先謙撰，沈嘯寰、王星賢點校：《荀子集解》，頁 375。

453 廖名春解讀：《荀子（節選）》，頁 304。

見於〈大略〉篇首，[454] 可見「隆禮尊賢而王」，亦當為荀子學派所重視之核心思想。

二十六、貫日而治詳，一日而曲別之

《荀子・王霸》云：

> 故治國有道，人主有職。若夫貫日而治詳，一日而曲（列）〔別〕之，[455] 是所使夫百吏官人為也，不足以是傷游玩安燕之樂。[456]

楊倞註云：「貫日，積日也。積日而使條理詳備，一日而委曲列之，無差錯也。」[457] 意謂治國有道者，原來需要積日方能完成之工作，可於一日之內成功辦理。此無他故，乃因善於任用百吏官人也。君主倘能善於任用百官，更可享受遊玩安燕之樂。此從正面闡述君主善用賢人治國之理，相近文辭又見於〈君道〉，則從反面言之，〈君道〉云：

> 人主不能論此三材者，不知道此道，安值將卑埶出勞，并耳目之樂，而親自貫日而治詳，一（內）〔日〕而曲辨之，[458] 慮與臣下爭小察而綦偏能，自古及今，未有如此而不亂者也。[459]

454 王先謙撰，沈嘯寰、王星賢點校：《荀子集解》，頁 573。

455 「列」字據王念孫改為「別」。參見王念孫：《讀書雜志》，志八之四，頁 4b（總頁 684）。

456 王先謙撰，沈嘯寰、王星賢點校：《荀子集解》，頁 250。

457 同前註。

458 今本「日」字誤作「內」，據王先謙說改。王先謙撰，沈嘯寰、王星賢點校：《荀子集解》，頁 290。

459 同前註。

此篇闡明君主倘若事事親為，「親自貫日而治詳，一日而曲辨之」。梁啟雄《荀子簡釋》云：「貫日，累日也。曲，周徧也。」[460]意謂君主親力親為，累日方能完成之工作，如今一日已能周遍完成。〈君道〉復謂君主更且與臣下爭功，展示一己能耐。荀子以為凡此皆非為君之道，既勞役己身，復摒棄耳目之樂，無暇遊玩安燕，更甚者，國家必將陷於混亂。〈君道〉實從反面申述君主事事躬親之弊，以為禍亂將至。〈王霸〉〈君道〉兩篇文辭相近，可以相互補充，互為闡析。

二十七、劫迫於暴國而無所辟之，則崇其善，揚其美

《荀子・大略》篇末云：

(1) 虞舜、孝己孝而親不愛，比干、子胥忠而君不用，仲尼、顏淵知而窮於世。劫迫於暴國而無所辟之，則崇其善，揚其美，言其所長，而不稱其所短也。惟惟而亡者，誹也；博而窮者，訾也；清之而俞濁者，口也。

(2) 君子能為可貴，不能使人必貴己；能為可用，不能使人必用己。

(3) 誥誓不及五帝，盟詛不及三王，交質子不及五伯。[461]

上引〈大略〉文辭合共三則，見於《荀子》其他篇章。(1)「劫迫於暴國而無所辟之」至「而不稱其所短」一段文辭，又見於〈臣道〉。〈臣道〉對應之文辭段落云：

460　梁啟雄：《荀子簡釋》，頁 174。

461　王先謙撰，沈嘯寰、王星賢點校：《荀子集解》，頁 612。

事聖君者，有聽從，無諫爭；事中君者，有諫爭，無諂諛；事暴君者，有補削，無撟拂。迫脅於亂時，窮居於暴國，而無所避之，則崇其美，揚其善，違其惡，隱其敗，言其所長，不稱其所短，以為成俗。《詩》曰：「國有大命，不可以告人，妨其躬身。」此之謂也。[462]

〈大略〉(1)「博而窮者，訾也；清之而俞濁者，口也」兩句則見於〈榮辱〉。〈榮辱〉對應之文辭段落云：

快快而亡者，怒也；察察而殘者，忮也；博之而窮者，訾也；清之而俞濁者，口也；豢之而俞瘠者，交也；辯而不說者，爭也；直立而不見知者，勝也；廉而不見貴者，劌也；勇而不見憚者，貪也；信而不見敬者，好剸行也：此小人之所務而君子之所不為也。[463]

最後〈大略〉(2)「君子能為可貴」至「不能使人必用己」一段文辭，則見於〈非十二子〉。〈非十二子〉云：

君子能為可貴，不能使人必貴己；能為可信，不能使人必信己；能為可用，不能使人必用己。[464]

豬飼彥博 (1761–1845)《荀子增註補遺》以為〈大略〉「君子能為可貴」以下四句「當在『仲尼、顏淵知而窮於世』之下」。[465] 大抵是以虞舜、孝己、比干、子胥 (?–484 B.C.)、仲尼 (551 B.C.–479

462 同前註，頁 296。

463 同前註，頁 63。

464 同前註，頁 120。

465 豬飼彥博：《荀子增註補遺》影印日本寬政十三年（1801）京師水玉堂刊本，載嚴靈峰主編：《無求備齋荀子集成》第 45 冊（台北：成文出版社，1977 年），頁 32a（總頁 62）。

B.C.）和顏淵（521 B.C.−481 B.C.）自古皆有美名，而比干、子胥、仲尼都不為君主所用，符合「能為可用，不能使人必用己」之說。然而，對讀〈大略〉與〈臣道〉重合文辭，〈臣道〉「迫脅於亂時，窮居於暴國」兩句，在〈大略〉中被省略為「劫迫於暴國」一句，大抵〈大略〉篇者已然考慮到上文已云仲尼、顏淵「窮於世」，故省去「於亂時，窮居」五字。考〈臣道〉對應文辭段落，倡言為臣者事聖君、中君或暴君，方法不一；身處「亂時」「暴國」，當崇其美、揚其善、諱其惡、[466] 隱其敗。〈大略〉因藉〈臣道〉所言，並舉比干、子胥、仲尼、顏淵等賢人君子以為例證，故不取〈臣道〉「違其惡，隱其敗」二句。由此可見，〈大略〉「劫迫於暴國而無所辟之」內容與前文緊密呼應，未見錯簡跡象，豬飼彥博之說實可商榷。

至於〈大略〉「惟惟而亡者，誹也；博而窮者，訾也；清之而俞濁者，口也」，〈榮辱〉雖無「惟惟而亡者，誹也」，卻云「快快而亡者，怒也」。楊柳橋因疑其中有誤文，[467] 可備一說。考〈榮辱〉以「快快而亡者」以下諸項，歸結為「小人之所務而君子之所不為」，可知「博而窮者，訾也；清之而俞濁者，口也」，於〈大略〉中，當非用於形容虞舜、孝己、比干、子胥、仲尼、顏淵六人。沈嘯寰、王星賢點校本《荀子集解》將〈大略〉「虞舜、孝己孝而親不愛」至「清之而俞濁者，口也」歸為一段；又王天海《荀子集釋》亦將「惟惟而亡者，誹也；博而窮者，訾也；清之而俞濁者，口也」與前文合為一段，[468] 以為文意相連，皆可再商。

---

466 〈臣道〉「違其惡」，「違」字據王念孫説，當讀為「諱」。詳見王念孫：《讀書雜志》，志八之五，頁 2b（總頁 692）。

467 楊柳橋《荀子詁譯》云：「後二句，見〈榮辱〉篇。楊倞註前一句云：『惟，讀為「唯」。唯唯，聽從貌。』亦費解。〈榮辱〉篇作『快快而亡者，怒也』，與此不同。當有誤文，疑莫能明也。」楊柳橋：《荀子詁譯》，頁 569。

468 參見荀況著，王天海校釋：《荀子校釋》，頁 1100。

二十八、天子山冕

《荀子・大略》云：「天子山冕，諸侯玄冠，大夫裨冕，士韋弁，禮也。」[469] 楊倞註云：

> 山冕，謂畫山於衣而服冕，即袞也。蓋取其龍則謂之袞冕，取其山則謂之山冕。[470]

考〈大略〉此文又見〈富國〉。〈富國〉云：「故天子袾裷衣冕，諸侯玄裷衣冕，大夫裨冕，士皮弁服。」[471] 楊倞註云：

> 「袾」，古「朱」字。裷與袞同。畫龍於衣，謂之袞。朱袞，以朱為質也。[472]

兩文對讀，〈大略〉有別於〈富國〉「天子袾裷」之說，不以為天子畫龍於衣，而主張畫山，因云「山冕」。

考《禮記・玉藻》云：「天子玉藻，十有二旒，前後邃延，龍卷以祭。」[473] 鄭玄註云：「龍卷，畫龍於衣，字或作『袞』。」[474] 可見〈富國〉「天子袾裷」之說，當有依據。〈大略〉以為天子畫山於衣，則或另有所本。《尚書・益稷》云：「予欲觀古人之象，日、月、星辰、山、龍、華、蟲。」[475] 偽孔傳云：「畫三辰、山、龍、華、

469 王先謙撰，沈嘯寰、王星賢點校：《荀子集解》，頁 574。

470 同前註。

471 同前註，頁 211。

472 同前註。

473 鄭玄註，孔穎達疏，龔抗雲整理，王文錦審定：《禮記正義》，頁 1016。

474 同前註。

475 孔安國傳，孔穎達疏，廖名春、陳明整理，呂紹綱審定：《尚書正義》，載《十三經註疏》整理委員會整理：《十三經註疏》（北京：北京大學出版社，2000 年），頁 139。

蟲於衣服、旌旗。」[476] 則〈大略〉謂天子畫山於衣，亦自有據。《正義》云：「王肅以為『舜時三辰即畫於旌旗，不在衣也，天子山、龍、華、蟲耳。』」[477] 亦以為天子畫山、龍於衣，與〈大略〉〈富國〉所言相合。

二十九、斬而齊，枉而順，不同而一

《荀子・榮辱》云：

> 故曰：「斬而齊，枉而順，不同而一。」夫是之謂人倫。《詩》曰：「受小共大共，為下國駿蒙。」此之謂也。[478]

按〈榮辱〉先引舊說以明人倫之理，楊倞註云：

> 舊有此語，引以喻貴賤雖不同，不以齊一，然而要歸於治也。斬而齊，謂強斬之使齊，若《漢書》之「一切」者。枉而順，雖枉曲不直，然而歸於順也。不同而一，謂殊途同歸也。夫如此，是人之倫理也。[479]

劉台拱《荀子補註》云：

> 斬，讀如儳。《說文》：「儳，儳互不齊也。」《左傳》「鼓儳可也」，〈周語〉「冒沒輕儳」，皆謂行列不整齊也。言多少厚薄儳互不齊，乃其所以為齊也。[480]

〈榮辱〉然後復引《詩・商頌・長發》之篇，楊倞註云：

476　同前註。

477　同前註，頁 142。

478　王先謙撰，沈嘯寰、王星賢點校：《荀子集解》，頁 83。

479　同前註 3。

480　劉台拱：《荀子補註》，頁 4a。

《詩・殷頌・長發》之篇。共，執也。駿，大也。蒙，讀為厖，厚也。今《詩》作「駿厖」。言湯執大玉小玉，大厚於下國。言下皆賴其德也。[481]

可見〈榮辱〉此文引述〈長發〉，旨在闡明「湯執大玉小玉，大厚於下國，言下皆賴其德也」。以見仁人在上，大厚下國，而官吏盡能。北京大學《荀子》註釋組《荀子新註》云：

這首詩的意思是：「帝王承受了大事小事的法度，作為諸侯國的保護者。」（見《詩經・商頌・長發》）荀子引用這兩句詩是為了說明仁人在上，辦事都有法度。這樣，百姓、官吏才能仁厚知能，各盡其職。[482]

可見荀子援引舊說及《詩・商頌・長發》以闡明仁人在上之治世。考〈榮辱〉相近文辭又見於〈臣道〉。〈臣道〉云：

傳曰：「斬而齊，枉而順，不同而壹。」《詩》曰：「受小球大球，為下國綴旒。」此之謂也。[483]

可見〈臣道〉引述文辭與〈榮辱〉幾近全同，其先引「傳曰」之文，以見「齊一」之旨，復引《詩・商頌・長發》同篇他節，以示忠君愛國之思，殊途同歸。楊倞註云：

此言反經合道，如信陵、湯、武者也。所以斬之，取其齊也；所以枉曲之，取其順也；所以不同，取其一也。初雖似乖戾，然終歸於理者也。《詩・商頌・長發》之篇。球，

481 王先謙撰，沈嘯寰、王星賢點校：《荀子集解》，頁 84。

482 北京大學《荀子》註釋組：《荀子新註》，頁 49。

483 王先謙撰，沈嘯寰、王星賢點校：《荀子集解》，頁 303。

玉也。鄭玄云：「綴，猶結也。旒，旌旗之垂者。言湯既為天所命，則受小玉，謂尺二寸圭也；受大玉，謂珽也，長三尺。執圭搢珽，以與諸侯會同，結定其心，如旌旗之旒縿著焉。」引此以明湯、武取天下，權險之平，為救下國者也。[484]

楊倞以為〈臣道〉引「傳曰」，旨在闡明「所以不同，取其一也。初雖似乖戾，然終歸於理者也」，以見忠君之思，並皆歸理齊一；而引《詩》則旨在闡述湯、武之取天下，為救下國。梁啟雄《荀子簡釋》云：「這引文比喻忠臣事君，雖順逆異途，可是歸宿到忠君愛國卻一樣。」[485] 又北京大學《荀子》註釋組《荀子新註》亦云：

這句意思是：古書上說：「正是不齊才能齊，不直才能順直，不同才能統一。」荀況引用這句話，比喻忠臣事奉國君，雖採取的方法、途徑不一樣，但歸宿是一致的。〔⋯⋯〕這首詩的意思是：「帝王承受了大事小事的法度，作為諸侯國的表率。」（見《詩經・商頌・長發》）[486]

由此可見，〈榮辱〉〈臣道〉兩篇相近文辭，乃《荀》書習用之引錄古語表述方法，藉援引舊說及《詩・長發》文辭，或則闡明仁人在上之治世，又或臣下忠君愛國之思，殊途同歸，闡明不同旨意，而隨文立意，各取所需。

三十、不二後王

《荀子・儒效》云：

484 同前註。

485 梁啟雄：《荀子簡釋》，頁 183。

486 北京大學《荀子》註釋組：《荀子新註》，頁 221。

> 言道德之求，[487] 不下於安存；言志意之求，不下於（上）〔士〕；[488] 言道德之求，不二後王。道過三代謂之蕩，法二後王謂之不雅。[489]

楊倞註云：

> 不二後王，師古而不以遠古也。舍後王而言遠古，是二也。道過三代已前，事已久遠，則為浩蕩難信也。[490]

按〈儒效〉此段相近文辭又見〈王制〉。〈王制〉云：

> 王者之制：道不過三代，法不貳後王。道過三代謂之蕩，法貳後王謂之不雅。[491]

楊註云：

> 論王道不過夏、殷、周之事，過則久遠難信。法不貳後王，言以當世之王為法，不離貳而遠取之。[492]

楊倞明言「三代」之所指，並以師法「當世之王」為是，可與〈儒效〉楊註互為補足。于省吾以為〈王制〉「不二後王」之「二」本作「下」：

---

487 楊倞註：「此『道德』或當為『政治』，以下有『道德之求』，故誤重寫耳。故下云『諸侯問政不及安存則不告也』，謂人以政治來求，則以安存國家已上之事語之也。」王先謙撰，沈嘯寰、王星賢點校：《荀子集解》，頁 173。

488 沈嘯寰、王星賢點校本《荀子集解》誤「士」為「上」，據王氏家刻本改正。參見王先謙：《荀子集解》，載孔子文化大全編輯部編輯：《孔子文化大全》影印光緒十七年（1891）王氏家刻本（濟南：山東友誼書社，1994 年），卷 4，頁 22b（總頁 310）。

489 王先謙撰，沈嘯寰、王星賢點校：《荀子集解》，頁 173。

490 同前註。

491 同前註，頁 187。

492 王先謙撰，沈嘯寰、王星賢點校：《荀子集解》，頁 187。

> 註說最為紆曲，「二」字之界畫不清。「舍後王而言遠古」為「二」，不及後王，豈非「二」哉？且下言「道過三代謂之蕩，法二後王謂之不雅」，如註說，則「法二後王」，亦師遠古也，與「道過三代謂之蕩」，無所區別。上云「言道德之求，不下於安存」，下云「故諸侯問政，不及安存，則不告也」；上云「言志意之求，不下於士」，下云「匹夫問學，不及為士，則不教也」；上云「言道德之求，不二後王」，下云「百家之說，不及後王，則不聽也」。以「不下於安存」「不下於士」之句例求之，則「不二後王」必作「不下後王」明矣。下言「不及後王」，即此「不下後王」之明證。「下」所以譌作「二」者，以形相近也。甲骨文、金文「上」均作「二」，「下」均作「𠄟」，「二」均作「二」，「𠄟」與「二」易相溷也。〈王制篇〉：「道不過三代，法不貳後王。道過三代謂之蕩，法貳後王謂之不雅。」是「下」譌為「二」，又改為「貳」也。荀子之意，本謂無過不及。蕩則道過三代矣，不雅則法下後王矣。法下後王，即不及後王之謂也。過三代者，過也；不及後王者，不及也。[493]

于省吾認為〈王制〉本作「不下後王」，「下」譌作「二」後，又被寫成「貳」。按甲骨、金文「二」與「下」字形雖近，然而戰國文字「二」「下」兩字字形有別，似不易相混。[494] 龍宇純亦以為「不二後王」有誤：

493　于省吾：《雙劍誃諸子新證》，頁 1175。

494　「二」「下」兩字戰國時期字形，參見黃德寬主編，徐在國副主編，徐在國、程燕、張振謙編著：《戰國文字字形表》（上海：上海古籍出版社，2017 年），頁 6、1823。

「二」與「貳」同，〔……〕唯「貳」之意為不壹，為兩心，非謂棄絕。「貳後王」是不壹於後王，非棄絕於後王，而楊註云二後王為「舍後王」，是其一不然。荀子以夏殷為先王，以周為後王，師孔子從周之意，主法後王；然後王所以可法，以其監於二代，郁郁其文，是先王之道非無可取，故又恆言法先王矣。以三代對三代以前，三代以前為遠古；以周王對夏殷，則夏殷為遠古。由此推荀子之意，其不以遠古為皆不可法，應不待言。故下文云「道過三代謂之蕩」，不云「道過後王謂之蕩」也。然則楊註以二後王為「言遠古」，是其二不然。《柬釋》以「兩樣」釋「二」字，「二」字不作兩樣解。《集釋》說不二後王為「專一於文武」，是以「不二」二字連讀，不知此文與「不下於安存」及「不下於士」相對，當以「二後王」三字連讀。今謂「二」當為「貣」，既譌「貣」為「貳」，又易作「二」耳；不二後王即不貣後王，「貣」與「忒」通。《說文》:「忒，更也。」《詩・瞻卬》「鞫人忮忒」傳：「忒，變也」。不貣後王，即言不變周王之道也。〈天論篇〉:「脩道而不貳」《群書治要》「貳」字作「忒」。〈禮論篇〉:「萬物變而不亂，貳之則喪也。」《大戴禮・三本》「貳」作「貸」；《禮記・緇衣》:「長民者衣服不貳。」《釋文》云：「貳本作貸。」「貸」从「代」聲，「代」「忒」並从「弋」聲，作「貸」猶作「貣」若「忒」也。[495]

龍宇純以為「貳」是「貣」字之誤，「貣」誤為「貳」後再寫作「二」。按此說較之于說更為迂曲，恐難入信。且龍宇純批評楊註「舍後王」之說不確，卻未知楊註所言實本〈非相〉。〈非相〉云：

495 龍宇純：《荀子論集》，頁 257。

> 欲觀聖王之跡，則於其粲然者矣，後王是也。彼後王者，天下之君也，舍後王而道上古，譬之是猶舍己之君而事人之君也。[496]

〈非相〉以為捨棄後王而取法上古，即如捨「己之君」而侍奉「人之君」。楊註云：

> 後王，近時之王也。粲然，明白之貌。言近世明王之法，則是聖王之跡也。夫禮法所興，以救當世之急，故隨時設教，不必拘於舊聞，而時人以為君必用堯、舜之道，臣必行禹、稷之術，然後可，斯惑也。孔子曰：「殷因於夏禮，所損益可知也。」故荀卿深陳以後王為法，審其所貴君子焉。司馬遷曰：「法後王者，以其近己而俗相類，議卑而易行也。」[497]

楊倞註文闡明荀卿法後王之旨意，蓋以近世明王之法，更貼合當世所急，因而倡言不必拘於舊聞，必用堯、舜之道。可見〈王制〉「不二後王」一段，楊倞實本〈非相〉釋之，註文「舍後王而言遠古」，即〈非相〉「舍後王而道上古」，可見楊倞不以「二」為「棄絕」義。龍宇純已指出「貳後王是不壹於後王」，〈王制〉「法二後王謂之不雅」，即以不壹於後王為不正，今本《荀子》文意通達，不煩改字。

三十一、用百里之地，而不能以調一天下，制彊暴，則非大儒也

《荀子・儒效》云：

496 王先謙撰，沈嘯寰、王星賢點校：《荀子集解》，頁 94。

497 同前註。

> 造父者，天下之善御者也，無輿馬則無所見其能。羿者，天下之善射者也，無弓矢則無所見其巧。大儒者，善調一天下者也，無百里之地則無所見其功。輿固馬選矣，而不能以至遠一日而千里，則非造父也。弓調矢直矣，而不能以射遠中微，則非羿也。用百里之地，而不能以調一天下，制彊暴，則非大儒也。〔……〕笞棰暴國，齊一天下，而莫能傾也。是大儒之徵也。[498]

〈儒效〉此文以御、射譬喻調一天下。意謂客觀條件必須配合主觀因素，方始為功，客觀條件指「輿馬」「弓矢」「百里之地」，主觀因素則指「造父」「后羿」「大儒」。〈儒效〉運用比喻闡明事理，論説精微深入，其實亦據《荀子》他篇文辭立論。〈王霸〉云：

> 羿、蠭門者，善服射者也；王良、造父者，善服馭者也；聰明君子者，善服人者也。人服而埶從之，人不服而埶去之，故王者已於服人矣。故人主欲得善射，射遠中微則莫若羿、蠭門矣；欲得善馭，及速致遠，則莫若王良、造父矣；欲得調壹天下，制秦、楚，則莫若聰明君子矣。[499]

〈王霸〉原謂「調壹天下」必須借助「聰明君子」，〈儒效〉善加發揮，以為非「大儒」不成；〈王霸〉原謂「制秦、楚」，〈儒效〉以為「秦、楚」實亦強暴之國，故易之為「制彊暴」，由此亦可見，〈儒效〉所謂「彊暴」，實指「秦、楚」。再考〈君道〉云：

> 人主欲得善射，射遠中微者，縣貴爵重賞以招致之，內不可以阿子弟，外不可以隱遠人，能中是者取之，是豈不

498 同前註，頁 162。

499 同前註，頁 254。

> 必得之之道也哉！雖聖人不能易也。欲得善馭，〔及〕[500]速致遠者，一日而千里，縣貴爵重賞以招致之，內不可以阿子弟，外不可以隱遠人，能致是者取之，是豈不必得之之道也哉！雖聖人不能易也。欲治國馭民，調壹上下，將內以固城，外以拒難，治則制人，人不能制也，亂則危辱滅亡可立而待也。然而求卿相輔佐，則獨不若是其公也，案唯便嬖親比己者之用也，豈不過甚矣哉！[501]

〈君道〉同以御、射譬喻調一天下，惟其作「調壹上下」，與〈王霸〉〈儒效〉兩篇作「調一天下」者不同。北京大學《荀子》註釋組《荀子新註》於〈君道〉註云：

> 調壹：調整，統一。〔……〕意思是：君主想要治理好國家，統治好老百姓，使上下齊心一致。[502]

然而〈君道〉上下文皆未有言及上下異心，何以忽然提出「使上下齊心一致」之說？文義難通，乖舛不齊，讀者費解。再考〈彊國〉云：

> 刑范正，金錫美，工冶巧，火齊得，剖刑而莫邪已。〔……〕彼國者，亦彊國之剖刑已。然而不教誨，不調一，則入不可以守，出不可以戰；教誨之，調一之，則兵勁城固，敵國不敢嬰也。[503]

〈彊國〉此文所言實則亦出〈君道〉，〈君道〉謂「內以固城，外以

---

500 「及」字據王念孫說補。詳見王念孫：《讀書雜志》，志八之四，頁 18a（總頁 691）。

501 王先謙撰，沈嘯寰、王星賢點校：《荀子集解》，頁 285。

502 北京大學《荀子》註釋組：《荀子新註》，頁 205。

503 王先謙撰，沈嘯寰、王星賢點校：《荀子集解》，頁 344。

拒難」，〈彊國〉因謂之「入不可以守，出不可以戰」，又謂之「兵勁城固」，義理正同。今考〈彊國〉啟篇謂：「刑范正，金錫美，工冶巧，火齊得，剖刑而莫邪已。」「刑」同「型」，「范」同「範」，實指「模型」，即謂鑄劍模型；倘銅錫物料完美，鑄劍工匠了得，冶煉火候得當，則模子開啟，自當鑄成莫邪利劍。然後〈彊國〉續謂：「彼國者，亦彊國之剖刑已。然而不教誨，不調一，則入不可以守，出不可以戰。」意謂國家一如利劍之出於模型，已具彊國之雛型，倘若「不教誨，不調一」，則不足以成為彊國。由此可見，所需調一者，實指「國家」，「國家」猶言「天下」，故〈彊國〉謂「彼國者〔……〕調一之」，〈王霸〉〈儒效〉則謂之「調一天下」，其義正同。〈儒效〉下文謂：「笞棰暴國，齊一天下。」亦以「天下」為「齊一」之對象，而非「上下」。〈儒效〉下文續謂：「用大儒則百里之地久，而後三年，天下為一，諸侯為臣。」[504] 亦主「一天下」之說。準此可知，〈君道〉同以御、射譬喻調一國家，則當作「調一天下」，惟今本〈君道〉誤作「調一上下」，文義因有未安。通過諸篇相近文辭對讀，其誤自見。

三十二、彼大儒者，成名況乎諸侯

《荀子・儒效》有以下一段文辭闡述大儒之特質，〈儒效〉云：

> 彼大儒者，雖隱於窮閻漏屋，無置錐之地，而王公不能與之爭名；在一大夫之位，則一君不能獨畜，一國不能獨容，成名況乎諸侯，莫不願得以為臣；用百里之地而千里之國莫能與之爭勝，笞棰暴國，齊一天下，而莫能傾也。是大儒之徵也。其言有類，其行有禮，其舉事無悔，其持險應變

504 同前註，頁 167。

> 曲當，與時遷徙，與世偃仰，千舉萬變，其道一也。是大儒之稽也。〔……〕非大儒莫之能立，仲尼、子弓是也。[505]

此段文辭與《荀子》多篇內容重合。起始言「窮閻漏屋」，又見〈富國〉。〈富國〉云：「布衣紃屨之士誠是，則雖在窮閻漏屋，而王公不能與之爭名。」[506]「布衣紃屨之士」，〈儒效〉以為即大儒，亦即仲尼、子弓。至於〈儒效〉「無置錐之地」則見〈非十二子〉。〈非十二子〉云：

> 六說者不能入也，十二子者不能親也，無置錐之地而王公不能與之爭名，在一大夫之位則一君不能獨畜，一國不能獨容，成名況乎諸侯，莫不願以為臣，是聖人之不得埶者也，仲尼、子弓是也。[507]

楊倞註云：

> 言王者之佐，雖在下位，非諸侯所能畜，一國所能容。或曰：時君不知其賢，無一君一國能畜者，故仲尼所至輒去也。況，比也，言其所成之名，比況於人，莫與為偶，故諸侯莫不願得以為臣。或曰：既成名之後，則王者之輔佐也，況諸侯莫不願得以為臣乎？未知其賢，則無國能容也。或曰：況，猶益也。《國語》：「驪姬曰：『眾況厚之。』」[508]

按楊倞顯然讀「成名況乎」為句，下接「諸侯莫不願以為臣」，並以「況」為「比況」之義，又以「或曰」提出另一解說，以為「況」

505 同前註，頁 163。

506 同前註，頁 232。

507 同前註，頁 113。

508 同前註，頁 113。

亦可訓為「何況」之義，段末又再以「或曰」提出新解，以為「況，猶益也。」諸義紛陳，莫衷一是。王引之嘗試校訂楊註云：

> 成名況乎，〔引之〕案：此下有脫文，不可考，楊註非。諸侯莫不願以為臣。[509]

按〈非十二子〉此文重合文辭既見〈儒效〉，兩文對讀，其義自見，劉殿爵云：

> 王引之云：「成名況乎」下有脫文，不可考。編者按：王說非是，〈儒效篇〉亦有「成名況乎諸侯，莫不願得以為臣」二句，即使有脫文，亦不應在「乎」字下。[510]

劉說確不可易，「成名況乎」句下實無脫文，有關「成名」之義，俞樾《諸子平議》云：

> 楊註讀「諸侯莫不願以為臣」作一句，則「成名況乎」四字文不成義，又載或說，以「況乎」屬下句，則「成名」二字更不成義，皆非也。此當以「成名況乎諸侯」為句。「成」與「盛」通。《周易・繫辭傳》「成象之謂乾」，蜀才本「成」作「盛」。《史記・封禪書》「日主祠成山」，《漢書・郊祀志》「成」作「盛」。然則「成名」猶「盛名」也。[511]

俞說良是，「成名」猶「盛名」也，至於「況」字義訓，則可參孫詒讓說云：

---

509 王念孫：《讀書雜志》，志八之二，頁 13b（總頁 657）。

510 劉殿爵、陳方正主編：《荀子逐字索引》（香港：商務印書館（香港）有限公司，1996 年），頁 22。

511 俞樾：《諸子平議》，頁 239。

> 「況」與「皇」通，《書・無逸》「則皇自敬德」，孔《疏》引王肅本「皇」作「況」，又〈秦誓〉「我皇多有之」，《公羊・文十二年傳》作「而況乎我多有之」。《詩・周頌・烈文》毛《傳》云：「皇，美也。」《大戴禮記・小辯篇》云：「治政之樂，皇於四海。」此云「成名況乎諸侯」，與〈小辯〉「皇於四海」義正同。(《說文・金部》云：「鍠，鐘聲也。」《呂氏春秋・自知篇》云：「鍾況然有音。」「況」即「鍠」之借字。此「況乎」與《呂覽》「況然」文例相近。) 楊讀既誤，說復迂繆不可通。〈儒效篇〉亦有此文，義並同。[512]

可見孫詒讓亦依據〈非十二子〉與〈儒效〉兩篇之重合文辭，互為比對，乃知楊倞句讀有誤。王引之反以為「『成名況乎』下有脫文，不可考」，則顯然未知〈非十二子〉此文重合文辭又見〈儒效〉，其說難以入信。

再者，盧文弨以為〈儒效〉實有衍文：

> 此段「在一大夫之位」云云，當為衍文，《韓詩外傳》卷五無，此徑接下文，語勢方脗合。[513]

盧文弨據《韓詩外傳》並無相互對應文辭，因而推論〈儒效〉「在一大夫之位」至「莫不願得以為臣」實為衍文。王念孫亦從其說，並云：「此三十二字涉〈非十二子篇〉而衍。」[514] 考《韓詩外傳》卷五與〈儒效〉相近文辭如下：

512 孫詒讓著，雪克、陳野點校：《札迻》，頁 209。

513 荀況撰，楊倞註，盧文弨、謝墉校：《荀子(附校勘補遺)》，頁 132。

514 王念孫：《讀書雜志》，志八之二，頁 36b (總頁 668)。

彼大儒者，雖隱居窮巷陋室，無置錐之地，而王公不能與之爭名矣。用百里之地，則千里之國不能與之爭勝矣。箠笞暴國，一齊天下，莫之能傾，是大儒之勳也。[515]

中間確無「在一大夫之位」云云。

至若〈儒效〉「其言有類，其行有禮，其舉事無悔」，則與〈性惡〉重合。〈性惡〉云：

多言則文而類，終日議其所以，言之千舉萬變，其統類一也，是聖人之知也。〔……〕其言也謟，其行也悖，其舉事多悔，是小人之知也。[516]

〈性惡〉形容「小人之知」三句，即據〈儒效〉「大儒之稽」三句而以反面言之。〈性惡〉以為「小人」與「大儒」言行恰正相反：大儒之言合符禮義綱紀，則小人之言必乃荒誕；大儒之行為有禮，則小人之行為必乃悖亂無禮；大儒舉事無所悔咎，則小人舉事定必多所悔咎。至於〈儒效〉記述大儒「千舉萬變，其道一也」，〈性惡〉乃謂聖人「千舉萬變，其統類一也」。蓋荀門論道，最重禮義，而「統類」乃禮之綱紀，或言「道」，或言「統類」，其義無別。

〈儒效〉「與時遷徙，與世偃仰」，則見〈非相〉「凡說之難」一段。〈非相〉云：

515 韓嬰撰，許維遹校釋：《韓詩外傳集釋》，頁 170。

516 王先謙撰，沈嘯寰、王星賢點校：《荀子集解》，頁 526。

> 善者於是閒也，亦必遠舉而不繆，近（世）〔舉〕而不傭，[517] 與時遷徙，與世偃仰，緩急嬴絀，府然若（渠）〔梁〕[518] 匽檃栝之於己也，曲得所謂焉，然而不折傷。[519]

〈非相〉以為善說者應該與時並進，隨世俗變化。〈儒效〉亦以為大儒言行應對，亦當與時變遷，與世俯仰，千舉萬變，而其道一致。

三十三、端而言，蝡而動，一可以為法則

《荀子・勸學》云：

> 君子之學也，入乎耳，箸乎心，布乎四體，形乎動靜。端而言，蝡而動，一可以為法則。小人之學也，入乎耳，出乎口。口耳之閒則四寸耳，曷足以美七尺之軀哉！[520]

其中「端而言，蝡而動，一可以為法則」，又見〈臣道〉。〈臣道〉云：

> 忠信以為質，端愨以為統，禮義以為文，倫類以為理，喘而言，臑而動，而一可以為法則。[521]

兩篇文辭相近，惟用字略有不同：〈勸學〉作「端」，〈臣道〉作「喘」；〈勸學〉作「蝡」，〈臣道〉作「臑」。〈勸學〉楊倞註云：

---

517 「世」據俞樾改為「舉」，「遠舉」與「近舉」相對為文。俞樾：《諸子平議》，頁 238。

518 王引之疑「渠」為「梁」字之誤，今據改。詳見王念孫：《讀書雜志》，志八之二，頁 6a（總頁 653）。

519 王先謙撰，沈嘯寰、王星賢點校：《荀子集解》，頁 100。

520 同前註，頁 14。

521 同前註，頁 302。

> 端，讀為喘。喘，微言也。蝡，微動也。一，皆也。或喘息微言，或蝡蠢蝡動，皆可以為法則。蝡，人允反。或曰：端而言，謂端莊而言也。[522]

楊註讀「端」為「喘」，或即據〈臣道〉異文以為說解，故〈臣道〉下楊註云：

> 臑，與〈勸學篇〉蝡同。喘，微言也。臑，微動也。一，皆也。言一動一息之閒皆可以為法則也。人允反。[523]

楊註以為「臑」與〈勸學〉「蝡」同。「臑」釋為「微動」，學者多無異議。歷來諸家註解分歧，在於原文當讀為「端而言」，抑或「喘而言」？前引楊倞於〈勸學〉註解中提出「或說」，以為「端」可訓解為「端莊」，此說卻與下句「蝡而動」不成對文。楊柳橋《荀子詁譯》反以為作「端」為是，「喘」為誤字；「蝡」與「臑」，並借為「愞」，因翻譯原文為：「端端莊莊地說話，和和緩緩地行動，都可以作為別人的表率。」[524] 然而「愞」多訓為弱，楊柳橋譯作「和和緩緩」，未知何據？〈臣道〉前文有「端愨以為統」之語，則此文「喘而言」者，若據〈勸學〉重合文辭改為「端而言」，難免與上文句意重複，只覺冗贅。張之純《評註諸子菁華錄》云：「但舉其端不覺其委也。原註作喘，非。」[525] 亦未明言有何依據？其實〈勸學〉此文大意，當即楊註所謂「一動一息之閒皆可以為法則」。君子之於學，聽於耳，入於心，然後體現於言行舉止，故一言一行，皆可成為別人之表率。北京大學《荀子》註釋組《荀子新註》云：

---

522 同前註，頁 14。

523 同前註，頁 302。

524 楊柳橋：《荀子詁譯》，頁 11。

525 張之純評註：《評註諸子菁華錄》（上海：商務印書館，1939 年），卷 2，頁 2b。

> 端：通「喘」，小聲說話的樣子。蝡：同「蠕」，慢慢行動的樣子。一：都。這句意思是：即使是極細小的一言一行，都可以作為別人學習的榜樣。[526]

其註解即本於楊註，李滌生《荀子集釋》、鄧漢卿《荀子繹評》持說大抵相同。[527]然而，「喘」並無「微言」之義。《說文》云：「喘，疾息也。從口，耑聲。」[528]「喘」本指呼吸急速。王天海《荀子校釋》謂「喘，疾言之貌；蝡，緩動之貌」，[529]疾言緩動為何能成法則？廖名春《荀子（節選）》云：「端：通『喘』，呼吸，形容言語之短。」[530]以為君子的片言隻語、一舉一動，皆可成為別人效法之榜樣，切合文意，其說是也。

三十四、百姓貴之如帝，親之如父母，為之出死斷亡而〔不〕愉者

《荀子・富國》云：

> 故仁人在上，百姓貴之如帝，親之如父母，為之出死斷亡而〔不〕愉者，無它故焉，其所是焉誠美，其所得焉誠大，其所利焉誠多。[531]

王念孫《讀書雜志》云：

---

526 北京大學《荀子》註釋組：《荀子新註》，頁 9。

527 參見李滌生：《荀子集釋》，頁 14；鄧漢卿：《荀子繹評》，頁 31。

528 許慎撰，徐鉉校定：《說文解字（附音序、筆畫檢字）》（北京：中華書局，2013 年），頁 25。

529 荀況著，王天海校釋：《荀子校釋》，頁 28。

530 廖名春解讀：《荀子（節選）》，頁 52。

531 王先謙撰，沈嘯寰、王星賢點校：《荀子集解》，頁 214。

「愉」讀為「偷」，「愉」上當有「不」字。出死斷亡而不愉者，民皆死其君事而不偷生也。〔……〕下文「為之出死斷亡而愉」，「愉」上亦脱「不」字。[532]

可見〈富國〉此文謂「百姓貴之如帝，親之如父母」者，乃因仁人在上位，而「民皆死其君事而不偷生」者，蓋因為君者所是誠美，所得誠大，所利誠多也。北京大學《荀子》註釋組《荀子新註》因云：

帝：上帝、老天爺。貴之如帝：敬重他就像老天爺一樣，這裏只是借用民間對崇敬人物的讚詞。其：君主。〔……〕意思是，君主所確定的政令實在好，君主所取得的成績實在大，君主所給予的利益實在多。[533]

可見〈富國〉此文闡述仁人在上以為君主，為民眾帶來之實質利益，故以「百姓貴之如帝，親之如父母」予以頌揚。惟〈富國〉下文又云：

而百姓皆愛其上，人歸之如流水，親之歡如父母，為之出死斷亡而〔不〕愉者，無它故焉，忠信調和均辨之至也。故君國長民者欲趨時遂功，則和調累解，速乎急疾；忠信均辨，說乎賞慶矣。[534]

北京大學《荀子》註釋組註云：

辨：通「遍」。均辨：公平。〔……〕這句意思是：所以，統治國家的君主打算迅速取得統治的功效，用調和寬緩的方

532 王念孫：《讀書雜志》，志八之三，頁 14b（總頁 678）。

533 北京大學《荀子》註釋組：《荀子新註》，頁 145。

534 王先謙撰，沈嘯寰、王星賢點校：《荀子集解》，頁 224。

> 法要比用急於求成的方法快；用忠信公平的方法比慶賞還令人喜歡。[535]

據此可見，〈富國〉此文又以「人歸之如流水，親之歡如父母」，而「民皆死其君事而不偷生」，闡述在上位者「君國長民」時，乃能「調和寬緩」「忠信公平」，因能達致「百姓皆愛其上」之結果。然而，〈王霸〉又云：

> 用國者，得百姓之力者富，〔……〕是故百姓貴之如帝，親之如父母，為之出死斷亡而不愉者，無它故焉，道德誠明，利澤誠厚也。[536]

則又以「百姓貴之如帝，親之如父母，為之出死斷亡而不愉」，闡述用國者「道德誠明，利澤誠厚」之效驗。北京大學《荀子》註釋組註云：「誠明：真正的顯明。利澤：恩惠。誠厚：真正的深厚。」[537] 可見百姓貴之如帝，親之如父母，亦因「用國者」向百姓提供深厚的恩惠。此與〈富國〉所言「所利焉誠多」，如出一轍，可以相互證成其意。及至〈彊國〉又云：

> 禮樂則修，分義則明，舉錯則時，愛利則形，如是，百姓貴之如帝，高之如天，親之如父母，畏之如神明，故賞不用而民勸，罰不用而威行。[538]

北京大學《荀子》註釋組註云：

---

535 北京大學《荀子》註釋組：《荀子新註》，頁 152。

536 王先謙撰，沈嘯寰、王星賢點校：《荀子集解》，頁 265。

537 北京大學《荀子》註釋組：《荀子新註》，頁 185。

538 王先謙撰，沈嘯寰、王星賢點校：《荀子集解》，頁 345。

> 分義則明：上下等級關係都很明確。〔……〕舉錯則時：各種措施適合時宜。〔……〕愛利則形：愛人和利人都明顯地表現出來。[539]

則又以「百姓貴之如帝，親之如父母」，闡述治國者禮樂既修，分義既明，舉措合時，愛利顯明之效驗，甚而達致「賞不用而民勸，罰不用而威行」之果效。〈富國〉〈王霸〉〈彊國〉三篇相近文辭對讀，可見《荀》書習以「百姓貴之如帝，親之如父母」闡述旨意，隨文為說，同中有異，未嘗一致。

三十五、皆百里之地也，天下為一，諸侯為臣

《荀子・王霸》云：

> 湯以亳，武王以鄗，皆百里之地也，天下為一，諸侯為臣，通達之屬莫不從服，無它故焉，以濟義矣。[540]

北京大學《荀子》註釋組《荀子新註》云：

> 通達之屬：車船、人迹能夠達到的地方。濟：借助。以濟義矣：就是靠禮義來實現的；一說「濟」疑為「齊」，意思是：因為言行完全符合禮義的緣故。[541]

可見〈王霸〉此文以「湯以亳，武王以鄗，皆百里之地也，天下為一，諸侯為臣，通達之屬莫不從服」一段文辭，闡明以禮義治國，能使天下為一，遠方從服。相近文辭又見〈王霸〉下文，〈王霸〉下文云：

---

539 北京大學《荀子》註釋組：《荀子新註》，頁 254。

540 王先謙撰，沈嘯寰、王星賢點校：《荀子集解》，頁 242。

541 北京大學《荀子》註釋組：《荀子新註》，頁 164。

> 故其法治，其佐賢，其民愿，其俗美，而四者齊，〔……〕故湯以亳，武王以鄗，皆百里之地也，天下為一，諸侯為臣，通達之屬莫不從服，無它故焉，四者齊也。[542]

可見〈王霸〉此文又以相近文辭闡述「法治」「佐賢」「民愿」「俗美」四者齊備，可使天下為一，遠方從服，其意旨與上文並不一致。然而，〈王霸〉此文既作「無它故焉，四者齊也」，則上文「無它故焉，以濟義矣」，「濟」字當如北京大學《荀子》註釋組所言讀為「齊」。及至〈議兵〉又云：

> 能凝之，則必能并之矣。得之則凝，兼并無強。古者湯以薄，武王以滈，皆百里之地也，天下為一，諸侯為臣，無它故焉，能凝之也。故凝士以禮，凝民以政。[543]

北京大學《荀子》註釋組詳析其義云：

> 得之則凝，兼并無強：得到了土地而且能夠使它鞏固下來，然後再去進行兼併，那麼再強大的敵人也不在話下了。〔……〕凝士以禮，凝民以政：鞏固士用禮，鞏固人民用政。即〈富國〉篇說的「由士以上則必以禮樂節之，眾庶百姓則必以法數制之」。[544]

可見〈議兵〉此文旨在闡述天下為一、遠方從服，乃在「凝之」之道，即鞏固之道，而「凝之」之法不一而足，「凝士」者以「禮」，「凝民」者則以「政」。至於〈正論〉，則又以相近文辭闡述他理。〈正論〉云：

542 王先謙撰，沈嘯寰、王星賢點校：《荀子集解》，頁 260。

543 同前註，頁 343。

544 北京大學《荀子》註釋組：《荀子新註》，頁 251。

湯、武者，至天下之善禁令者也。湯居亳，武王居鄗，皆百里之地也，天下為一，諸侯為臣，通達之屬莫不振動從服以化順之，曷為楚、越獨不受制也？[545]

北京大學《荀子》註釋組註釋其意云：

湯王、武王是天下最善於使天下服從他們法令的人。〔……〕振：同「震」，恐懼。振動從服：因恐懼而服從。化順：受教化而歸順。[546]

可見〈正論〉所述旨意，乃在湯、武善為禁令，因能使天下為一，遠方振動恐懼而從服，並受教化而歸順。比對〈王霸〉〈議兵〉〈正論〉三篇相合文辭，可見《荀》書習以「湯以亳，武王以鄗，皆百里之地也，天下為一，諸侯為臣，通達之屬莫不從服」一段文辭，闡述不同義理，隨文為意，皆可通達。

三十六、桀、紂即序於有天下之埶，索為匹夫而不可得也

《荀子‧王霸》云：

故湯以亳，武王以鄗，皆百里之地也，天下為一，諸侯為臣，通達之屬莫不從服，無它故焉，四者齊也。桀、紂即序於有天下之埶，索為匹夫而不可得也，是無它故焉，四者竝亡也。[547]

545 王先謙撰，沈嘯寰、王星賢點校：《荀子集解》，頁 388。

546 北京大學《荀子》註釋組：《荀子新註》，頁 291。

547 王先謙撰，沈嘯寰、王星賢點校：《荀子集解》，頁 260。

有關「即序」一詞義訓，楊倞註云：「即序於有天下之埶，謂就王者之次序為天子也。」[548] 楊註釋「序」為「次序」，冢田虎、王念孫即據《荀子》他篇重合文辭否定楊說。冢田虎《荀子斷》云：

〈仲尼篇〉曰：「桀、紂舍之，厚於有天下之勢，而不得以匹夫老。」今之文，即猶則。「序」，「厚」之誤耳，註非也。[549]

王念孫《讀書雜志》云：

「序」字義不可通，「序」當作「厚」，字之誤也。（隸書「厚」「序」相似，傳寫易譌。說見《墨子・非攻篇》。）言桀紂有天下之勢雖厚，曾不得以匹夫終其身也。〈仲尼篇〉曰：「桀、紂厚於有天下之勢而不得以匹夫老。」〈彊國篇〉曰：「厚於有天下之勢，索為匹夫不可得也，桀、紂是也。」皆其證。楊云：「即序於有天下之勢，謂就王者之次序為天子。」此望文生義而曲為之說。[550]

通過〈仲尼〉〈彊國〉兩篇重合文辭，足證今本〈王霸〉「序」字當為「厚」之訛。與此同時，三篇重合文辭亦有助論證前人學說孰為真確？。〈仲尼〉云：

文王載百里地而天下一，桀、紂舍之，厚於有天下之埶而不得以匹夫老。[551]

548 同前註。

549 冢田虎：《荀子斷》，卷 2，頁 22a（總頁 136）。

550 王念孫：《讀書雜志》，志八之四，頁 7a，總頁 685。

551 王先謙撰，沈嘯寰、王星賢點校：《荀子集解》，頁 128。

龍宇純《荀子論集》云：

> 「於」字無義，疑衍文。下文云：「人主不務得道而廣有其埶，是其所以危也。」廣有其埶即此厚有天下之埶，可以為證。[552]

按「於」字亦見於〈王霸〉及〈彊國〉。〈彊國〉云：

> 處勝人之埶，行勝人之道，天下莫忿，湯、武是也；處勝人之埶，不以行勝人之道，厚於有天下之埶，索為匹夫不可得也，桀、紂是也。[553]

準此，「厚於有天下之埶」，並無不妥，「於」字似非衍文，龍說未敢遽信。

〈仲尼〉作「不得以匹夫老」，〈王霸〉作「索為匹夫而不可得」，〈彊國〉則作「索為匹夫不可也」，可見〈仲尼〉多一「老」字。〈仲尼〉楊倞註云：「桀、紂舍道，雖有天下厚重之埶，而不得如庶人壽終。」[554] 所謂「不得如庶人壽終」，實亦〈王霸〉「索為匹夫而不可得」之意，是其義矣。此文三篇旨意一致，皆謂桀、紂掌握統治天下之權埶，卻不能如匹夫一樣終老，〈王霸〉〈彊國〉用辭更為相近，兩篇皆謂桀、紂「索為匹夫不可得也」，而〈仲尼〉則作「不得以匹夫老」。而且〈王霸〉〈彊國〉同以湯、武與桀、紂對比，〈仲尼〉卻舉文王與桀、紂對比。考《荀子》書中常以湯、武與桀、紂四人並論，如〈榮辱〉云：

---

552 龍宇純：《荀子論集》，頁 255。

553 王先謙撰，沈嘯寰、王星賢點校：《荀子集解》，頁 349。

554 同前註，頁 128。

> 是若不行，則湯、武在上曷益？桀、紂在上曷損？湯、武存則天下從而治；桀、紂存，則天下從而亂。[555]

〈正論〉云：

> 湯、武非取天下也，修其道，行其義，興天下之同利，除天下之同害，而天下歸之也。桀、紂非去天下也，反禹、湯之德，亂禮義之分，禽獸之行，積其凶，全其惡，而天下去之也。[556]

〈賦〉云：「桀、紂以亂，湯、武以賢。」[557]並其例證。〈仲尼〉此文獨以文王與桀、紂對比，《荀》書僅此一見。

三十七、故厚德音以先之，明禮義以道之

《荀子・王霸》云：

> 故厚德音以先之，明禮義以道之，致忠信以愛之，賞賢使能以次之，爵服賞慶以申重之，時其事、經其任以調齊之，潢然兼覆之，養長之，如保赤子。[558]

廖名春云：「音：字形與『言』近，疑因此混用。『德音』即『德言』形近而訛。」[559]廖名春以為「德音」應作「德言」，考〈王霸〉之文又見〈富國〉與〈議兵〉，後者亦有「故厚德音以先之」句。〈議兵〉云：

555 同前註，頁 78。

556 同前註，頁 382。

557 同前註，頁 559。

558 同前註，頁 266。

559 廖名春解讀：《荀子（節選）》，頁 245。

故厚德音以先之，明禮義以道之，致忠信以愛之，尚賢使能以次之，爵服慶賞以申之，時其事、輕其任以調齊之，長養之，如保赤子。[560]

〈議兵〉同作「德音」，且《荀子》書中屢言「德音」，如〈富國〉「其德音足以化之」、[561]〈君道〉「其德音足以填撫百姓」，[562]皆其例，惟未見有作「德言」者，廖說似不可從。至於〈富國〉之重合之辭，其文云：

故先王明禮義以壹之，致忠信以愛之，尚賢使能以次之，爵服慶賞以申重之，時其事、輕其任以調齊之，潢然兼覆之，養長之，如保赤子。[563]

〈富國〉無「厚德音以先之」句，又因上文云「誅賞而不類，則下疑俗儉而百姓不一」，[564]故云「先王明禮義以壹之」，以與「百姓不一」相應，而〈王霸〉及〈議兵〉並作「明禮義以道之」。

三十八、上失天性，下失地利，中失人和

《荀子・正論》云：

上以無法使，下以無度行，知者不得慮，能者不得治，賢者不得使。若是，則上失天性，下失地利，中失人和，故百事廢，財物詘而禍亂起。[565]

---

560 王先謙撰，沈嘯寰、王星賢點校：《荀子集解》，頁 338。

561 同前註，頁 214。

562 同前註，頁 288。

563 同前註，頁 226。

564 同前註，頁 226。

565 同前註，頁 401。

其謂「上失天性」者，李滌生《荀子集釋》云：「『天性』，天的作用供給四時；『天性』，即『天時』。」[566] 可見「上失天性」，即謂「上失天時」。今考張之純《評註諸子菁華錄》云：

> 無法使則教化陵夷，力役不時百姓怨畔，無度行則懦者為盜，強者揭竿而為寇。由其天時、地利、人和三者交失，無所維繫民心也。[567]

張說以為「上失天性，下失地利，中失人和」，表示「天時、地利、人和三者交失，無所維繫民心」，致使「上以無法使，下以無度行」。今按張說可商，〈正論〉謂「上失天性，下失地利，中失人和」者，本乃《荀》書習用文辭，以闡述為政失誤之結果，而非真以為當時「天時、地利、人和三者交失」也。舉例而言，相關重合文辭又見〈富國〉。〈富國〉云：

> 賢者不可得而進也，不肖者不可得而退也，則能不能不可得而官也。若是則萬物失宜，事變失應，上失天時，下失地利，中失人和，天下敖然，若燒若焦。[568]

此又以「上失天時，下失地利，中失人和」，闡述賢者不可得進，不肖者不可得退，是即賢不肖皆不得其位之結果，而非真謂其時「天時、地利、人和三者交失」也。〈儒效〉云：

566 李滌生：《荀子集釋》，頁 407。

567 張之純評註：《評註諸子菁華錄》，卷 2，頁 24a。

568 王先謙撰，沈嘯寰、王星賢點校：《荀子集解》，頁 220。

若夫（譎）〔譎〕德而定次，[569] 量能而授官，使賢不肖皆得其位，能不能皆得其官，萬物得其宜，事變得其應。[570]

清楚表明為政者只要譎德定次，量能授官，使賢不肖皆得其位，自能萬物得宜，事變得應。〈儒效〉此文闡述相同道理，並無提及成功之道乃因「上得天時，下得地利，中得人和」，蓋三者本非實指，而僅為《荀》書泛論為政得失之習用文辭。〈富國〉下文云：

賞行罰威，則賢者可得而進也，不肖者可得而退也，能不能可得而官也。若是，則萬物得其宜，事變得其應，上得天時，下得地利，中得人和，則財貨渾渾如泉源，汸汸如河海，暴暴如丘山，不時焚燒，無所臧之，夫天下何患乎不足也？[571]

此即回應〈富國〉前文「賢者不可得而進，不肖不可得而退」，表明只要「賞行罰威」，則賢者得進，不肖得退，自能萬物得宜，事變得應。然後又謂「上得天時，下得地利，中得人和」，足見此三句本即《荀》書泛論為政得失之習用文辭，而非實指其事。又〈王霸〉云：

農夫朴力而寡能，則上不失天時，下不失地利，中得人和，而百事不廢。[572]

則又以「上不失天時，下不失地利，中得人和」，闡述「農夫朴力而寡能」之效驗。又〈議兵〉云：

---

569 「譎」字楊註云：「本或亦多作『譎』。」王念孫以為作「譎」者是，今據改。參見王先謙撰，沈嘯寰、王星賢點校：《荀子集解》，頁 145；王念孫：《讀書雜志》，志八之二，頁 28b（總頁 664）。

570 王先謙撰，沈嘯寰、王星賢點校：《荀子集解》，頁 145。

571 同前註，頁 221。

572 同前註，頁 271。

上得天時，下得地利，觀敵之變動，後之發，先之至，此用兵之要術也。[573]

則又以「上得天時，下得地利」闡述用兵之要術，尤可證此乃《荀》書泛論為政得失之習用文辭而已。楊倞於此《荀》書行文習慣未盡理解，因註云：

「上得天時」，若順太歲、反孤虛之類也。「下得地利」，若右背山陵、前左水澤之比也。[574]

楊倞以為「上得天時，下得地利」，皆實有所指，其誤亦與張之純同。「上得天時，下得地利，中得人和」本乃《荀》書習用文辭，用以闡述為政有得之果效，又或反言之以表明為政失誤之效驗，其用多方，隨文為意，殆非實指。

三十九、志意修，德行厚，知慮明

《荀子・正論》云：

而聖王之分，榮辱是也。是有兩端矣：有義榮者，有埶榮者；有義辱者，有埶辱者。志意修，德行厚，知慮明，是榮之由中出者也，夫是之謂義榮。[575]

其謂「志意修，德行厚，知慮明，是榮之由中出者也」，乃用以闡述「義榮」之旨。北京大學《荀子》註釋組詳析其意：

---

573 同前註，頁 314。

574 同前註。

575 同前註，頁 404。

> 修：完美，這裏指純潔。中：內，指本身。這句意思是：意志純潔，德行敦厚，智慮精明，這種光榮是自身具有的，叫做義榮。[576]

按〈天論〉又云：

> 若夫（心）〔志〕意修，[577] 德行厚，知慮明，生於今而志乎古，則是其在我者也。故君子敬其在己者，而不慕其在天者。[578]

其謂「志意修，德行厚，知慮明」者，乃用以闡述「志意」「德行」「知慮」並皆通過自身努力而得，而不必敬慕天意相助。北京大學《荀子》註釋組闡述其意云：

> 志意修：指意志端正。〔……〕德行厚：品行高尚。知慮明：思慮精明。志乎古：懂得古代的事。在我：在於自己的努力。[579]

按〈榮辱〉又云：「志意致修，德行致厚，智慮致明，是天子之所以取天下也。」[580] 其謂「志意致修，德行致厚，智慮致明」者，則在於闡述天子所以取天下之道。楊倞註云：「致，極也。言如此，是乃天子之所以取天下之道也。」[581] 北京大學《荀子》註釋組又析述其意云：「致修：最美好，完美。厚：純厚，忠厚。明：明

---

576 北京大學《荀子》註釋組：《荀子新註》，頁 304。

577 「心」字據王念孫說改為「志」。參見王念孫：《讀書雜志》，志八之五，頁 27a（總頁 705）。

578 王先謙撰，沈嘯寰、王星賢點校：《荀子集解》，頁 369。

579 北京大學《荀子》註釋組：《荀子新註》，頁 274。

580 王先謙撰，沈嘯寰、王星賢點校：《荀子集解》，頁 69。

581 同前註。

察。」[582] 可見天子如能志意完美、德行忠厚、智慮明察，乃能取天下。三篇比合而觀，可見《荀》書屢用「志意修，德行厚，知慮明」以闡明不同旨意，隨文立意，並皆通達。

四十、先王惡其亂也，故制禮義以分之

《荀子・禮論》云：「先王惡其亂也，故制禮義以分之，以養人之欲，給人之求。」[583] 楊倞註云：「有分，然後欲可養，求可給。」[584] 據楊註可知，荀卿旨在「制禮義以分之」，倘能「有分」，乃能養欲給求。北京大學《荀子》註釋組《荀子新註》詳析其義：

> 分：區分，指劃分等級。養：調養，養育。這句意思是：先王厭惡這種混亂的局面，所以制定禮義，劃分等級，以調節人們的慾望，滿足人們的要求。[585]

可見楊倞所謂「有分」者，意在「劃分等級」，其旨可參〈王制〉相關重合文辭。〈王制〉云：

> 先王惡其亂也，故制禮義以分之，使有貧富貴賤之等，足以相兼臨者，是養天下之本也。[586]

可見先王制定禮義，以劃分等級，其概略則為貧、富、貴、賤，楊倞註云：「使物有餘而不窮竭。」[587] 故能「養天下之本」；既稱

582 北京大學《荀子》註釋組：《荀子新註》，頁 41。

583 王先謙撰，沈嘯寰、王星賢點校：《荀子集解》，頁 409。

584 同前註。

585 北京大學《荀子》註釋組：《荀子新註》，頁 308。

586 王先謙撰，沈嘯寰、王星賢點校：《荀子集解》，頁 180。

587 同前註。

「物有餘」，則亦能「養人之欲，給人之求」。兩篇文辭可以相互參照。及至〈榮辱〉，荀卿又詳言之。〈榮辱〉云：

> 故先王案為之制禮義以分之，使有貴賤之等，長幼之差，知（賢）愚、能不能之分，皆使人載其事而各得其宜。[588]

王念孫《讀書雜志》云：

> 元刻無「賢」字。念孫案：無「賢」字者是也。「知」，讀為「智」。「智」對「愚」，「能」對「不能」，則不得有「賢」字明矣。下文「以仁厚知能盡官職」，「知能」二字正與此相應，是其證。宋本有「賢」字者，蓋誤讀「知」為知識之知，故於「愚」上加「賢」字，而以為「知賢愚能不能之分」也。不知「使有」二字直貫至「知愚能不能之分」而止，若讀「知」為知識之知，則與「使有」二字不相聯屬矣。[589]

可見〈榮辱〉「知賢愚」，當作「知愚」而讀為「智愚」，則先王制定禮義以劃分等級，可以兼及「貴賤之等，長幼之差，知愚、能不能之分」。至於「制禮義」之所指，則可參〈樂論〉。〈樂論〉舉「先王制禮義」之顯例云：

> 先王惡其亂也，故制《雅》《頌》之聲以道之，使其聲足以樂而不流，使其文足以辨而不（諰）〔諰〕，[590] 使其曲直、繁省、廉肉、節奏足以感動人之善心，使夫邪汙之氣無由得接焉。[591]

---

588 同前註，頁 82。

589 王念孫：《讀書雜志》，志八之一，頁 41b（總頁 650）。

590 「諰」字據盧文弨說改為「諰」。參見荀況撰，楊倞註，盧文弨、謝墉校：《荀子（附校勘補遺）》，頁 441。

591 王先謙撰，沈嘯寰、王星賢點校：《荀子集解》，頁 448。

北京大學《荀子》註釋組《荀子新註》闡述其意云：

> 雅和頌是《詩經》中的兩類詩，配有不同的樂曲，這裏的雅和頌是指樂曲，即雅樂、頌樂。[592]

三篇文辭對讀，可以闡明〈禮論〉「先王惡其亂也，故制禮義以分之」之義。至於得「分義」所能達致之效驗，並不止於「養欲足求」，〈王制〉云：「故序四時，裁萬物，兼利天下，無它故焉，得之分義也。」[593] 楊倞註云：「以有分義，故能治天下也。」[594] 而李滌生《荀子集釋》亦云：「『得之分義』，這是據禮明分的結果。」[595] 可見得「分義」，乃能「序四時，裁萬物，兼利天下」；〈彊國〉又云：

> 禮樂則修，分義則明，舉錯則時，愛利則形，如是，百姓貴之如帝，高之如天，親之如父母，畏之如神明，故賞不用而民勸，罰不用而威行。夫是之謂道德之威。[596]

北京大學《荀子》註釋組因云：「分義則明：上下等級關係都很明確。」[597] 可見「分義」之明，乃能使「賞不用而民勸，罰不用而威行」。〈君子〉又云：

> 聖王在上，分義行乎下，則士大夫無流淫之行，百吏官人無怠慢之事，眾庶百姓無姦怪之俗，無盜賊之罪，莫敢犯（大）上之禁。[598]

---

592 北京大學《荀子》註釋組：《荀子新註》，頁 333。

593 王先謙撰，沈嘯寰、王星賢點校：《荀子集解》，頁 194。

594 同前註。

595 李滌生：《荀子集釋》，頁 182。

596 王先謙撰，沈嘯寰、王星賢點校：《荀子集解》，頁 345。

597 北京大學《荀子》註釋組：《荀子新註》，頁 254。

598 王先謙撰，沈嘯寰、王星賢點校：《荀子集解》，頁 532。

可見「分義」之行，更可使士大夫、百吏官人、眾庶百姓知所禁忌，於治國而言，效益至大。

第三節

傳承師說，再行詮釋

唐代楊倞註釋《荀子》時，已記述《荀》書部分篇章出自荀門後學，如〈大略〉篇題下楊註云：

> 此篇蓋弟子雜錄荀卿之語，皆略舉其要，不可以一事名篇，故總謂之〈大略〉也。[599]

〈宥坐〉篇題下楊註亦云：「此以下荀卿及弟子所引記傳雜事，故總推之於末。」[600] 以為〈宥坐〉〈子道〉〈法行〉〈哀公〉和〈堯問〉五篇內容，均曾經荀卿弟子參與撰述。此外，〈堯問〉篇末反駁「為說者」一段云：

> 為說者曰：「孫卿不及孔子。」是不然。孫卿迫於亂世，鰌於嚴刑，上無賢主，下遇暴秦，禮義不行，教化不成，仁者詘約，天下冥冥，行全刺之，諸侯大傾。當是時也，知者不得慮，能者不得治，賢者不得使，故君上蔽而無覩，賢人距而不受。然則孫卿懷將聖之心，蒙佯狂之色，視天下以

599 同前註，頁 573。

600 同前註，頁 614。

愚。《詩》曰：「既明且哲，以保其身。」此之謂也。是其所以名聲不白、徒與不眾、光輝不博也。今之學者得孫卿之遺言餘教，足以為天下法式表儀，所存者神，所過過者化。觀其善行，孔子弗過，世不詳察，云非聖人，奈何！天下不治，孫卿不遇時也。德若堯、禹，世少知之。方術不用，為人所疑。其知至明，循道正行，足以為紀綱。嗚呼，賢哉！宜為帝王。天地不知，善桀、紂，殺賢良。比干剖心，孔子拘匡；接輿辟世，箕子佯狂；田常為亂，闔閭擅強。為惡得福，善者有殃。今為說者又不察其實，乃信其名。時世不同，譽何由生？不得為政，功安能成？志修德厚，孰謂不賢乎！[601]

上文言孫卿不遇時，故名聲不顯，又謂「孫卿之遺言餘教」可以為「天下法式表儀」，則〈堯問〉此段之撰作時代，當在荀卿之後，故楊倞以為乃「荀卿弟子之辭」，[602]自亦有據。至清代吳汝綸(1840–1903)〈讀荀子二〉云：

其與秦昭王、趙孝成王、臨武君、應侯、齊相所言，及其弟子陳囂、李斯所問答，皆稱「孫卿子」，其為門弟子所記無疑。蓋孫卿既歿，其徒乃編次其書，故頗有附益散亂，非其書本然也。〔……〕今就其書考之，〈堯問〉篇末言孫卿「孔子不過」，世皆知其徒所為矣。其他與卿言不類者，亦皆其徒之言也。[603]

601 同前註，頁 653。

602 同前註。

603 吳汝綸著，朱季海校點：《吳汝綸文集》（上海：上海古籍出版社，2017 年），上冊，頁 4。

除〈堯問〉篇末乃荀子之徒所為，吳汝綸以為〈儒效〉〈議兵〉〈彊國〉三篇皆記荀子與秦昭王（325 B.C.–251 B.C.）等人之對答，並尊稱荀子為「孫卿子」，亦當出自荀門弟子手筆。後來學者多持相近意見，如梁啟超《要籍解題及其讀法》云：

> 今案讀全書，其中大部分固可推定為卿自著，然如〈儒效篇〉〈議兵篇〉〈彊國篇〉，皆稱「孫卿子」，似出門弟子記錄。內中如〈堯問篇〉末一段，純屬批評荀子之語，其為他人所述尤為顯然。又〈大略〉以下六篇，楊倞已指為荀卿弟子所記卿語及雜錄傳記，然則非全書悉出卿手蓋甚明。[604]

張西堂（1901–1960）依從梁說，亦指〈儒效〉〈議兵〉〈彊國〉「這三篇非荀子文，應是荀卿弟子所撰述的」。[605] 郭沫若（1892–1978）則以為《荀子》書中問答體為荀子門人手筆，如〈議兵〉「一多半是問答的紀錄，大抵出於門徒之手」，[606]〈仲尼〉「起首關於『羞稱五伯』的一節是問答體，足證乃門弟子記述之文」，[607] 更指「自〈大略〉〈宥坐〉以下六篇乃『弟子雜錄』，早成定論」。[608] 廖名春《荀子新探》則提出〈儒效〉〈議兵〉〈彊國〉〈大略〉〈仲尼〉五篇為「荀子弟子所記錄的荀子言行」，至於〈宥坐〉〈子道〉〈法行〉〈哀公〉〈堯問〉五篇則為「荀卿及弟子所引記傳雜事」。[609] 亦

604 梁啟超：《要籍解題及其讀法》，《飲冰室合集：典藏版》專集第 15 冊（北京：中華書局，2015 年），頁 39（總頁 8429）。

605 張西堂〈《荀子・勸學篇》冤詞〉原發表於《北平晨報・思辨》1936 年 6 月 16 日第 40 期及 1936 年 6 月 29 日第 41 期，後收入《古史辨》，今據後者引用。詳見張西堂：〈《荀子・勸學篇》冤詞〉，載顧頡剛編著：《古史辨》第 6 冊（上海：上海古籍出版社，1982 年），頁 150。

606 郭沫若：《十批判書》（北京：人民出版社，2012 年），頁 188。

607 同前註，頁 192。

608 同前註，頁 193。

609 廖名春：《〈荀子〉新探》（北京：中國人民大學出版社，2014 年），頁 40。

有學者質疑〈儒效〉諸篇的可靠性，如楊筠如（1903－1946）《荀子研究》即以為荀子本姓「荀」，姓「孫」是後出的寫法，「〈儒效〉〈彊國〉〈議兵〉三篇，都不能認為真書」。[610] 然而此說與早期文獻記述荀卿，多用「孫」而不用「荀」之情況相違，[611] 猶可再商。

外國學者同樣注意到《荀子》書中「孫卿子」的稱謂。荷蘭學者戴文達（Jan J. L. Duyvendak 1889－1954）已提出〈儒效〉三篇既稱荀子為「孫卿子」，當非荀子所著。[612] 後來美國學者王志民（John H. Knoblock 1938－1999）翻譯〈儒效〉「秦昭王問孫卿子曰」時，[613] 即以文中「孫卿子」一語已清楚表明此段當為荀子弟子所記錄。[614] 何艾克（Eric L. Hutton）亦以為「孫卿子」屬敬稱，從而提出此段最初乃由荀子的追隨者所記錄。[615] 在闡述《荀子》文

610 楊筠如：《荀子研究》（上海：商務印書館，1931 年），頁 8。

611 廖名春《〈荀子〉新探》云：「荀子應該姓孫而不應姓荀。因為從先秦、兩漢的文獻記載看，除《史記》外，其他文獻多作『孫』，鮮作『荀』。特別是《荀子》一書，都稱『孫』，這即使不全是荀子親手所寫，至少也當是荀子弟子所記，他們的記載較司馬遷説應更可靠。韓非為荀子學生，其著作《韓非子》稱其師之姓氏也為『孫』，這與《荀子》一書的記載是一致的。所以，不管根據『名從主人』的原則也好，還是根據文獻記載的時代先後、數量的多寡也好，『孫』都應該為本姓。」廖名春：《〈荀子〉新探》，頁 13。

612 Jan J. L. Duyvendak said, "It is interesting to notice that these 3 books belong to those which cannot have been writing by Hsün-tzŭ himself, as he is referred to as Sun Ch'ing-tzŭ 孫卿子 , 'the master Sun Ch'ing'. " J. J. L. Duyvendak , "The Chronology of Hsün-tzŭ," *T'oung Pao* 26 (1928): 84.

613 王先謙撰，沈嘯寰、王星賢點校：《荀子集解》，頁 138。

614 John H. Knoblock said, "That Xunzi is addressed as 'master' indicates that this paragraph was recorded and handed down by his students rather than by his own hand." John H. Knoblock, *Xunzi: A Translation and Study of the Complete Works* (Stanford: Stanford University Press, 1990), Volume II, pp. 281.

615 Eric L. Hutton said, "The name given in the text is actually 'Sun Qingzi'(孫卿子), which is an alternate, honorific way of referring to Xunzi. [......] The use of the honorific title implies that this section was at least edited by someone other than Xunzi, and perhaps the conversation was originally recorded by one of his followers, which would likewise account for the honorific." Eric L. Hutton trans. and with an introduction, *Xunzi: The Complete Text* (Princeton: Princeton University Press, 2014), pp. 53.

本及荀卿其人時，何艾克表示《荀子》並非成於一人之手，其中有「孫卿子」的三篇和〈大略〉以下六篇，當成書於荀子學生之手。[616] 另一方面，日本學者木村英一（1906–1981）通過對《荀子》書中不同文體的考察，亦注意到全書並非荀子一人獨著，可能夾雜了後學之言。[617] 在他所區分的五類文體之中，有一類為「記錄荀子或其後學言行的問答體」。除了「孫卿子曰」或「荀卿子曰」外，木村英一還注意到書中「請問……曰……」的問答形式。此問答形式見於〈王制〉〈君道〉和〈議兵〉。〈議兵〉的用例見於「臨武君與孫卿子議兵於趙孝成王前」一段，其文云：

> 王曰：「請問兵要。」臨武君對曰：「上得天時，下得地利，觀敵之變動，後之發，先之至，此用兵之要術也。」孫卿子曰：「不然。臣所聞古之道，凡用兵攻戰之本在乎壹民也。……」[618]

616 Eric L. Hutton said, " When it comes to the *Xunzi*, there are indications in the text that not all of it was written by a single person, and hence that not all of it was written by Xunzi himself. For example, some chapters contain dialogues in which Xunzi appears as an interlocutor, but in which he is called Xun Qingzi ('Master Xun Qing') or other titles that it would be extremely unlikely for a Chinese writer to employ in referring to himself. At minimum, such instances seem to be evidence of editing by someone other than Xunzi, and many scholars consider it likely that these sections were originally written by his disciples, who were recording (or maybe inventing) the words of their teacher. Also, the last six chapters in the present arrangement of the text display both a piecemeal quality and a use of didactic vignettes, differing significantly from the essays that constitute the bulk of the first twenty-four chapters. For this reason, many have likewise suspected the material of the last six chapters of being a compilation made by Xunzi's students, rather than the writings of Xunzi himself." Eric L. Hutton trans. and with an introduction, *Xunzi: The Complete Text*, introduction pp. xx.

617 木村英一云：「併し作ら此五種類が存在する事だけで、我々をして荀子を一人の記述と考へる事を否定せしめるに充分である。後學の言葉も混入してゐるかもしれない上に荀子自身の學説にしても記述の人は必ずしも一人と云へないだらう。」木村英一：〈荀子三十二篇の構成について〉，《支那學》第8卷（1935年），頁23。

618 王先謙撰，沈嘯寰、王星賢點校：《荀子集解》，頁314。

> 孝成王、臨武君曰：「善！請問王者之兵設何道何行而可？」孫卿子曰：「凡在大王，將率末事也。……」[619]

> 孝成王、臨武君曰：「善！請問為將。」孫卿子曰：「知莫大乎棄疑，行莫大乎無過，事莫大乎無悔。……」[620]

> 臨武君曰：「善！請問王者之軍制。」孫卿子曰：「將死鼓，御死轡，百吏死職，士大夫死行列。……」[621]

而在〈王制〉〈君道〉兩篇之問答中，並無明確提到對話者之身份。木村英一因而懷疑其可能是根據荀子之言，[622] 豐島睦則直接認為「含有『請問』和『孫卿子曰』句型之段落應是荀卿的弟子直接記錄下來的」。[623]〈王制〉和〈議兵〉的句型可歸納為「請問……〔孫卿子〕曰：夫是……」。[624] 如〈王制〉開篇云：

> 請問為政？曰：賢能不待次而舉，罷不能不待須而廢，元惡不待教而誅，中庸雜民不待政而化。分未定也，則有昭繆也。雖王公士大夫之子孫，不能屬於禮義，則歸之庶人。雖庶人之子孫也，積文學，正身行，能屬於禮義，則歸之卿相士大夫。故姦言、姦説、姦事、姦能、遁逃反側之民，職

---

619 同前註，頁 318。

620 同前註，頁 327。

621 同前註，頁 328。

622 木村英一云：「次には『請問云々曰云々』を冠した文體で、これは果して荀卿自身の人との應答を記したものかどうか明文はない。〔……〕もおそらく荀卿の言をしるしたものだらう。」木村英一：〈荀子三十二篇の構成について〉，頁 18。

623 豐島睦〈荀子文獻批判の一方法〉發表於日本廣島哲學會所編《哲學》（*The Journal of Hiroshima Philosophical Society*）1955 年第 5 輯。其意見轉引自佐藤將之《荀學與荀子思想研究：評析・前景・構想》。參見佐藤將之：《荀學與荀子思想研究：評析・前景・構想》（台北：萬卷樓圖書股份有限公司，2015 年），頁 53。

624 同前註。

而教之，須而待之，勉之以慶賞，懲之以刑罰，安職則畜，不安職則棄。五疾，上收而養之，材而事之，官施而衣食之，兼覆無遺。才行反時者死無赦。夫是之謂天德，〔是〕[625]王者之政也。[626]

豐島睦認為《荀子》中有「孫卿曰」，或可補充「孫卿曰」的內容乃由荀子弟子所記錄，應與荀子最接近。[627] 然而以「請問」與「曰」相互對答之書寫形式，其實常見於先秦古書。如《管子・侈靡》云：

請問為邊若何？對曰：夫邊日變，不可以常知觀也。民未始變而是變，是為自亂。……[628]

請問先合於天下而無私怨，犯強而無私害，為之若何？對曰：國雖強，令必忠以義。國雖弱，令必敬以哀。強弱不犯，則人欲聽矣。先人而自後，而無以為仁也。……[629]

亦有假託他人以為問答之辭，如《莊子・應帝王》云：

天根遊於殷陽，至蓼水之上，適遭无名人而問焉，曰：「請問為天下。」无名人曰：「去！汝鄙人也，何問之不豫也！予方將與造物者為人，厭，則又乘夫莽眇之鳥，以出六

---

625 「是」字據王念孫說補。詳見王念孫：《讀書雜志》，志八之三，頁 1a（總頁 671）。

626 王先謙撰，沈嘯寰、王星賢點校：《荀子集解》，頁 175。

627 參見佐藤將之：〈二十世紀日本荀子研究之回顧〉，《國立政治大學哲學學報》2003 年 11 期，頁 48。

628 黎翔鳳撰，梁運華整理：《管子校註》（北京：中華書局，2018 年），頁 786。

629 同前註，頁 794。

> 極之外，而遊无何有之鄉，以處壙埌之野。汝又何帠以治天下感予之心為？」[630]

對答方式或許僅為作者用以表達內容之手法，難以直接視為荀卿之真實對話，而為學生所記錄。黎智豐〈《荀子》稱述「孫卿子」篇章文獻關係重探〉曾歸納二十世紀以來討論《荀子》篇章真偽的十六種研究模式，逐一檢驗，當中只有「孫卿子」一項能有效論證「文獻作者」相關問題。[631] 準此，將《荀子》稱引「孫卿子曰」三篇，即〈儒效〉〈議兵〉和〈彊國〉定為荀子弟子作品，可謂信而有徵。

廖名春對今本《荀子》中有出自荀子弟子之手筆，作出公允之論斷，極其精確。廖氏云：

> 古籍的流傳情況複雜，古人的著作權也不如今人清楚，我們不能以今天的著作體例去衡量古書。因為習慣上人們不但以弟子記錄其師言行的著作為其師之書，而且也認可弟子們在傳習過程中對其師著作進行一定的整理、加工。「孫卿子」「孫卿」等稱呼在《荀子》一書中只出現於〈儒效〉〈議兵〉〈彊國〉〈堯問〉四篇中。前三篇明顯係荀子弟子所記錄荀子言行之作，〈堯問〉末尾一段駁世人對荀子的攻擊，為荀子的遭遇鳴不平，其為荀子弟子之作的痕迹更清楚。[632]

630 郭慶藩撰，王孝魚點校：《莊子集釋》，頁 300。

631 黎智豐：〈《荀子》稱述「孫卿子」篇章文獻關係重探〉（香港：香港中文大學哲學碩士論文，2016 年），頁 101。

632 廖名春：《〈荀子〉新探》，頁 15。

誠如廖名春所言，弟子在傳習過程中往往會對師說進行整理、加工。郭強、張洪興〈《荀子》文本生成論〉反以為〈儒效〉三篇係荀門弟子「將荀子的口述內容錄之筆端，僅僅是單純的複製，絕少發揮的餘地」，[633] 似未明荀門弟子在採納師說的同時，其實亦曾加以引伸發揮，多有詮釋。下文將結合具體例子分析荀門弟子如何襲取《荀子》他篇文辭再行發揮。

一、君子之檃栝不可不謹

《荀子・大略》云：

> 請假於君子，贈吾子以言：乘輿之輪，太山之木也，示諸檃栝，三月五月，為幬菜敝而不反其常。君子之檃栝不可不謹也。慎之！[634]

按〈大略〉所假君子之言，實出〈勸學〉。〈勸學〉云：「木直中繩，輮以為輪，其曲中規，雖有槁暴，不復挺者，輮使之然也。」[635] 北京大學《荀子》註釋組《荀子新註》云：

> 這句意思是：木材很直，符合墨線的標準，但加工後卻可以做成車輪，其彎曲的程度和圓規的標準相符合。即使再把它曬乾，也不能使它恢復原狀，這是加工使它變成這樣的。[636]

〈大略〉楊倞註云：

633 郭強、張洪興：〈《荀子》文本生成論〉，《哈爾濱工業大學學報（社會科學版）》2020年第1期，頁77。

634 王先謙撰，沈嘯寰、王星賢點校：《荀子集解》，頁599。

635 同前註，頁2。

636 北京大學《荀子》註釋組：《荀子新註》，頁2。

櫽栝，矯煣木之器也。言寘諸櫽栝，或三月，或五月也。〔……〕言矯煣直木為牙，至於轂輻皆敝，而規曲不反其初。[637]

〈大略〉意謂太山之木因經櫽栝而為車輿之輪，即遭毀壞，其規曲亦不能返歸其初；由此可見，〈大略〉此文實據〈勸學〉文辭加以發揮，以見木材可因櫽栝而改易本初，推言君子亦有櫽栝，必當謹慎為之之理。

二、以類行雜，以一行萬

《荀子・王制》云：

以類行雜，以一行萬，始則終，終則始，若環之無端也，舍是而天下以衰矣。[638]

何謂「以類行雜，以一行萬」？荀卿所指何事？楊倞註云：

得其統類，則不患於雜也。行於一人，則萬人可治也。皆謂得其樞要也。始，謂類與一也。終，謂雜與萬也。言以此道為治，終始不窮，無休息，則天下得其次序，舍此則亂也。[639]

王念孫不以楊註為然，因駁斥之曰：

「始終」二字，泛指治道而言。〔……〕始非謂類與一，終亦非謂雜與萬。[640]

637　王先謙撰，沈嘯寰、王星賢點校：《荀子集解》，頁 599。

638　同前註，頁 192。

639　同前註，頁 192。

640　王念孫：《讀書雜志》，志八之三，頁 9a（總頁 675）。

今考〈儒效〉云：

> 法先王，統禮義，一制度，以淺持博，以古持今，以一持萬，苟仁義之類也，雖在鳥獸之中，若別白黑，倚物怪變，所未嘗聞也，所未嘗見也，卒然起一方，則舉統類而應之，無所儗㤰。[641]

由此可見，〈王制〉所謂「以類行雜，以一行萬」，其實專指「法先王，統禮義，一制度」。蓋藉「先王」之治道、「禮義」、「制度」，可以統馭當世之變，俾使紛雜不一可以復歸統類。劉台拱闡析〈儒效〉「以古持今」一語云：「以古持今，亦謂以文、武、周公之治持今世。」[642] 至若「以一持萬」，其實義近「以淺持博」，冢田虎《荀子斷》云：

> 淺與博對，則猶言狹。蓋不出家而成教于國之意。以家為淺，以天下為博，所謂「千人萬人之情，一人之情是也」同意。[643]

朝川鼎（1781－1849）《荀子述》云：「以淺持博，先君曰：即下句『以一持萬』之義。」[644] 王天海據此總結云：

> 以淺持博，即以少馭多之意。以古持今，即以先王之道馭今之變。以一持萬，即以禮義統馭萬物。[645]

641 王先謙撰，沈嘯寰、王星賢點校：《荀子集解》，頁 166。

642 劉台拱：《荀子補註》，頁 6b。

643 冢田虎：《荀子斷》，卷 1，頁 41b（總頁 88）。

644 朝川鼎：《荀子述》影印日本昭和八年（1933）排印本，載嚴靈峰主編：《無求備齋荀子集成》第 47 冊（台北：成文出版社，1977 年），頁 93。

645 荀況著，王天海校釋：《荀子校釋》，頁 321。

今按〈儒效〉下文既云：「苟仁義之類也，雖在鳥獸之中，若別白黑。」又謂「舉統類而應之，無所儗㤸」，則所謂「以一持萬者」，即以「禮義」「仁義」統馭萬物之意。通過〈儒效〉之文義詮釋，〈王制〉文辭旨意可以清楚彰顯。

三、君者，舟也；庶人者，水也。水則載舟，水則覆舟

《荀子・王制》云：

> 馬駭輿則君子不安輿，庶人駭政則君子不安位。馬駭輿則莫若靜之，庶人駭政則莫若惠之。選賢良，舉篤敬，興孝弟，收孤寡，補貧窮，如是，則庶人安政矣。庶人安政，然后君子安位。傳曰：「君者，舟也；庶人者，水也。水則載舟，水則覆舟。」此之謂也。[646]

楊倞註云：「駭政，不安上之政也。」[647] 荀子以為倘若庶人不安上之政，則為君者宜當惠之，俾使「庶人安政」，然後「君子安位」。荀子再引傳文以明庶人為水，君者為舟；水可載舟，亦可覆舟。然而，傳文並無論證為君者如何可以安於舟上？今考〈哀公〉云：

> 君以此思憂，則憂將焉而不至矣！〔……〕君以思勞，則勞將焉而不至矣！〔……〕君以此思懼，則懼將焉而不至矣！且丘聞之：君者舟也，庶人者水也。水則載舟，水則覆舟；君以此思危，則危將焉而不至矣！[648]

646 王先謙撰，沈嘯寰、王星賢點校：《荀子集解》，頁 180。

647 同前註。

648 同前註，頁 641。

北京大學《荀子》註釋組《荀子新註》註釋首四句為：

> 你從這裏想到憂慮，那麼，還能沒有憂慮的感情嗎！〔……〕你從這裏想到處理政事和逃亡投奔的勞苦，那麼，還能不知道甚麼是勞苦嗎！[649]

由此可見，今本〈哀公〉「則懼將焉而不至矣」「則危將焉而不至矣」二句，其實意謂國君倘能細心思考，居安思危，則焉會不明危懼之情？王天海《荀子校釋》云：「《家語》用此文，末句作『則危可知矣』。《類聚》引作『則不危矣』。」[650] 由此而觀，〈哀公〉詮釋〈王制〉並闡明文辭意蘊，所謂君者為舟，庶民為水，乃言為君者當知水能覆舟，因而居安思危，常持危懼之心，乃能防患於未然。

四、有法者以法行，無法者以類舉

《荀子・王制》云：「其有法者以法行，無法者以類舉，聽之盡也。」[651]〈王制〉此文闡述法治綱領，即有法可依者，依法處理；無法可依者，則按現行法令以類相推，予以處理。楊倞註云：「類，謂比類。」[652] 王天海《荀子校釋》則云：「類舉，類推也。」[653] 兩註均是，然則如何依法類推？〈王制〉言之簡略，今考〈大略〉乃荀門弟子記錄師說言行之篇章，其云：

---

649 北京大學《荀子》註釋組：《荀子新註》，頁 132。

650 荀況著，王天海校釋：《荀子校釋》，頁 1158。

651 王先謙撰，沈嘯寰、王星賢點校：《荀子集解》，頁 179。

652 同前註。

653 荀況著，王天海校釋：《荀子校釋》，頁 347。

> 有法者以法行，無法者以類舉。以其本，知其末，以其左，知其右，凡百事異理而相守也。慶賞刑罰，通類而後應。政教習俗，相順而後行。[654]

〈大略〉依據〈王制〉為說，並進一步闡析「無法者以類舉」之義，所謂以本知末，以左知右，則百事可守，賞罰得當。政教習俗，皆以類舉，相順而行。久保愛云：「順，謂順類也。」[655] 由此可見，〈大略〉採襲〈王制〉文句，再行深化解釋，舉例闡明師說，讀者可以據此了解荀子學說意蘊。

五、喜則和而理，憂則靜而理；通則文而明，窮則約而詳

《荀子・不苟》云：「喜則和而理，憂則靜而理；通則文而明，窮則約而詳。」[656] 按〈仲尼〉云：「福事至則和而理，禍事至則靜而理，富則施廣，貧則用節。」[657] 可見〈仲尼〉以為「福事至」，所以為「喜」也；「禍事至」，所以為「憂」也。〈不苟〉謂「窮則約而詳」，〈仲尼〉以為「貧則用節」，「用節」猶言「約」也。

至若〈不苟〉「通則文而明」，楊倞註云：「有文而彰明也。」[658] 北京大學《荀子》註釋組《荀子新註》因言：「君子地位顯達時要用有文采而明白的話來說明道理。」[659]〈仲尼〉詮釋其義，則謂

654 王先謙撰，沈嘯寰、王星賢點校：《荀子集解》，頁 590。

655 久保愛：《荀子增註》，卷 19，頁 13a（總頁 783）。

656 王先謙撰，沈嘯寰、王星賢點校：《荀子集解》，頁 50。

657 同前註，頁 130。

658 同前註，頁 50。

659 北京大學《荀子》註釋組：《荀子新註》，頁 30。

「富則施廣」，以為施予甚廣之意，可見兩篇文辭相約，義理相近，可以相互闡析。

六、急得其人，則身佚而國治，功大而名美

《荀子·君道》強調君主治世，重在用人，得人則國治，首段便云：

> 故明主急得其人，而闇主急得其埶。急得其人，則身佚而國治，功大而名美，上可以王，下可以霸；不急得其人而急得其埶，則身勞而國亂，功廢而名辱，社稷必危。[660]

末段「材人」又再次重申君主量才而用的好處：

> 能論官此三材者而無失其次，是謂人主之道也。若是，則身佚而國治，功大而名美，上可以王，下可以霸，是人主之要守也。[661]

〈君道〉反覆強調君主用人得當，則自身安逸而國家大治，功業大而名聲美，「上可以王，下可以霸」。此說於〈王霸〉嘗被稱述，並作詮釋：

> 故君人者立隆政本朝而當，所使要百事者誠仁人也，則身佚而國治，功大而名美，上可以王，下可以霸；立隆政本朝而不當，所使要百事者非仁人也，則身勞而國亂，功廢而名辱，社稷必危；是人君者之樞機也。故能當一人而天下取，失當一人而社稷危，不能當一人而能當千人百人者，

660 王先謙撰，沈嘯寰、王星賢點校：《荀子集解》，頁 272。

661 同前註，頁 290。

> 說無之有也。既能當一人，則身有何勞而為，垂衣裳而天下定。故湯用伊尹，文王用呂尚，武王用召公，成王用周公旦。卑者五伯，齊桓公閨門之內，縣樂奢泰游抏之修，於天下不見謂修，然九合諸侯，一匡天下，為五伯長，是亦無它故焉，知一政於管仲也，是君人者之要守也。[662]

可見〈王霸〉亦言「身佚而國治，功大而名美，上可以王，下可以霸」「身勞而國亂，功廢而名辱，社稷必危」。所謂「君人者之要守」即〈君道〉之「人主之要守」。〈王霸〉又以成湯用伊尹、文王用呂尚、武王用召公及成王用周公為例，説明「能當一人」「上可以王」。〈王霸〉以齊桓公 (?−643 B.C.) 沉迷享樂，惟善用管仲 (?−645 B.C.)，説明「能當一人」「下可以霸」。文中提出齊桓公九合諸侯，一匡天下，為五霸之首，其主因即在於「知一政於管仲」，可見「君人者之要守」，即在「知人」。對此，〈仲尼〉有更完整之闡釋：

> 齊桓，五伯之盛者也，前事則殺兄而爭國；內行則姑姊妹之不嫁者七人，閨門之內，般樂奢汏，以齊之分奉之而不足；外事則詐邾，襲莒，并國三十五。其事行也若是其險汙淫汏也，彼固曷足稱乎大君子之門哉！若是而不亡，乃霸，何也？曰：於乎！夫齊桓公有天下之大節焉，夫孰能亡之？倓然見管仲之能足以託國也，是天下之大知也。安忘其怒，(出)[663] 忘其讎，遂立以為仲父，是天下之大決也。立以為仲父，而貴戚莫之敢妬也；與之高、國之位，而本朝之臣莫

662 同前註，頁 263。

663 王念孫以為「出」字乃為衍文，今據刪。詳見王念孫：《讀書雜志》，志八之二，頁 18a（總頁 659）。

之敢惡也；與之書社三百，而富人莫之敢距也。貴賤長少，秩秩焉莫不從桓公而貴敬之，是天下之大節也。諸侯有一節如是，則莫之能亡也；桓公兼此數節者而盡有之，夫又何可亡也？其霸也宜哉！非幸也，數也。[664]

〈仲尼〉於桓公之惡行，詳加描述，除閨門之內放縱淫泆，更有殺兄奪國、侵吞周邊小國。對於桓公用管仲一事，〈仲尼〉則強調桓公有「天下之大知」，因能察覺管仲之能，又有「天下之大決」，能不計前嫌，立管仲為仲父。桓公更予以權勢地位，管仲乃能盡得貴賤長幼之敬重，順利輔助桓公治理國事。通過批評桓公私德之失，肯定桓公重用管仲之策，從而突顯桓公重用管仲之效驗。〈王霸〉以桓公「可以霸」，歸功於「知一政於管仲」；〈仲尼〉更進而稱許桓公，以為「其霸也宜哉」，殆非僥倖。

七、《詩》言是，其志也；《書》言是，其事也

《荀子・儒效》云：

聖人也者，道之管也。天下之道管是矣，百王之道一是矣，故《詩》《書》《禮》《樂》之〔道〕[665]歸是矣。《詩》言是，其志也；《書》言是，其事也；《禮》言是，其行也；《樂》言是，其和也；《春秋》言是，其微也。故《風》之所以為不逐者，取是以節之也；《小雅》之所以為《小雅》者，取是而文之也；《大雅》之所以為《大雅》者，取是而光之也；《頌》之所以為至者，取是而通之也。天下之道畢是矣。[666]

664 王先謙撰，沈嘯寰、王星賢點校：《荀子集解》，頁 124。

665 劉台拱以為「歸」上脫「道」字，可從。參見劉台拱：《荀子補註》，頁 6b。

666 王先謙撰，沈嘯寰、王星賢點校：《荀子集解》，頁 158。

〈儒效〉綜論諸經，多本《莊子》。[667]《莊子・天下》云：

> 《詩》以道志，《書》以道事，《禮》以道行，《樂》以道和，《易》以道陰陽，《春秋》以道名分。[668]

兩書分論《詩》《書》《禮》《樂》四經內容，論說相同，然〈儒效〉未有論《易》，其於《春秋》亦不言「道名分」。兩者歧異，實因〈儒效〉之文，同時亦曾參諸〈勸學〉。〈勸學〉云：

> 學惡乎始？惡乎終？曰：其數則始乎誦經，終乎讀禮；其義則始乎為士，終乎為聖人。〔……〕故《書》者，政事之紀也；《詩》者，中聲之所止也；《禮》者，法之大分、類之綱紀也，故學至乎《禮》而止矣。夫是之謂道德之極。《禮》之敬文也，《樂》之中和也，《詩》《書》之博也，《春秋》之微也，在天地之間者畢矣。[669]

荀子重視儒家經典，以為為學之始在於「誦經」。「政事之紀也」句下，楊倞註云：「此說六經之意」，[670]考《荀子・勸學》只言五經，不涉《易》，而《荀子・儒效》與〈勸學〉一致，亦未言及《易》。[671]〈勸學〉謂《詩》為「中聲之所止」，當從楊柳橋說訓「中」

667　拙著〈荀卿論說源出莊周證〉云：「考荀卿以為《詩》之言『志』，《書》之言『事』，《禮》之言『行』，《樂》之言『和』，《春秋》之言『微』；推本溯源，實出《莊子》。〔……〕兩文所述《詩》《書》《禮》《樂》之用，幾近全同。又莊子以為《春秋》用以道『名分』，而荀卿以為即指『微言大義』，兩說亦相近。」何志華〈荀卿論說源出莊周證〉，原載《諸子學刊》2009 年第 3 輯，後收入拙著論文集《莊荀考論》。參見何志華：《莊荀考論》（香港：劉殿爵中國古籍研究中心，2015 年），頁 47。

668　郭慶藩撰，王孝魚點校：《莊子集釋》，頁 1071。

669　王先謙撰，沈嘯寰、王星賢點校：《荀子集解》，頁 13。

670　同前註。

671　李滌生以為此與荀子「重實用而不喜純理的思辨之態度」有關，可備一說。李滌生：《荀子集釋》，頁 13。

為「心」。[672] 心聲之極，即《莊子・天下》《荀子・儒效》之「志」。〈勸學〉「《禮》之敬文」，楊註云：「禮有周旋揖讓之敬、車服等級之文也」，[673] 亦即《莊子・天下》《荀子・儒效》之「行」。至於《春秋》，《荀子・儒效》不用《莊子・天下》「名分」說，而本《荀子・勸學》，因云「其微也」。

依據〈勸學〉師說，荀門弟子於〈儒效〉又分言《風》《小雅》《大雅》《頌》之旨，謂其取聖人之道以「節之」「文之」「光之」「通之」。《荀子・勸學》云：「在天地之間者畢矣」，以為天地間之事，其實皆在五經，《荀子・儒效》進一步闡明天下之道皆包羅其中，故云「天下之道畢是矣」。

八、墨子大有天下，小有一國，將少人徒，省官職

《荀子・富國》深入批評墨子學說，其中一段論及用人任官，其文云：

> 墨子大有天下，小有一國，將少人徒，省官職，上功勞苦，與百姓均事業，齊功勞。若是，則不威；不威，則賞罰不行。賞不行，則賢者不可得而進也；罰不行，則不肖者不可得而退也。賢者不可得而進，不肖不可得而退，則能不能不可得而官也。若是，則萬物失宜，事變失應，上失天時，下失地利，中失人和，天下敖然，若燒若焦。〔……〕故先王聖人為之不然。〔……〕賞行罰威，則賢者可得而進也，

---

672 楊柳橋《荀子詁譯》云：「高誘《淮南子》註：『中，心聲。』中聲，猶言心聲也。《毛詩序》：『詩者，志之所之也。』即其義。」王天海從其說。參見楊柳橋：《荀子詁譯》，頁 10；荀況著，王天海校釋：《荀子校釋》，頁 28。

673 王先謙撰，沈嘯寰、王星賢點校：《荀子集解》，頁 14。

> 不肖者可得而退也，能不能可得而官也。若是，則萬物得宜，事變得應，上得天時，下得地利，中得人和，財貨渾渾如泉源，汸汸如河海，暴暴如丘山，不時焚燒，無所臧之，夫天下何患乎不足也？[674]

墨子意謂倘能掌控天下，必將減少職官與從僕，從而提出君主倘與百姓勞苦相當，則君主殆無威嚴，其所施行之賞罰，亦將無從實踐執行。如此，則才德之人不能進用，不肖之士不能貶退，才能之士、庸劣之人均不能居位稱職。萬物因而失宜，事物變化無從對應，天時、地利、人和俱失。相反，先王聖人在位，則能使賞罰威行，賢者進用，不肖貶退，才能之士、庸劣之人，俱能居位稱職。若是如此，萬物得到善用，事變及時應對，天時、地利、人和兼得，財貨有如泉湧，天下「何患乎不足」。〈富國〉以「墨子」與「先王聖人」同有天下，作出對比，從而倡言荀欲免於「上功勞苦」，即不能依靠君主一己之力。荀門弟子撰作〈儒效〉，於〈富國〉此文多有體會，因而加以發揮，再行論釋：

> 若夫（謫）〔譎〕德而定次，量能而授官，使賢不肖皆得其位，能不能皆得其官，萬物得其宜，事變得其應，慎、墨不得進其談，惠施、鄧析不敢竄其察，言必當理，事必當務，是然後君子之所長也。[675]

〈儒效〉「賢不肖皆得其位」即〈富國〉「賢者可得而進也，不肖者可得而退也」;〈儒效〉「能不能皆得其官」即〈富國〉「能不能可得

674 同前註，頁 220。

675 同前註，頁 145。

而官」。〈儒效〉採用〈富國〉文辭，歸納修訂，使文句兩兩相對。至於「譎德而定次，量能而授官」，亦取自《荀子》他篇文辭，因而多有重合。考〈君道〉云：

> 論德而定次，量能而授官，皆使（其）人載其事而各得其所宜。[676] 上賢使之為三公，次賢使之為諸侯，下賢使之為士大夫，是所以顯設之也。[677]

又〈正論〉云：

> 聖王在上，（圖）〔決〕德而定次，[678] 量能而授官，皆使民載其事而各得其宜；不能以義制利，不能以偽飾性，則兼以為民。[679]

兩篇皆言君主在上，理當判斷臣下德行，以定位次，再衡量能力以授與官職。〈儒效〉取其說，以「譎德而定次，量能而授官」與「賢不肖皆得其位，能不能皆得其官」並舉為義。「譎德」之「德」即「賢不肖」，「量能」之「能」即「能不能」。〈儒效〉以為此乃君子所長。君子言說合理，處事適切，是以君子選賢擇能，自必允當，俾使慎子、墨子、惠施、鄧析諸人不得「進其談」「竄其察」，乃使〈富國〉假設之詞「墨子大有天下，小有一國」，無從落實，天下因亦不致於「敖然若燒若焦」。可見荀門弟子闡述〈富國〉師說，重新詮釋，更見深邃。

---

676 「其」字據王念孫說刪。參見王念孫：《讀書雜志》，志八之四，頁 16b（總頁 690）。

677 王先謙撰，沈嘯寰、王星賢點校：《荀子集解》，頁 281。

678 「圖」字據王念孫說改為「決」，與〈儒效〉「譎」同義。參見王念孫：《讀書雜志》，志八之二，頁 28a（總頁 664）。

679 王先謙撰，沈嘯寰、王星賢點校：《荀子集解》，頁 392。

九、孫卿不及孔子

《荀子・堯問》篇末一段「為説者曰」，楊倞以為乃「荀卿弟子之辭」。[680] 其文云：

> 為説者曰：「孫卿不及孔子。」是不然。孫卿迫於亂世，鰌於嚴刑，上無賢主，下遇暴秦，禮義不行，教化不成，仁者絀約，天下冥冥，行全刺之，諸侯大傾。當是時也，知者不得慮，能者不得治，賢者不得使，故君上蔽而無覩，賢人距而不受。然則孫卿懷將聖之心，蒙佯狂之色，視天下以愚。《詩》曰：「既明且哲，以保其身。」此之謂也。是其所以名聲不白、徒與不眾、光輝不博也。今之學者得孫卿之遺言餘教，足以為天下法式表儀，所存者神，所過者化。觀其善行，孔子弗過，世不詳察，云非聖人，奈何！天下不治，孫卿不遇時也。德若堯、禹，世少知之。方術不用，為人所疑。其知至明，循道正行，足以為紀綱。嗚呼，賢哉！宜為帝王。天地不知，善桀、紂，殺賢良。比干剖心，孔子拘匡；接輿避世，箕子佯狂；田常為亂，闔閭擅強。為惡得福，善者有殃。今為説者又不察其實，乃信其名。時世不同，譽何由生？不得為政，功安能成？志修德厚，孰謂不賢乎！[681]

此段駁斥「孫卿不及孔子」之論，意謂荀子並非不如孔子，只因迫於亂世，即使懷抱聖人之志，亦僅能明哲保身，並以為荀卿善行，即孔子亦無以過之，惟世人不察而已。尤可注意者，荀卿弟

680 同前註，頁 653。

681 同前註，頁 653。

子推尊其師，更刻意採錄孟子之言，其謂：「今之學者得孫卿之遺言餘教，足以為天下法式表儀，所存者神，所過者化。」按此出《孟子・盡心上》，其文云：

> 夫君子所過者化，所存者神，上下與天地同流，豈曰小補之哉？[682]

荀門弟子以為荀卿善行，「孔子弗過」，其中襲用《孟子》文辭，似亦有孟、荀相較之意，而以為荀卿更勝孟軻，「世不詳察，云非聖人」，徒歎奈何，是所痛心。[683] 荀卿善行，孔、孟弗過，更可比堯、禹，惟世人鮮有能知之者也。為說者既未有考察實情，僅憑聽信虛名，是以有失。楊柳橋以為此段乃「後徒仿〈正論〉篇言，以論荀子者」。[684] 其實，荀門弟子於撰作形式上，參照〈正論〉，至於文辭用語，則取自《荀子》不同篇章。〈堯問〉「知者不得慮，能者不得治，賢者不得使」，實本於〈正論〉。〈正論〉云：

> 夫亂今然後反是：上以無法使，下以無度行，知者不得慮，能者不得治，賢者不得使。若是，則上失天性，下失地利，中失人和，故百事廢，財物詘而禍亂起。[685]

〈正論〉原以「亂今」表示荀卿所處時代，〈堯問〉改為「當是時也」，可見荀門後學追述往事，細意鋪排。〈正論〉分述「知者」「能者」「賢者」不為世用，本乃泛論之詞；〈堯問〉以此專指荀卿

682 焦循撰，沈文倬點校：《孟子正義》（北京：中華書局，1987 年），頁 895。

683 有關孟、荀相近文辭對讀，可參拙著〈《荀子》述《孟》考：兼論〈性惡篇〉相關問題〉，原發表於《中國文化研究所學報》2015 年第 60 期，後收入論文集《莊荀考論》。參見何志華：《莊荀考論》，頁 129–83。

684 楊柳橋：《荀子詁譯》，頁 620。

685 王先謙撰，沈嘯寰、王星賢點校：《荀子集解》，頁 401。

遭遇。至於〈堯問〉所謂「仁者詘約」「比干剖心，孔子拘匡」，其實皆本於〈賦篇〉，[686] 至若「是其所以名聲不白、徒與不眾、光輝不博也」一句，則化用〈樂論〉文辭。〈樂論〉云：

> 夫聲樂之入人也深，其化人也速，故先王謹為之文。樂中平則民和而不流，樂肅莊則民齊而不亂。民和齊則兵勁城固，敵國不敢嬰也。如是，則百姓莫不安其處，樂其鄉，以至足其上矣。然後名聲於是白，光輝於是大，四海之民莫不願得以為師。是王者之始也。[687]

〈樂論〉強調聲樂教化功深，能使百姓和齊安樂，國家兵勁城固。人主倘能善用音樂，即能名聲顯著、光輝博大，俾使四海歸附，故云「是王者之始也」。荀子後學以為荀卿德行可比堯、禹，故取〈樂論〉文辭稱重荀卿，又因荀卿遭際不遇，故改從反面而言，以為荀卿既不遇時，是以名聲不顯，門徒未眾，光輝不博。

第四節

同書異見，論説相左

細考《荀子》全書，篇章之間亦有文辭相近，惟其中義理迥異不同者。學者或以為荀卿前後體會不同，以致篇章之間，論説

686《荀子・賦》云：「道德純備，讒口將將。仁人絀約，敖暴擅彊，天下幽險，恐失世英。〔……〕比干見刳，孔子拘匡。昭昭乎其知之明也，郁郁乎其遇時之不祥也。」王先謙撰，沈嘯寰、王星賢點校：《荀子集解》，頁 569。

687 同前註，頁 449。

不一。然而，部分論見分歧見於荀門後學所撰篇章，此或出於荀門弟子別出心裁，不以師説為然；又或門人闇於大理，錯誤詮釋師説。

一、刑罰綦省立意不一

《荀子・議兵》云：「是故刑罰省而威流，無它故焉，由其道故也。」[688]《韓詩外傳・卷四》作：「是以刑罰競消而威行如流者，無他，由是道故也。」[689]《史記・禮書》作：「是故刑罰省而威行如流，無他故焉，由其道故也。」[690] 學者多據《韓詩外傳》《史記》兩書互見文辭，於《荀子・議兵》「威流」二字之間，補入「行如」兩字。[691] 其實，學者不必援引他書，《荀子》書中即有重合文辭可以為證。〈君子〉云：

> 聖王在上，分義行乎下，則士大夫無流淫之行，百吏官人無怠慢之事，眾庶百姓無姦怪之俗，無盜賊之罪，莫敢犯（大）[692] 上之禁。天下曉然皆知夫盜竊之（人）不可以為富也，皆知夫賊害之（人）[693] 不可以為壽也，皆知夫犯上之禁不可以為安也。由其道，則人得其所好焉；不由其道，則必遇其所惡焉。是故刑罰綦省而威行如流。世曉然皆知夫為姦則雖隱竄逃亡之由不足以免也，故莫不服罪而請。《書》

688 同前註，頁 336。

689 韓嬰撰，許維遹校釋：《韓詩外傳集釋》，頁 139。

690 司馬遷撰，裴駰集解，司馬貞索隱，張守節正義：《史記》，頁 1382。

691 楊樹達：《積微居讀書記》，頁 184；北京大學《荀子》註釋組：《荀子新註》，頁 246；鄧漢卿：《荀子繹評》，頁 315。

692 此據《群書治要》刪「大」字。參見劉殿爵、陳方正主編：《荀子逐字索引》，頁 118；魏徵、褚遂良、虞世南合編：《群書治要》，卷 38，頁 1008。

693 「盜竊之人」和「賊害之人」的「人」字據王念孫説刪。參見王念孫：《讀書雜志》，志八之七，頁 22b（總頁 728）。

> 曰:「凡人自得罪。」此之謂也。故刑當罪則威,不當罪侮;爵當賢則貴,不當賢則賤。古者刑不過罪,爵不踰德,故殺其父而臣其子,殺其兄而臣其弟。刑罰不怒罪,爵賞不踰德,分然各以其誠通。是以為善者勸,為不善者沮,刑罰綦省而威行如流,政令致明而化易如神。[694]

上引段落兩言「刑罰綦省而威行如流」,正可證〈議兵〉應脱「行如」二字。〈君子〉謂「由其道,人得其所好焉;不由其道,則必遇其所惡焉」,〈議兵〉亦云「由其道故也」。然而,〈議兵〉〈君子〉兩篇對於刑罰減省之因由,卻有不同理解。〈君子〉以為,聖王以禮義治國,俾使世人明白盜竊未足致富,殘害他人不足以令一己長壽,干犯君主禁令,終身不得安寧,即使逃亡隱慝,亦將無法免除刑罰,故曰「為姦」者「莫不服罪而請」。因此,〈君子〉主張刑罰與罪行相當,賞罰分明,為善者得到勸勉,為不善者能被「阻止」,[695] 乃能使刑罰減省,而威名遠揚。然而,荀門弟子不以為然,〈議兵〉提出「刑一人而天下服」,[696] 其文云:

> 古之兵,戈矛弓矢而已矣,然而敵國不待試而詘;城郭不辨,溝池不拍,固塞不樹,機變不張,然而國晏然不畏外而(明內)〔固〕者,無它故焉,明道而(分鈞)〔鈞分〕之,[697] 時使而誠愛之,下之和上也如影嚮,有不由令者然后(誅)

694 王先謙撰,沈嘯寰、王星賢點校:《荀子集解》,頁 532。

695 北京大學《荀子》註釋組《荀子新註》以為「沮」字音「舉」,訓為「阻止」之義。北京大學《荀子》註釋組:《荀子新註》,頁 407。

696 王先謙撰,沈嘯寰、王星賢點校:《荀子集解》,頁 336。

697 王念孫據楊註、《韓詩外傳》及《史記》改「明內」為「固」,「分鈞」為「鈞分」,今從之。參見王念孫:《讀書雜志》,志八之五,頁 14b(總頁 698)。

〔俟〕[698] 之以刑。故刑一人而天下服，罪人不郵其上，知罪之在己也。是故刑罰省而威流，無它故焉，由其道故也。古者帝堯之治天下也，蓋殺一人、刑二人而天下治。傳曰：「威厲而不試，刑錯而不用。」此之謂也。[699]

〈議兵〉以為君主真誠愛護百姓，使臣下追隨其上，如影之隨形、響之應聲，刑罰僅需用於懲罰少數不從令者，故云「刑一人而天下服」。如此刑罰乃可減省，而君主威名可以遠播，即如帝堯「殺一人、刑二人」，乃能使天下大治。[700]〈議兵〉以為罪者並不會怨懟君主，蓋自知「罪之在己」；此與〈君子〉所言因知無法逃避刑責，因而坦然認罪者，義理截然不同。〈議兵〉以為最終可以達致「威厲而不試，刑錯而不用」。王念孫謂「厲，猛也」「錯，置也」，意謂「威雖猛而不試，刑雖設而不用」。[701] 可見〈議兵〉並非倡言以刑罰威嚇百姓，後文又云：

故賞慶、刑罰、埶詐之為道者，傭徒粥賣之道也，不足以合大眾、美國家，故古之人羞而不道也。[702]

此以「賞慶」「刑罰」與「埶詐」並論，並謂古人因此「羞而不道」。由此可見，〈君子〉〈議兵〉兩篇之於「刑罰綦省」之因由，乃至於「刑罰」作用之反思，均存歧異，迥異不同。

---

698 「誅」據王念孫說改為「俟」，參見王念孫：《讀書雜志》，志八之五，頁 15a（總頁 699）。

699 王先謙撰，沈嘯寰、王星賢點校：《荀子集解》，頁 335。

700 楊倞註云：「殺一人，謂殛鯀于羽山。刑二人，謂流共工于幽州，放驩兜于崇山。」可備一說。王先謙撰，沈嘯寰、王星賢點校：《荀子集解》，頁 336。

701 王念孫：《讀書雜志》，志八之五，頁 15a（總頁 699）。

702 王先謙撰，沈嘯寰、王星賢點校：《荀子集解》，頁 338。

二、稱述五霸或褒或貶

《荀子・王霸》曾稱許春秋五霸，〈王霸〉云：

> 雖在僻陋之國，威動天下，五伯是也。非本政教也，非致隆高也，非綦文理也，非服人之心也，鄉方略，審勞佚，謹畜積，修戰備，齺然上下相信，而天下莫之敢當。故齊桓、晉文、楚莊、吳闔閭、越句踐，是皆僻陋之國也，威動天下，彊殆中國，無它故焉，略信也。是所謂信立而霸也。[703]

按〈王霸〉推尊五霸，以為「威動天下」「信立而霸」。又吳復生《荀子思想新探》亦以荀子稱許五霸，所言有理。吳氏云：

> 謂霸者之德雖不能如聖王，之義雖不能齊於聖王，但他所經營的一切，尚能大致奏效；所施行的刑賞然諾，亦能昭信於諸侯，士大夫皆知其可以信賴；公布的政令，不因利害而不信於民；盟約既立，亦不以利害而不信於與國。因此，內則兵勁城固，外則敵國畏之。[704]

由此可見，荀卿〈王霸〉以為五霸功績多有可取，立信而霸，未見貶抑之辭。今考廖名春以為〈仲尼〉一篇乃為「荀子之言，弟子所記」，[705] 則其記錄荀卿推許五霸相關言辭，可有反思？〈仲尼〉云：

703 同前註，頁 242。

704 吳復生：《荀子思想新探》（台北：文史哲出版社，1998 年），頁 174。

705 廖名春：《〈荀子〉新探》，頁 62。

> 然而仲尼之門（人），[706] 五尺之豎子言羞稱乎五伯，是何也？曰：然。彼非本政教也，非致隆高也，非綦文理也，非服人之心也。鄉方略，審勞佚，〔謹〕畜積，修鬬〔備〕，[707] 而能顛倒其敵者也。詐心以勝矣。彼以讓飾爭，依乎仁而蹈利者也，小人之傑也，彼固曷足稱乎大君子之門哉！[708]

〈仲尼〉顯然曾經採襲〈王霸〉稱述「五伯」文辭段落，其「彼非本政教也」一段，明顯取材於〈王霸〉，惟〈仲尼〉之立意則迥然有別。〈仲尼〉此段旨在詆訕五霸，以為「詐心以勝」，實乃「小人之傑」，多所貶抑。楊倞於《荀子》兩篇立意截然不同，彼此矛盾牴牾，實有未解，因而曲為之說。楊倞云：「前章言五霸救時，故褒美之，此章明王者之政，故言其失。」[709] 按楊說其實牽強，兩篇立論有別，實為荀門弟子與師說迴異使然。再考〈大略〉亦為荀門弟子撰作篇章，當中亦有詆訕春秋五霸之言。〈大略〉云：「誥誓不及五帝，盟詛不及三王，交質子不及五伯。」[710] 楊倞註亦云：「此言後世德義不足，雖要約轉深，猶不能固也。伯，讀曰霸。」[711]〈大略〉此文乃本《穀梁傳・隱公八年》語，[712] 又見東漢王充（27−97?）《論衡・自然篇》云：

---

706 王念孫以為「人」字乃後人所加，當刪，今從其說。參見王念孫：《讀書雜志》，志八之二，頁 17b（總頁 659）。

707 「謹」「備」二字皆據王引之說補。參見王念孫：《讀書雜志》，志八之二，頁 19a（總頁 660）。

708 王先謙撰，沈嘯寰、王星賢點校：《荀子集解》，頁 126。

709 同前註，頁 127。

710 同前註，頁 613。

711 同前註。

712 《春秋穀梁傳・隱公八年》云：「誥誓不及五帝，盟詛不及三王，交質子不及二伯。」范甯集解，楊士勛疏，夏先培整理，楊向奎審定：《春秋穀梁傳註疏》，載《十三經註疏》整理委員會整理：《十三經註疏》（北京：北京大學出版社，2000 年），頁 30。

> 詰誓不及五帝，要盟不及三王，交質子不及五伯，德彌薄者信彌衰。心險而行詖，則犯約而負教。教約不行，則相譴告。譴告不改，舉兵相滅。[713]

可見王充以為五伯以「交質子」取代五帝三王之「詰誓」「盟詛」，正見「後世德義不足」。荀門弟子於〈大略〉援引《穀梁傳・隱公八年》此文，旨在貶抑五霸，則顯然不以〈王霸〉所載師說為然。再考〈議兵〉亦出自荀門弟子，其亦云：

> 齊桓、晉文、楚莊、吳闔閭、越句踐，是皆和齊之兵也，可謂入其域矣，然而未有本統也，故可以霸而不可以王。[714]

北京大學《荀子》註釋組云：「入其域：指進入了禮義教化的門了。本統：根本，這裏是指禮義。」[715] 可見〈議兵〉亦以為春秋五霸雖能進入「禮義教化」之門，然卻未有根本，實指五霸禮義根柢淺薄，是以僅可以「霸」，而未足以「王」。〈議兵〉〈大略〉同出荀門後學，並皆不以〈王霸〉師說為然，或為荀門弟子普遍共識，抨擊五霸，多番詆訕，因與師說判然有別。

三、「神明」用語義蘊不同

《荀子・富國》云：

713 黃暉：《論衡校釋（附劉盼遂集解）》（北京：中華書局，2017 年），頁 914。

714 王先謙撰，沈嘯寰、王星賢點校：《荀子集解》，頁 327。

715 北京大學《荀子》註釋組：《荀子新註》，頁 237。

> 故仁人在上，百姓貴之如帝，親之如父母，為之出死斷亡而〔不〕[716]愉者，無它故焉，其所是焉誠美，其所得焉誠大，其所利焉誠多。[717]

其中「百姓貴之如帝」一句，「帝」字下，楊註云：「上帝也。」[718]按「百姓貴之如帝」一語，又見《荀子》他篇。〈王霸〉云：

> 是故百姓貴之如帝，親之如父母，為之出死斷亡而不愉者，無它故焉，道德誠明，利澤誠厚也。[719]

〈彊國〉云：

> 如是，百姓貴之如帝，高之如天，親之如父母，畏之如神明，故賞不用而民勸，罰不用而威行。[720]

學者或從楊註釋「帝」為「上帝」。如熊公哲《荀子今註今譯》譯為「百姓尊貴他有如天帝一般」，[721]北京大學《荀子》註釋組《荀子新註》云：「帝：上帝、老天爺。」[722]然而，包遵信認為「帝」當指「帝王」而非「上帝」，包氏云：

> 此「帝」即帝王之帝。荀書中舉凡「帝」字，皆與天神無涉。〈富國篇〉：「故仁人在上，百姓貴之如帝，親之如父母。」

716 王念孫據〈王霸〉補「不」字，可從。參見王念孫：《讀書雜志》，志八之三，頁 14b（總頁 678）。

717 王先謙撰，沈嘯寰、王星賢點校：《荀子集解》，頁 214。

718 同前註。

719 同前註，頁 267。

720 同前註，頁 345。

721 熊公哲：《荀子今註今譯》，頁 599。

722 北京大學《荀子》註釋組：《荀子新註》，頁 205。

> 楊註：「天帝也」[723]（此句又見〈王霸篇〉），亦非。〈議兵篇〉：「是以堯伐驩兜，舜伐有苗，禹伐共工，湯伐有夏，文王伐崇，武王伐紂。此四帝兩王，皆以仁義之兵行天下也。」「四帝」指堯舜禹湯，即上文「海內之人莫不願得以為帝王」之「帝王」（「帝王」一詞，又見〈賦篇〉〈堯問篇〉）。故〈非相篇〉以「帝堯」「帝舜」連稱。可知「帝」非謂天神，亦非謂天帝明矣。[724]

王天海認同包說，又引《韓詩外傳》重合文辭異文及〈彊國〉後文為證：

> 帝，如帝堯、帝舜之比，非天神也。若訓為天神，下不當再言「高之如天」「畏之如神明」。《外傳》作「帝王」。下文「反然舉疾惡桀、紂而貴帝湯、武」，正此「貴之如帝」之的解。[725]

此說當是。除「四帝」「帝堯」「帝舜」外，《荀子》書中尚言「五帝」，楊倞註云：「五帝，少昊、顓頊、高辛、唐、虞也。」[726] 以上皆為上古明君，故尊稱為「帝」。所謂「百姓貴之如帝」，意謂百姓尊崇君主，如同上古之帝王。

上引〈富國〉〈王霸〉與〈彊國〉三篇內容，以〈富國〉〈王霸〉兩篇文辭更為相近。[727] 百姓願意尊崇君主、親近君主，乃至為

---

723 楊註原文標點為「天，帝也」，不確。

724 包遵信：〈讀荀子札記〉，頁 435。

725 荀況著，王天海校釋：《荀子校釋》，頁 650。

726 王先謙撰，沈嘯寰、王星賢點校：《荀子集解》，頁 97。

727 〈富國〉後文又有云：「而百姓皆愛其上，人歸之如流水，親之歡如父母，為之出死斷亡而〔不〕愉者，無它故焉，忠信調和均辨之至也。」文辭亦有相近之處，可參看。原文見王先謙撰，沈嘯寰、王星賢點校：《荀子集解》，頁 224。

其出生入死，究其原因，〈富國〉以為出於「其所是焉誠美，其所得焉誠大，其所利焉誠多」，而〈王霸〉總結以為「道德誠明，利澤誠厚」。〈富國〉則謂：「其所得焉誠大，其所利焉誠多」，此亦即〈王霸〉「利澤誠厚」之意，兩篇取義相近。至於「其所是焉誠美」，〈王霸〉以為「所是」者即道德。仁人在位，道德純備，恩澤深厚，百姓自然樂意追隨。至於〈彊國〉，其實荀門弟子重新剪裁而成，「百姓貴之如帝，親之如父母」取自〈富國〉〈王霸〉，「賞不用而民勸，罰不用而威行」則本諸〈君道〉，[728]〈彊國〉又增補「高之如天」[729]「畏之如神明」，彌縫成篇。然而，細意考之，〈彊國〉增補之內容，與荀子天論思想不無牴牾之處。

《荀子・天論》以為上天乃客觀存在的自然之天，「不為堯存，不為桀亡」，日月星辰運轉、四時交替、萬物滋長，一切均為自然現象。〈天論〉云：

> 列星隨旋，日月遞炤，四時代御，陰陽大化，風雨博施，萬物各得其和以生，各得其養以成，不見其事而見其功，夫是之謂神。皆知其所以成，莫知其無形，夫是之謂天〔功〕。[730] 唯聖人為不求知天。[731]

其中「夫是之謂神」句，「神」字當作何解？北京大學《荀子》註釋組釋為「自然而然的功能」。[732] 廖名春《荀子新探》云：

---

728 〈君道〉云：「故賞不用而民勸，罰不用而民服，有司不勞而事治，政令不煩而俗美，百姓莫敢不順上之法，象上之志，而勸上之事，而安樂之矣。」王先謙撰，沈嘯寰、王星賢點校：《荀子集解》，頁 274。

729 「高之如天」或取材於〈禮論〉。〈禮論〉云：「故天者，高之極也。」王先謙撰，沈嘯寰、王星賢點校：《荀子集解》，頁 422。

730 據楊倞註或說補「功」字。參見王先謙撰，沈嘯寰、王星賢點校：《荀子集解》，頁 365。

731 同前註。

732 北京大學《荀子》註釋組：《荀子新註》，頁 270。

> 荀子雖然沿用了「神」這個概念，但是完全不具有神靈的含義，只是用以形容自然生成造化功能的神妙。[733]

廖說誠是，荀子既以為上天乃純然物質之天，不存主觀意識，僅為客觀存在，當中固無神靈存焉。可見荀卿以為上天無知無識，不過自然變化之規律，以至分判天人，而肯定人為，再進而討論制天、知天之義。然而，荀卿同時極重禮義，強調「禮義之統」，以為事物之總體綱領。至於天人關係之觀念，其實從屬於「禮義之統」。此可見荀卿作為儒家學者，始終重視人文理想主義，雖則在推論上天運行規律時，側重自然科學之理論，而在闡明「制天」「知天」時，又重在實用意義；然而荀卿終得承認「祭天事天」之不可廢。〈禮論〉云：

> 禮有三本：天地者，生之本也；先祖者，類之本也；君師者，治之本也。無天地惡生？無先祖惡出？無君師惡治？三者偏亡焉，無安人。故禮上事天，下事地，尊先祖而隆君師，是禮之三本也。[734]

荀卿重視人文精神之理想，最終仍得考慮人生存在之意義，因而歸結於「禮義之統」。荀卿謂「天地者，生之本也」，又謂「無天地惡生」，正好說明「天地」乃生之本源，而天地生萬物，即荀卿所謂自然而然，當中並無意志作用存在。然而，就人之角度而言，則不能不知本而報本，因而提出「故禮上事天，下事地」，「事」即指「祭祀」，[735] 祭祀天地，乃為禮義之體現，以見知本、報本之意。再考〈天論〉云：

---

733 廖名春：《〈荀子〉新探》，頁 122。

734 王先謙撰，沈嘯寰、王星賢點校：《荀子集解》，頁 413。

735 北京大學《荀子》註釋組：《荀子新註》，頁 311。

日月食而救之，天旱而雩，卜筮然後決大事，非以為得求也，以文之也。故君子以為文，而百姓以為神。以為文則吉，以為神則凶也。[736]

又〈禮論〉云：

祭者，志意思慕之（情）〔積〕也。[737]〔……〕故曰：祭者，志意思慕之（情）〔積〕也，忠信愛敬之至矣，禮節文貌之盛矣，苟非聖人，莫之能知也。聖人明知之，士君子安行之，官人以為守，百姓以成俗。其在君子，以為人道也；其在百姓，以為鬼事也。[738]

荀卿〈天論〉所謂「君子以為文」者，「文」乃人文化成之意。〈禮論〉具體言之，則謂之「禮節文貌」，其實即謂人文精神之精粹所在。「祭」乃人文精神之展現，必須「上事天，下事地」，一如「尊先祖，隆君師」之不可或缺。荀卿以為「君子以為文，而百姓以為神。以為文則吉，以為神則凶也」，又謂「其在君子，以為人道也；其在百姓，以為鬼事也」，強調君子深明天人之分，了解「制天」「知天」「事天」之義，因得吉祥，並能據此實現人文精神之理想，完成「人道」。百姓不明乎此，則以為鬼神之事而得凶災。荀子認為求神祈福、卜筮問策，均非「以為得求」，不過人文化成之意。北京大學《荀子》註釋組更直接稱荀子為「傑出的無神

736 王先謙撰，沈嘯寰、王星賢點校：《荀子集解》，頁 374。

737 王念孫云：「『情』與『志意』，義相近，可言『思慕之情』，不可言『志意思慕之情』。『情』，當為『積』，字之誤也。（〈儒效篇〉「師法者，所得乎情」，楊註：「或曰：情，當為積。」）志意思慕積於中而外見於祭，故曰『祭者，志意思慕之積也』。」王念孫：《讀書雜志》，志八之六，頁 18b（總頁 716）。

738 王先謙撰，沈嘯寰、王星賢點校：《荀子集解》，頁 444。

論者」。[739] 然而〈彊國〉篇卻言「畏之如神明」，以為百姓畏懼君主，如畏懼神靈，[740] 顯然與荀子〈天論〉〈禮論〉兩篇旨意未合。考《荀子》書中「神明」凡七見，除〈彊國〉以外，其餘六例皆不作神靈解：

(1)〈勸學〉：積土成山，風雨興焉；積水成淵，蛟龍生焉；積善成德，而神明自得，聖心備焉。[741]

(2)〈儒效〉：習俗移志，安久移質，并一而不二則通於神明、參於天地矣。[742]

(3)〈王制〉：聖王之用也，上察於天，下錯於地，〔⋯⋯〕微而明，短而長，狹而廣，神明博大以至約。[743]

(4)〈議兵〉：慎行此六術、五權、三至而處之以恭敬無壙，夫是之謂天下之將，則通於神明矣。[744]

(5)〈解蔽〉：心者，形之君也，而神明之主也，出令而無所受令。[745]

(6)〈性惡〉：今使塗之人伏術為學，專心一志，思索孰察，加日縣久，積善而不息，則通於神明、參於天地矣。[746]

---

739 北京大學《荀子》註釋組：《荀子新註》，頁 277。

740 此句或本《左傳》。《左傳・襄公十四年》云：「民奉其君，愛之如父母，仰之如明月，敬之如神明，畏之如雷霆，其可出乎？」參見楊伯峻編著：《春秋左傳註》（修訂本）（北京：中華書局，2016 年），頁 1117。

741 王先謙撰，沈嘯寰、王星賢點校：《荀子集解》，頁 8。

742 同前註，頁 170。

743 同前註，頁 175。

744 同前註，頁 328。

745 同前註，頁 470。

746 同前註，頁 524。

荀子所謂「神明」，乃就人文化成而言，「通於神明」意謂達到神妙清明的境界。梁啟雄《荀子簡釋》云：「《荀子》所謂『神明』是指心的睿智。」[747]〈彊國〉「神明」一語用例，與《荀子》諸篇不合，何況荀子並不主張「下而畏上」。〈正論〉云：

故上易知則下親上矣，上難知則下畏上矣。下親上則上安，下畏上則上危。故主道莫惡乎難知，莫危乎使下畏己。[748]

由此可見，荀門弟子於〈彊國〉增入「高之如天」「畏之如神明」兩句，藉以說明君主的「道德之威」，[749] 反而與師說相互牴牾。

四、天君、天官義界嚴分而論述混同

《荀子．天論》云：

形具而神生，好惡、喜怒、哀樂臧焉，夫是之謂天情。耳目鼻口形能，各有接而不相能也，夫是之謂天官。[750]

所謂「天官」者，楊倞註云：「耳辨聲，目辨色，鼻辨臭，口辨味，形辨寒熱疾癢。」[751] 至於〈天論〉所謂「形能」者，當讀為「形態」。王念孫云：

「形能」當連讀，「能」，讀為「態」。《楚辭．招魂註》曰：「態，姿也。」形態，即形也。言耳目、鼻口、形態各與物接而不能互相為用也。[752]

---

747 梁啟雄：《荀子簡釋》，頁 4。

748 王先謙撰，沈嘯寰、王星賢點校：《荀子集解》，頁 380。

749 同前註，頁 345。

750 同前註，頁 365。

751 同前註。

752 王念孫：《讀書雜志》，志八之五，頁 26a（總頁 704）。

可見荀子以為耳、目、鼻、口、形體之慾，皆天生而有，此即〈正名〉所謂「生之所以然者謂之性」。[753] 然而依據〈天論〉所言，耳、目、鼻、口、形體五種「天官」，雖與物接，卻不能相互為用，意即「天官」之間無法相互協調，則「與外物相接」後所生出之「好惡」之情，當如何取捨？荀子深思熟慮，提出「心」作為「天君」加以統攝調和，〈天論〉云：

> 耳目鼻口形能，各有接而不相能也，夫是之謂天官。心居中虛以治五官，夫是之謂天君。[754]

楊倞註云：「心居於中空虛之地，以制耳目鼻口形之五官，是天使為形體之君也。」[755] 清楚闡明荀子立意，其說甚確。荀子既以「心」為「天君」，即見其以「心」之地位，遠超一眾「天官」，因能統攝耳、目、鼻、口、形體等五官慾念。〈正名〉進一步闡述天君於感官之統攝作用：

> 形體、色、理以目異，聲音清濁、調竽奇聲以耳異，甘、苦、鹹、淡、辛、酸、奇味以口異，香、臭、芬、鬱、腥、臊、（洒）〔漏〕、[756]（酸）〔庮〕、[757] 奇臭以鼻異，疾、養、滄、熱、滑、鈹、輕、重以形體異，說、故、喜、怒、哀、樂、愛、惡、欲以心異。心有徵知。徵知則緣耳而知聲可也，緣目而知形可也，然而徵知必將待天官之當簿其類然後可也。

753　王先謙撰，沈嘯寰、王星賢點校：《荀子集解》，頁 487。

754　同前註，頁 365。

755　同前註，頁 366。

756　楊倞或說以為「洒」當作「漏」，王念孫然其說，今據改。參見王先謙撰，沈嘯寰、王星賢點校：《荀子集解》，頁 493；王念孫：《讀書雜志》，志八之七，頁 11b（總頁 723）。

757　王念孫以為「酸」乃「庮」字之誤，今據改。參見王念孫：《讀書雜志》，志八之七，頁 11b（總頁 723）。

> 五官簿之而不知，心徵之而無說，則人莫不然謂之不知，此所緣而以同異也。[758]

楊倞註云：「五官，耳目鼻口心也。」[759] 按楊註有誤，「心」乃「天君」，本非與「五官」同列。王念孫云：

> 五官者，耳目鼻口與形體也。（見上文。）言五官能簿之而不能知，心能徵之而又無說，則人皆謂之不智也。楊註亦當作「五官，耳、目、鼻、口、體也」，今本「體」作「心」，乃後人不知其義而妄改之。上註云：「天官，耳目鼻口心體也。」〔筆者按：指上文「緣天官」句下楊倞註。〕足正此註之誤。〈天論篇〉以耳、目、鼻、口、形能為五官，能，即態字。此篇以耳、目、鼻、口、形體為五官，形體即形態。[760]

王說信而有徵，後人未明荀子意旨，誤混天君、天官二職而為一，並列同提，妄改楊倞註文，大失原意。[761] 至於所謂「五官簿之」者，郭嵩燾（1818–1891）云：

> 簿，猶記錄也。心徵於耳目而後有知，所聞所見，心徵而知之，由耳目之記籍其名也。[762]

---

758 王先謙撰，沈嘯寰、王星賢點校：《荀子集解》，頁 492。

759 同前註。

760 王念孫：《讀書雜志》，志八之七，頁 12a（總頁 723）。

761 荀子以心為天君，五種感官則為天官，強調天君、天官層次有別。此一論說，近世學者未盡認同，諸如楊儒賓《儒門內的莊子》云：「在人精神發展的初階上，心—四肢百體的關係當然可以用君—臣民的模式類比。但精神發展到一個程度後，主體性或優越性的『主權』即當下放到四肢百體，使全身無地有臣僕，處處皆天君。所有的身體部門滙成平等之場，大家聯合發號施令，再無主從君屬可分。」見楊儒賓：《儒門內的莊子》（台北：聯經出版公司，2016 年），頁 482。此當可備一說，惟於荀子此文之理解，並無影響。

762 王先謙撰，沈嘯寰、王星賢點校：《荀子集解》，頁 494。

耳目記籍外物之名，然後由心予以驗證考察。五官接觸外物，便生好惡之情，此本天生使然。荀子以為好惡之情雖多，然而心乃天君，「待天官之當簿其類」後，天君即能「徵知」。由此可知，耳、目、鼻、口、形體者，皆屬感官，乃為天官，五官性質相近，《荀子》書中，往往並舉，例如〈榮辱〉云：

> 目辨白黑美惡，耳辨音聲清濁，口辨酸鹹甘苦，鼻辨芬芳腥臊，骨體膚理辨寒暑疾養，是又人之所常生而有也。[763]

是亦目、耳、口、鼻、骨體膚理（即指形體）五官並提，而與天君之心無涉。再考〈禮論〉云：

> 芻豢稻粱，五味調（香）〔盉〕，[764] 所以養口也；椒蘭芬苾，所以養鼻也；彫琢、刻鏤、黼黻、文章，所以養目也；鍾鼓、管磬、琴瑟、竽笙，所以養耳也；疏房、檖貌、越席、牀笫、几筵，所以養體也。故禮者，養也。[765]

可見〈禮論〉亦口、鼻、目、耳、體五官並論，而與心無涉。又〈解蔽〉云：

> 故目視備色，耳聽備聲，口食備味，形居備宮，名受備號，生則天下歌，死則四海哭，夫是之謂至盛。[766]

是亦以目、耳、口、形四官並論，雖不言鼻之所欲，然亦不曾誤以「心」為五官之一，並提為說，可見天君、天官實不相混。又如〈正論〉云：

763　同前註，頁 74。

764　今本《荀子》「盉」誤為「香」，據王念孫說改。見王念孫：《讀書雜志》，志八之六，頁 9b（總頁 711）。

765　王先謙撰，沈嘯寰、王星賢點校：《荀子集解》，頁 409。

766　同前註，頁 460。

然則亦以人之情為欲。目不欲綦色，耳不欲綦聲，口不欲綦味，鼻不欲綦臭，形不欲綦佚。此五綦者，亦以人之情為不欲乎？[767]

〈正論〉此文表述天官之欲，目、耳、口、鼻、形五官並舉，而與心無涉，恰正體現荀子天君、天官分論之一貫立場。今考〈正論〉相近文辭段落又見〈王霸〉，惟箇中闡述出現差異。〈王霸〉云：

夫人之情，目欲綦色，耳欲綦聲，口欲綦味，鼻欲綦臭，心欲綦佚。此五綦者，人情之所必不免也？[768]

〈王霸〉此文並舉目、耳、口、鼻、心，混合天官、天君而並舉，因與上述《荀子》諸篇論說迥異，亦與荀子以心制欲之論說大相逕庭。〈正論〉作「形不欲綦佚」，「佚」通作「逸」，謂形體並不追求安逸；〈王霸〉此文作「心欲綦佚」者，「心」應當作「形」，方能與〈正論〉相對為義，並與其餘四官，即目、耳、口、鼻同列，而與荀子論說契合。〈王霸〉下文云：

故人之情，口好味而臭味莫美焉，耳好聲而聲樂莫大焉，目好色而文章致繁婦女莫眾焉，形體好佚而安重閒靜莫愉焉，心好利而穀祿莫厚焉。[769]

其作「形體好佚」，則可證上文作「心欲綦佚」者，「心」應當作「形」，前後文義方能一致。然而，〈王霸〉此文又云「心好利而穀

767 同前註，頁 407。

768 同前註，頁 249。

769 同前註，頁 256。

祿莫厚焉」，則又再誤將天君之「心」，並置於天官之列，並提共論，混同為一。「穀祿」猶言俸祿，可見〈王霸〉作者以為心好利祿，猶如口之好味、耳之好聲、目之好色、形體之好佚，因之，天君、天官再無區別，由此亦足以證明，〈王霸〉兩次乖迕荀卿天君論說，當非偶然致誤，此或出自荀門弟子所撰，因與師說不同。過去，學者多以為〈王霸〉乃荀卿自著，而非出自荀門弟子手筆；筆者因疑相關論說或源出他篇，錯誤羼入〈王霸〉篇中。荀門弟子對於作為「天君」之「心」，存在誤解，因與師說不同，其例尚多，〈王霸〉尚云：

> 挈國以呼功利，不務張其義，齊其信，唯利之求，內則不憚詐其民而求小利焉，〔……〕如是，則臣下百姓莫不以詐心待其上矣。上詐其下，下詐其上，則是上下析也。[770]

此文意謂倘若治理國家僅以功利為然，唯利是圖，對內欺詐百姓，以求小利；如是者，百姓皆以「詐心」待上，由此而觀，舉國上下，皆存欺詐，終必離心離德，國家滅亡。「詐心」之義，乃指百姓皆存詐偽之心，並以此詐心侍奉君上。此論說強調作為「天君」之「心」，全被詐偽所蒙蔽，因與荀子〈正名〉所言「心」能徵知，又能擇慮，並能在擇慮以後，作出合乎禮義之行動，全然相違，論說牴牾。

再考「詐心」一詞，《荀子》書中僅有兩見，一在〈王霸〉，另一則在〈仲尼〉：

> 然而仲尼之門（人），五尺之豎子言羞稱乎五伯，是何也？曰：然。彼非本政教也，非致隆高也，非綦文理也，非

770 同前註，頁 243。

服人之心也。〔……〕詐心以勝矣。彼以讓飾爭，依乎仁而蹈利者也，小人之傑也。[771]

〈仲尼〉此文痛詆「春秋五霸」，以為五霸內存「詐心」，不過「小人之傑。」正如前文所述，荀門弟子對於「春秋五霸」之見解，亦多與師說不同。由此可證，「詐心」一詞或即出自荀門弟子，而〈王霸〉亦見「詐心」一詞，然則〈王霸〉部分論說，或即荀門弟子所撰而羼入篇中，並非全然出自荀子手筆。

荀子嚴分天君之職與天官之慾，全因心能徵知故也。〈正名〉又云：

性之好、惡、喜、怒、哀、樂謂之情。情然而心為之擇謂之慮。心慮而能為之動謂之偽。[772]

可見心既能徵知，又能擇慮。擇慮以後，乃能作出合乎禮義之行動，是為「偽」，「偽」即「人為」之意。荀卿以為「性」之實質內容，即為好惡、喜怒、哀樂。然而，人之好惡、喜怒、哀樂緣何而生？〈正名〉又云：

性者，天之就也；情者，性之質也；欲者，情之應也。以所欲為可得而求之，情之所必不免也。[773]

可見「欲」之所以生，乃因人之有「情」，而「欲」即為「情」對外物之反應。荀卿意謂世人每當接觸外物，即有好惡、喜怒、哀樂之情，因感官有所「好」、有所「喜」、有所「樂」，故有慾望，荀卿

771 同前註，頁 126。

772 同前註，頁 487。

773 同前註，頁 506。

因以為慾望乃「情」於外物所起之反應。世人以為慾念可得而努力追求，最終不免落入「喜怒哀樂」之「情」，因謂之「以所欲為可得而求之，情之所必不免也。」當好惡之情出現，心作為具備思考能力之「天君」，即需進行擇慮，此即「情然而心為之擇謂之慮。」當心經過擇慮以後，乃成「人為」之「偽」，此即所謂「心慮而能為之動謂之偽。」荀子言「偽」，重在闡明「性」「偽」之別，〈性惡〉云：

> 不可學、不可事（而）〔之〕[774] 在人者謂之性，可學而能、可事而成之在人者謂之偽。是性、偽之分也。[775]

荀子旨在闡明性之本質乃自然而然，至於「偽」則不然，「偽」乃「可學而能、可事而成」者，顯見荀卿以為「偽」乃人為使然，依據天君之「心」擇慮而動，本非自然。荀子即使將「心」與五官並論，然亦不會混同心與五官功能之別，心主擇慮，功能清晰。〈勸學〉云：

> 學也者，固學一之也。〔……〕使目非是無欲見也，使耳非是無欲聞也，使口非是無欲言也，使心非是無欲慮也。及至其致好之也，目好之五色，耳好之五聲，口好之五味，心利之有天下。是故權利不能傾也，群眾不能移也，天下不能蕩也。[776]

〈勸學〉並舉天官之「耳目」，然後及於天君之「心」。然而，在表述的過程中，荀子先言耳目之「欲」，然後及於心之「慮」，則天

774 顧千里云：「『而』，疑當作『之』。」王念孫：《讀書雜志》，志八補遺，頁 19b（總頁 759）。

775 王先謙撰，沈嘯寰、王星賢點校：《荀子集解》，頁 515。

776 同前註，頁 21。

君依據天官接觸外物所生之慾念，加以擇慮之功能並無改變，因亦符合荀子天君、天官不同層次之旨要。下文並舉天官「耳」「目」「口」之所好，然後及於天君「心」之所利。劉台拱《荀子補註》云：「言耳目口之好之與五色五聲五味同，心利之與有天下同。」[777] 可見〈勸學〉明分感官之慾，與心之論斷，二者性質有別，功能不同。「心利之」，謂心經擇慮以後，以為學習有利，彷如得天下之意。明乎此，則知〈勸學〉雖然並舉天君、天官，卻未違荀子嚴分二者功能之原意。然而，〈勸學〉相近文辭又見〈性惡〉，其云：

> 若夫目好色，耳好聲，口好味，心好利，骨體膚理好愉佚，是皆生於人之情性者也，感而自然，不待事而後生之者也。[778]

〈性惡〉所舉「目好色」「耳好聲」「口好味」「骨體膚理好愉佚」，並皆感官之慾，而為人性天生自然而得之好惡之情。然而〈性惡〉此文同時提出「心好利」，並與感官之慾並舉，則可商榷。〈性惡〉此文大抵即受〈勸學〉影響，〈勸學〉云：「目好之五色，耳好之五聲，口好之五味，心利之有天下。」〈性惡〉採襲其說，因言「目好色，耳好聲，口好味，心好利」，又補入「骨體膚理好愉佚」，恰如五官並列，又以為「是皆生於人之情性」，顯然已經誤混天官、天君而為一，又不分性、偽之別，以為俱出自然，於荀子性情論說明顯牴牾。

777 劉台拱：《荀子補註》，頁 2a。

778 王先謙撰，沈嘯寰、王星賢點校：《荀子集解》，頁 517。

第三章

〈儒效〉〈性惡〉兩篇重合文辭考論

誠如本書前文曾加論述，〈儒效〉一篇乃出自荀門弟子，此下嘗試依據〈儒效〉〈性惡〉兩篇重合文辭，推論〈性惡〉可能亦出自荀門弟子手筆，而非荀卿親撰。

第一節

〈儒效〉〈性惡〉兩篇重合之處

一、聖人也者，人之所積也

《荀子・儒效》云：

> 注錯習俗，所以化性也；并一而不二，所以成積也。習俗移志，安久移質，并一而不二則通於神明、參於天地矣。故積土而為山，積水而為海，旦暮積謂之歲。至高謂之天，至下謂之地，宇中六指謂之極；涂之人百姓積善而全盡謂之聖人。彼求之而後得，為之而後成，積之而後高，盡之而後聖。故聖人也者，人之所積也。[1]

〈儒效〉此文闡述如何通過「并一而不二」，達致「成積」之效驗，從而提出「聖人也者，人之所積也」之結論；相關論述又見〈性惡〉。〈性惡〉云：

1 同前註，頁 170。

今使塗之人伏術為學，專心一志，思索孰察，加日縣久，積善而不息，則通於神明、參於天地矣。故聖人者，人之所積而致矣。[2]

細意比對，〈性惡〉所謂「今使塗之人伏術為學」，實可對應〈儒效〉「涂之人百姓」；〈性惡〉所謂「專心一志」，其實乃據〈儒效〉「并一而不二」；〈性惡〉所謂「加日縣久」，其取意實據〈儒效〉「旦暮積謂之歲」；〈性惡〉所謂「積善而不息」，乃出〈儒效〉「積善而全盡」，「不息」實即「全盡」之意；〈性惡〉所謂「則通於神明、參於天地矣」，全然襲取〈儒效〉，兩篇文辭完全一致；至若〈性惡〉所謂「聖人者，人之所積而致矣」，亦據〈儒效〉「聖人也者，人之所積也」為說，兩篇文辭幾近全同，如出一轍。由此可見，〈性惡〉此段乃據〈儒效〉文辭斟酌修訂而成。

二、縱情性而不足問學，則為小人矣

〈儒效〉云：「縱情性而不足問學，則為小人矣。」[3] 今考〈性惡〉亦有相關論述，其文辭實出〈儒效〉。〈性惡〉云：

縱性情、安恣睢，而違禮義者為小人。用此觀之，然則人之性惡明矣，其善者偽也。[4]

兩文比對，〈性惡〉乃據〈儒效〉所言「縱情性」則為「小人」一說，略作增益，並補入〈性惡〉一篇習用段落結語「人之性惡明矣，

2　同前註，頁 524。

3　同前註，頁 171。

4　同前註，頁 514。

其善者偽也」，以為總結之辭。其實，〈儒效〉乃出自荀門弟子之手，其說乃取自〈非十二子〉。〈非十二子〉云：

> 縱情性，安恣睢，禽獸行，不足以合文通治；然而其持之有故，其言之成理，足以欺惑愚眾，是它囂、魏牟也。[5]

歷來學者皆以〈非十二子〉出自荀卿親撰，〈非十二子〉此文旨在抨擊它囂、魏牟之行，以為「縱情性，安恣睢」，而「不足以合文通治」。〈儒效〉作者有取於此，因謂「縱情性而不足問學，則為小人矣」。所謂「小人」，實指「它囂、魏牟」，兩文傳承之跡，可以考見。〈儒效〉多取〈非十二子〉，尚有下列例證可參，〈儒效〉云：

> 志忍私然後能公，行忍情性然後能修，知而好問然後能才，公修而才，可謂小儒矣。[6]

此文實出〈非十二子〉：

> 忍情性，綦谿利跂，苟以分異人為高，不足以合大眾，明大分；然而其持之有故，其言之成理，足以欺惑愚眾，是陳仲、史鰌也。[7]

所謂「忍情性，綦谿利跂」，北京大學《荀子》註釋組《荀子新註》云：

> 忍：強忍，抑制。綦：極。谿：深的意思。利：通「離」。跂：通「企」，立。綦谿利跂：講話極其深奧，行動離世獨立。[8]

5　同前註，頁 107。

6　同前註，頁 172。

7　同前註，頁 108。

8　北京大學《荀子》註釋組：《荀子新註》，頁 65。

可見「忍情性，綦谿利跂」，猶言抑制情性，言談深奧，離世獨立。〈儒效〉編撰者以為亦修德之行，類近「小儒」，故取用〈非十二子〉之文，再行增補修飾，以狀「小儒」之行。〈儒效〉〈非十二子〉兩篇因襲之跡，於此可以清楚考見。

三、大儒之稽

至於〈儒效〉〈性惡〉兩篇重合文辭，可以〈儒效〉「大儒之稽」一節，得以論證。〈儒效〉云：

> 其言有類，其行有禮，其舉事無悔，其持險應變曲當，與時遷徙，與世偃仰，千舉萬變，其道一也。是大儒之稽也。[9]

再考〈性惡〉云：

> 多言則文而類，終日議其所以，言之千舉萬變，其統類一也，是聖人之知也。少言則徑而省，論而法，若佚之以繩，是士君子之知也。其言也謟，其行也悖，其舉事多悔，是小人之知也。[10]

兩篇文辭比對，〈儒效〉此文原用以闡述「大儒之稽」，惟〈性惡〉編撰者略作修飾，然後改用以闡述「聖人之知」與「小人之知」。〈儒效〉「其言有類，其行有禮，其舉事無悔」，以狀「大儒」；〈性惡〉改為反語，乃謂「其言也謟，其行也悖，其舉事多悔」，用以狀「小人」；又〈儒效〉「千舉萬變，其道一也」，用以闡述「大儒」；〈性惡〉套用其文辭，略作修飾，乃以「言之千舉萬變，其

9　王先謙撰，沈嘯寰、王星賢點校：《荀子集解》，頁 163。

10　同前註，頁 526。

統類一也」，以狀「聖人」;〈儒效〉「其言有類」以狀「大儒」，〈性惡〉作「多言則文而類」以狀「聖人」。兩篇文辭緊密對應，其傳承因襲之跡，清楚可見。

讀者或問，究為〈儒效〉抄襲〈性惡〉，抑或〈性惡〉襲取〈儒效〉？從上文兩段重合文辭對讀可知，〈儒效〉全段立意一貫，皆用以表述「大儒之稽」，而〈性惡〉全段支離分拆，既用以記述「聖人之知」及「士君子之知」，又改以反語論述「小人之知」，則當為〈性惡〉襲取〈儒效〉，重行改寫使然。此論尚有一證，即〈儒效〉此文，又見西漢韓嬰所撰《韓詩外傳》卷五，[11] 兩文對讀如下：

〈儒〉：彼大儒者，雖隱　於窮閻漏屋，無置錐之地，
《韓》：彼大儒者，雖隱居　窮巷陋室，無置錐之地，

〈儒〉：而王公不能與之爭名　；
《韓》：而王公不能與　爭名矣；

〈儒〉：在一大夫之位，則一君不能獨畜，一國不能獨容，成名況乎諸侯，莫不願得以為臣；
《韓》：〔無此句〕

〈儒〉：用百里之地　而千里之國莫能與之爭勝　；
《韓》：用百里之地，則千里之國不能與之爭勝矣；

〈儒〉：笞棰暴國，齊一天下，而莫　能傾也。是大儒之徵也。
《韓》：箠笞暴國，一齊天下，　莫之能傾　，是大儒之勳　。

11　何志華、朱國藩、樊善標編著：《〈荀子〉與先秦兩漢典籍重見資料彙編》，頁 74。

〈儒〉：其言有類，其行有禮，其舉事無悔，其持險應變曲當，
《韓》：其言有類，其行有禮，其舉事無悔，其持檢應變曲當，

〈儒〉：與時遷徙，與世偃仰，千舉萬變，其道一也。是大儒之稽也。[12]
《韓》：與時遷徙，與世偃仰，千舉萬變，其道一也，是大儒之稽也。[13]

兩文對讀，可見《韓詩外傳》即據《荀子・儒效》立說，韓嬰所見〈儒效〉與今本〈儒效〉文辭貼近，可證西漢所見〈儒效〉「大儒之稽」一段文辭，已然論述完整，乃為學者所引用，並非來自剪裁〈性惡〉然後湊合成文。相反，〈性惡〉襲取〈儒效〉再離析其辭，以分論「聖人」「士君子」與「小人之知」，此段文辭亦僅見〈性惡〉，再不見於其他先秦兩漢典籍，由此可證，必乃〈性惡〉襲取〈儒效〉，而非〈儒效〉取用〈性惡〉。

徐復觀（1904－1982）《兩漢思想史》嘗言：

> 他（按指韓嬰）在《外傳》中共引用《荀子》凡五十四次，其深受荀子影響，可無疑問。[14]

又據強中華研究所得，《韓詩外傳》雖有多達五十四處引用《荀子》，卻從不引用〈性惡〉的內容。[15] 實際上，在先秦兩漢所有傳世文獻中，並無與〈性惡〉重合的文辭，又或引用〈性惡〉的文

12　王先謙撰，沈嘯寰、王星賢點校：《荀子集解》，頁 526。

13　韓嬰撰，許維遹校釋：《韓詩外傳集釋》，頁 170。

14　徐復觀：《兩漢思想史》（上海：華東師範大學出版社，2001 年），卷 3，頁 5。

15　強中華：〈《韓詩外傳》對荀子的批評〉，《現代哲學》2012 年第 3 期，頁 115。

例，據此可知，〈性惡〉之撰作時間，或當後於《荀子》其他篇章。誠如本書上文所論，學者皆以〈儒效〉出自荀門弟子之手，殆無爭議。今既知〈性惡〉有襲取〈儒效〉文辭，並加支離分拆，則〈性惡〉之成篇年代，必當後於〈儒效〉。〈儒效〉已然出自荀門弟子之手，則〈性惡〉必非荀卿親撰，可以明矣。

韋政通（1927－2018）曾謂〈性惡〉「本針對孟子性善說而發，但細案荀子所傳述孟子意，亦盡屬誤解」；[16] 徐復觀亦以為荀子「對於孟子人性論的內容，可說毫無理解」。[17] 兩家所言，自皆有據。筆者曾撰〈《荀子》述《孟》考：兼論〈性惡篇〉相關問題〉，[18] 蒐集論證，以見《荀子》引述《孟子》一書，又或二者論見如出一轍而義理相通者，荀卿雖未明言，例證其實甚多。荀卿所述皆與《孟子》原文相合，其所襲用《孟子》措辭用語，均未見誤解之辭。韋、徐二家痛詆荀卿，以為未明孟子人性論說者，大抵專就〈性惡〉一篇立說。

近世學者論述《荀子》各篇成書年代，及其是否出自荀卿手筆，見解不一，未見定論。學者金鵬程（Paul R. Goldin）以為今本《荀子》部分篇章定非出於荀卿親作，於所著 *Confucianism* 一書中提出荀卿稱謂於書中並未統一，推論相關篇章實為後出。[19]

16 韋政通：《荀子與古代哲學》（台北：台灣商務印書館，1992 年），頁 280。

17 徐復觀：《中國人性論史・先秦篇》（北京：九州出版社，2014 年），頁 215。

18 參見何志華：《莊荀考論》，頁 129－83。

19 Paul R. Goldin said, "The bulk of the Xunzi consists of essays that were unquestionably written by Xunzi himself. There are a few chapters that could not have been written by Xunzi — at least not in their present form — because they call Xunzi by the title Sun Qingzi 孫卿子, 'Master Chamberlain Sun', which he himself would not have used." Paul R. Goldin, *Confucianism* (London, New York: Routledge, 2014), pp. 68.

然學者於〈性惡〉為荀卿親作，則鮮有質疑，廖名春《荀子新探》引述前輩學者不同意見云：

> 胡適說：「大概〈天論〉〈解蔽〉〈正名〉〈性惡〉四篇，便是荀卿的精華所在，其餘的二十餘篇，即使真不是他的，也無關緊要了。」〔……〕楊筠如認為《荀子》書是雜湊的，除〈正名〉〈解蔽〉〈富國〉〈天論〉〈性惡〉〈正論〉〈禮論〉幾篇真的較多，其他都不能作為荀子學說的史料。[20]

其後，廖氏總結《荀子》各篇的撰作時代卻說：

> 〈榮辱〉〈致士〉〈禮論〉〈樂論〉〈正名〉〈性惡〉〈君子〉七篇的年代沒有確切的根據可定，但我傾向於以〈榮辱〉〈正名〉〈性惡〉〈禮論〉〈樂論〉為稷下之作，以〈致士〉〈君子〉為蘭陵之作。[21]

既稱〈性惡〉並無確切的撰作年代根據可言，則為何仍然堅持必然出自荀卿手筆？又如何得知〈性惡〉乃成於荀卿旅居稷下之時？此下嘗試提出書證，就胡適（1891–1962）以來學者於〈性惡〉必出荀卿之論證，提出反思，藉此探究篇中相關問題。

20　廖名春：《〈荀子〉新探》，頁 39。

21　廖名春：《〈荀子〉新探》，頁 62。

第二節

〈性惡〉未必出於荀卿之書證

一、荀門弟子多引《孟子》文辭集證

《荀子・堯問》篇末一段「為說者曰」，楊倞以為乃「荀卿弟子之辭」。其文云：

> 為說者曰：「孫卿不及孔子。」是不然。孫卿迫於亂世，鰌於嚴刑，上無賢主，下遇暴秦，禮義不行，教化不成，仁者詘約，天下冥冥，行全刺之，諸侯大傾。當是時也，知者不得慮，能者不得治，賢者不得使，故君上蔽而無覩，賢人距而不受。然則孫卿懷將聖之心，蒙佯狂之色，視天下以愚。《詩》曰：「既明且哲，以保其身。」此之謂也。是其所以名聲不白、徒與不眾、光輝不博也。今之學者得孫卿之遺言餘教，足以為天下法式表儀，所存者神，所過者化。觀其善行，孔子弗過，世不詳察，云非聖人，奈何！天下不治，孫卿不遇時也。德若堯、禹，世少知之。方術不用，為人所疑。其知至明，循道正行，足以為紀綱。嗚呼，賢哉！宜為帝王。天地不知，善桀、紂，殺賢良。比干剖心，孔子拘匡；接輿避世，箕子佯狂；田常為亂，闔閭擅強。為惡得福，善者有殃。今為說者又不察其實，乃信其名。時世不同，譽何由生？不得為政，功安能成？志修德厚，孰謂不賢乎！[22]

22 王先謙撰，沈嘯寰、王星賢點校：《荀子集解》，頁 653。

荀門弟子此段駁斥「孫卿不及孔子」之論，意謂荀子並非不如孔子，惟迫於亂世，縱使懷抱聖人之志，亦僅能明哲保身，因引《詩・大雅・烝民》「既明且哲，以保其身」以稱述荀卿善行，[23] 以為即使孔子亦無以過之，惟世人不察而已。尤可注意者，荀卿弟子推尊其師，更刻意採錄孟子之言，其謂：「今之學者得孫卿之遺言餘教，足以為天下法式表儀，所存者神，所過者化。」按此語實出《孟子・盡心上》，其文云：

> 夫君子所過者化，所存者神，上下與天地同流，豈曰小補之哉？[24]

焦循（1763—1820）疏云：

> 過之義為動為行，所過者化，猶云所行者化也，所動者化也。行動著於外，存者運於中，所行動者，民即變化，由於所存者神也。[25]

荀門弟子以為荀卿善行，「孔子弗過」，今之學者苟能受益於荀卿之遺言餘教，即能「行動著於外，存者運於中」。是以「所行動者，民即變化」，儼然天下之法式表儀。荀門弟子此文刻意襲用《孟子》文辭，似亦有孟、荀相較之意，而以為荀卿更勝孟軻，「世不詳察，云非聖人」，徒歎奈何，是所痛心。荀卿善行，孔、孟弗過，更可比堯、禹，惟世人鮮有能知之者也。案荀門弟子引述《孟子・盡心上》此文用語，尚見《荀子・議兵》：

23 毛亨傳，鄭玄箋，孔穎達疏，龔抗雲等整理，劉家和審定：《毛詩正義》，頁 1436。

24 焦循撰，沈文倬點校：《孟子正義》，頁 895。

25 同前註。

> 故仁人之兵，所存者神，所過者化，若時雨之降，莫不說喜。[26]

〈議兵〉篇中曾稱「孫卿子曰」，梁啟超於《要籍解題及其讀法》嘗言：

> 今案讀全書，其中大部分固可推定為卿自著，然如〈儒效篇〉〈議兵篇〉〈彊國篇〉，皆稱「孫卿子」，似出門弟子記錄。[27]

〈儒效〉〈議兵〉〈彊國〉三篇皆嘗稱「孫卿子曰」，此當為荀卿弟子記錄師說，篇章應出自荀門弟子之手。張西堂（1901–1960）於《荀子真偽考》亦同梁說，學界殆無異議。[28] 由此可見，荀門弟子曾引《孟子》用語以闡明師說，又或推尊師志。今考〈議兵〉〈儒效〉〈彊國〉三篇屢見稱引《孟子》文辭者，其例甚多，謹列之如下。

二、〈議兵〉引用《孟子》文辭考

（一）引《孟子‧梁惠王上》

《孟子‧梁惠王上》云：

> 今夫天下之人牧，未有不嗜殺人者也。如有不嗜殺人者，則天下之民，皆引領而望之矣。誠如是也，民歸之，由水之就下，沛然誰能禦之。[29]

---

26 王先謙撰，沈嘯寰、王星賢點校：《荀子集解》，頁 330。

27 梁啟超：《要籍解題及其讀法》，頁 39（總頁 8429）。

28 張西堂：《荀子真偽考》（台北：明文書局，1994 年），頁 145。

29 焦循撰，沈文倬點校：《孟子正義》，頁 73。

趙岐 (?–201) 註云:「民皆延頸望欲歸之,如水就下,沛然而來,誰能止之。」[30] 可見孟子以「水之就下」比喻人民歸向,勸喻人君施行仁政。今考《荀子・富國》云:

> 而百姓皆愛其上,人歸之如流水,親之歡如父母,為之出死斷亡而愉者,無它故焉,忠信調和均辨之至也。[31]

顯然亦以人君倘行仁政,百姓歸之有如流水,設喻與孟子全同。〈富國〉以外,由荀門弟子撰作之〈議兵〉,亦云:

> 於是有能化善、修身、正行、積禮義、尊道德,百姓莫不貴敬,莫不親譽,然後賞於是起矣。〔……〕故民歸之如流水。[32]

可見「百姓歸之有如流水」乃為《荀子》習用比喻,實質源出孟子,荀門弟子於此亦有採錄。

(二) 引《孟子・滕文公上》

《孟子・滕文公上》云:

> 夷子曰:「儒者之道,『古之人若保赤子』,此言何謂也?之則以為愛無差等,施由親始。」〔……〕孟子曰:「夫夷子信以為人之親其兄之子為若親其鄰之赤子乎?彼有取爾也;赤子匍匐將入井,非赤子之罪也。」[33]

30 同前註。

31 王先謙撰,沈嘯寰、王星賢點校:《荀子集解》,頁 224。

32 同前註,頁 339。

33 焦循撰,沈文倬點校:《孟子正義》,頁 403。

趙岐註云：

> 夫夷子以為人愛兄子，與愛鄰人之子等邪。彼取赤子將入井，雖他人子亦驚救之，謂之愛同也。[34]

由此可見，孟子以為保民之道，若保赤子。焦循《正義》引江聲(1721–1799)《尚書集註音疏》云：

> 赤子無知，或觸陷於死地，惟在保之者安全之，小民亦猶是也。保民如保赤子，則民其安治矣。〔……〕詳孟子之意，謂愚民無知，與赤子同，其或入於刑辟，猶赤子之入井，非其罪也。保赤子者，必能扶持防護之，使不至於入井。保民者當明其政教以教道之，使不陷於罪戾，是之謂「若保赤子」。[35]

可見孟子以為保民者若保赤子，免其陷於刑辟。孟子設喻精妙，荀卿多受啟發，每襲用孟説。《荀子・王霸》云：「上莫不致愛其下而制之以禮，上之於下，如保赤子。」[36]同篇又云：

> 用國者，得百姓之力者富，得百姓之死者彊，得百姓之譽者榮。〔……〕潢然兼覆之，養長之，如保赤子。[37]

另荀門弟子撰作〈議兵〉，亦云：

34　同前註，頁 403。

35　同前註，頁 404。

36　王先謙撰，沈嘯寰、王星賢點校：《荀子集解》，頁 261。

37　同前註，頁 265。

故厚德音以先之，明禮義以道之，致忠信以愛之，尚賢使能以次之，爵服慶賞以申之，時其事、輕其任以調齊之，長養之，如保赤子。[38]

凡此均以為保民者如保赤子，其取喻與孟子全同，實紹繼《孟子》為說故也。

(三) 引《孟子・梁惠王下》

《孟子・梁惠王下》云：

《書》曰：「湯一征，自葛始。」天下信之，東面而征西夷怨，南面而征北狄怨，曰『奚為後我』？民望之，若大旱之望雲霓也。歸市者不止，耕者不變，誅其君而弔其民，若時雨降，民大悅。[39]

其謂民之望湯，若大旱之望雲霓；湯之來誅暴君，則「若時雨降，民大悅」。趙岐註云：「霓，虹也。雨則虹見，故大旱而思見之。」[40] 可見孟子以為人民之冀望仁德之君，有若「時雨」，時雨至則民大悅。《孟子・滕文公下》又云：

湯始征，自葛載，十一征而無敵於天下，東面而征西夷怨，南面而征北狄怨，曰「奚為後我」？民之望之，若大旱之望雨也。歸市者弗止，芸者不變，誅其君，弔其民，如時雨降。民大悅。[41]

38　同前註，頁 338。

39　焦循撰，沈文倬點校：《孟子正義》，頁 152。

40　同前註。

41　同前註，頁 434。

亦以「時雨」比喻民之望君。今考荀門弟子撰作〈議兵〉亦云：

> 故仁人之兵，所存者神，所過者化，若時雨之降，莫不說喜。是以堯伐驩兜，舜伐有苗，禹伐共工，湯伐有夏，文王伐崇，武王伐紂，此四帝兩王，皆以仁義之兵行於天下也。[42]〔……〕
>
> 故民歸之如流水，所存者神，所為者化。[43]

按荀門弟子謂民之冀望仁人之兵，「若時雨之降，莫不說喜」者，猶孟子言「若時雨降，民大悅」也，其取譬用語皆同出一轍，實本於《孟子》為說也。又荀門弟子兩言「所存者神，所過者化」者，其實亦出《孟子》，已論於上。〈議兵〉此文段末云「民歸之如流水，所存者神，所過者化」者，其實全出《孟子》，《孟子．梁惠王上》云：「民歸之，由水之就下。」[44] 是為荀門弟子所本。

(四) 引《孟子．梁惠王下》

《孟子．梁惠王下》云：

> 君行仁政，斯民親其上，死其長矣。[45]

趙岐註云：

> 君行仁恩，憂民困窮，則民化而親其上，死其長矣。[46]

---

42 王先謙撰，沈嘯寰、王星賢點校：《荀子集解》，頁 330。

43 同前註，頁 339。

44 焦循撰，沈文倬點校：《孟子正義》，頁 73。

45 同前註，頁 158。

46 同前註。

由此可見，孟子以為君行仁政，則民能親上死長。今考《荀子・議兵》云：

> 彼仁義者，所以修政者也，政修則民親其上，樂其君，而輕為之死。[47]

其謂修仁義之政者，能使「民親其上」「輕為之死」者，猶《孟子》所謂「君行仁政，斯民親其上，死其長矣」，荀門弟子所言義理、用語，其實皆參《孟子》為說。

三、〈儒效〉引用《孟子》文辭考

歷來學者皆以為荀卿倡言性惡，與孟軻性善論說相違；《荀子・非十二子》又痛詆孟軻，後世因以為孟、荀二家學說牴牾不同。〈非十二子〉云：

> 略法先王而不知其統，猶然而材劇志大，聞見雜博。案往舊造說，謂之五行，甚僻違而無類，幽隱而無說，閉約而無解。案飾其辭而祗敬之曰：此真先君子之言也。子思唱之，孟軻和之，世俗之溝猶瞀儒，嚾嚾然不知其所非也，遂受而傳之，以為仲尼、子游為茲厚於後世，是則子思、孟軻之罪也。[48]

荀子痛詆思孟學派，1973 年長沙馬王堆三號漢墓出土帛書《五行》經傳，其中記述仁、義、禮、智、聖五種德行，又稱仁、義、禮、智為「四行」。[49] 1993 年，湖北荊門一號楚墓出土郭店竹簡，

47　王先謙撰，沈嘯寰、王星賢點校：《荀子集解》，頁 331。

48　王先謙撰，沈嘯寰、王星賢點校：《荀子集解》，頁 110。

49　參見湖南省博物館、復旦大學出土文獻與古文字研究中心編纂，裘錫圭主編：《長沙馬王堆漢墓簡帛集成》（北京：中華書局，2014 年），第 4 冊，頁 58。

其中有《五行》經，明標「五行」二字而與〈非十二子〉相合，[50] 是知荀卿所詆思孟五行之說實質所指。然而，學者於荀卿所以痛詆孟軻，仍有不解。龐樸（1928–2015）《帛書五行篇研究》云：

既然思孟五行衹是仁義禮智聖，何以荀子斥為「甚僻違而無類，幽隱而無說，閉約而無解」？荀子自己豈不也常說仁、道義，論禮、談智聖，何僻違、幽隱、閉約之有？[51]

另黃俊傑《孟學思想史論》亦云：

所謂「案往舊造說」的「往舊」指何而言？「五行」既是指「仁義禮智聖」，則均為儒門習見之德目，何以荀子斥之為「甚僻違而無類，幽隱而無說，閉約而無解」？這些問題都有待進一步探索。[52]

細意分析，龐樸、黃俊傑所言皆是，荀卿所以深詆者，大抵以為思孟「五行」之「無類」「無說」「無解」而已，非謂「仁、義、禮、智、聖」之有違儒家道統。至於荀卿謂思孟「略法先王而不知其統」，則又可深究，荀子大抵亦不以「法先王」為非，而旨在表揚「法後王」可以隨時設教，於匡正當世時弊更為可取。及後荀門弟子撰作〈儒效〉，即據師說詆訕思孟學派，〈儒效〉云：

略法先王而足亂世術，繆學雜舉，不知法後王而一制度，不知隆禮義而殺《詩》《書》；其衣冠行偽已同於世俗矣。[53]

---

50 荊門市博物館：《郭店楚墓竹簡》（北京：文物出版社，1998 年），頁 149。

51 龐樸：《帛書五行篇研究》（濟南：齊魯書社，1988 年），頁 136。

52 黃俊傑：《孟學思想史論（卷二）》（台北：中央研究院中國文哲研究所，2006 年），頁 110。

53 王先謙撰，沈嘯寰、王星賢點校：《荀子集解》，頁 164。

荀門弟子此章襲取〈非十二子〉師説，痛詆孟軻。金德建（1909–1996）云：

> 這句「繆學雜舉」，要言不煩地指出了孟軻著書特點，確實存在如此駁雜狀況。[54]

王天海以為「繆學」，即「荒謬之學説」；「雜舉」，即「雜用」。[55] 可見荀門弟子於〈儒效〉詆訕孟軻，用辭辛辣，更甚於其師，因以為思孟「其衣冠行偽已同於世俗」，較之荀卿〈非十二子〉所謂：「子思唱之，孟軻和之，世俗之溝猶瞀儒，嚾嚾然不知其所非也。」更為苛刻。惟細考〈儒效〉一篇，其實亦有借用《孟子》言辭者。

（一）引《孟子・梁惠王上》

《孟子・梁惠王上》云：

> 地方百里而可以王。王如施仁政於民，省刑罰，薄稅斂，深耕易耨，壯者以暇日，修其孝弟忠信，入以事其父兄，出以事其長上，可使制梃以撻秦、楚之堅甲利兵矣。[56]

趙岐註云：

> 言古聖人以百里之地，以致王天下，謂文王也。〔……〕王如行此政，可使國人作杖以捶敵國堅甲利兵。[57]

由此可見，孟子以為帝王雖僅有百里之地，倘能施行仁政，亦足以王天下，並可令國民制梃以捶撻敵國之堅甲利兵，所以能

54　金德建：《先秦諸子雜考》（鄭州：中州書畫社，1982 年），頁 180。

55　荀況著，王天海校釋：《荀子校釋》，頁 317。

56　焦循撰，沈文倬點校：《孟子正義》，頁 66。

57　同前註。

以梃服強者，全在行仁政而已。今考孟軻百里之地亦足王天下之論，又見《荀子》。《荀子・王霸》云：「百里之地，可以取天下，是不虛，其難者在人主之知之也。」[58] 王天海《荀子校釋》云：「『是不虛』，此非虛言也。」[59] 荀卿引述「百里之地可以取天下」一說，其源或即出於《孟子》，而荀卿以為其言不虛，明言認同孟子論說。[60] 因之，《荀子・富國》又云：「君人者亦可以覺矣。百里之國足以獨立矣。」[61] 楊倞註謂：「有道則雖小足以獨立也。」[62] 其實皆本《孟子》為說。今考荀門弟子撰作〈儒效〉，亦云：

> 用百里之地而千里之國莫能與之爭勝，笞捶暴國，齊一天下，而莫能傾也。[63]

顯然亦以為百里之地可以王天下，與《孟子》同；其謂「笞捶暴國」者，猶如《孟子》所言「撻秦、楚」也。由此可見，荀門弟子立論及其表述方法，亦曾參諸《孟子》。

（二）引《孟子・公孫丑上》

《孟子・公孫丑上》云：「行一不義，殺一不辜，而得天下，皆不為也。」[64] 今考《荀子・儒效》云：「行一不義、殺一無罪而

---

58 王先謙撰，沈嘯寰、王星賢點校：《荀子集解》，頁 254。

59 荀況著，王天海校釋：《荀子校釋》，頁 498。

60 《論語・泰伯》説曾子曰：「可以託六尺之孤，可以寄百里之命，臨大節而不可奪也：君子人與？君子人也。」（程樹德撰，程俊英、蔣見元點校：《論語集釋》（北京：中華書局，2014 年），頁 678。）旨意雖與《孟》《荀》不同，惟以「百里」表示國君則一，亦孔門固有論説，孟、荀或亦同本於此。

61 王先謙撰，沈嘯寰、王星賢點校：《荀子集解》，頁 231。

62 同前註。

63 同前註，頁 163。

64 焦循撰，沈文倬點校：《孟子正義》，頁 216。

得天下，不為也。」[65] 按此語又見〈王霸〉。〈王霸〉云：「行一不義、殺一無罪而得天下，仁者不為也。」[66]《荀子》兩篇義理、用語均與《孟子》相同，蓋取諸《孟子》者也；當中〈儒效〉乃出荀門弟子，則荀門弟子在撰作篇章時，亦曾採錄《孟子》文辭。

(三) 引《孟子・梁惠王上》

《孟子・梁惠王上》云：

> 老吾老，以及人之老；幼吾幼，以及人之幼。天下可運於掌。[67]

趙岐註云：「天下可轉之掌上，言其易也。」[68] 焦循疏云：「《廣雅・釋詁》云：『運，轉也。』故以轉解運。」[69] 又〈公孫丑上〉曰：

> 武丁朝諸侯，有天下，猶運之掌也。[70]〔……〕
> 以不忍人之心，行不忍人之政，治天下可運之掌上。[71]

趙岐註又云：「運之掌，言易也。」[72] 可見運天下於掌上乃孟子習用譬喻，以言其事之易也。今考荀門弟子撰作〈儒效〉，亦云：

---

65 王先謙撰，沈嘯寰、王星賢點校：《荀子集解》，頁 142。

66 同前註，頁 240。

67 焦循撰，沈文倬點校：《孟子正義》，頁 86。

68 同前註。

69 同前註。

70 同前註，頁 177。

71 同前註，頁 232。

72 同前註，頁 177。

俄而原仁義，分是非，圖回天下於掌上而辯白黑，豈不愚而知矣哉！[73]

楊倞註云：「圖，謀也。回，轉也。言圖謀運轉天下之事如在掌上也。」[74] 又俞樾云：

「圖」者，「圓」之誤字。〔……〕圓回，猶圓轉也。《淮南・原道篇》曰「圓者常轉」，是其義也。圓回天下於掌上，言天下之大，可圓轉於掌上也。[75]

可見《荀子・儒效》原作「圓回天下於掌上」，荀門弟子取譬設喻，皆據《孟子》為說。

四、〈彊國〉引用《孟子》文辭考

《孟子・萬章上》云：

湯三使往聘之。既而幡然改曰：「與我處畎畝之中，由是以樂堯舜之道，吾豈若使是君為堯舜之君哉？」[76]

趙岐註云：

幡，反也。三聘既至，而後幡然改本之計，欲就湯聘，以行其道，使君為堯舜之君，使民為堯舜之民。[77]

趙岐訓「幡」為反，以狀改易之意，言之未詳。今考「幡然」一詞，

---

73 王先謙撰，沈嘯寰、王星賢點校：《荀子集解》，頁 149。

74 同前註。

75 俞樾：《諸子平議》，頁 243。

76 焦循撰，沈文倬點校：《孟子正義》，頁 177。

77 同前註。

除《孟子》外，先秦兩漢文獻僅見《荀子》。〈大略〉云：「君子之學如蛻，幡然遷之。」[78] 楊倞註云：「如蟬蛻也。幡與翻同。」[79] 王天海亦云：「此喻君子之學，如同蛇、蟬之蛻皮，翻然而變之。」[80] 可見荀卿所謂「幡然遷之」者，謂翻然變遷之義，猶如《孟子》所謂「幡然改本」也，兩文用例相同。梁啟超以《荀子・大略》為荀卿弟子所記，[81] 廖名春亦謂〈大略〉為「荀子弟子所記錄的荀子言行」，[82] 則荀門弟子亦多襲取《孟子》用詞為說。「幡然」又作「反然」，荀門弟子所撰〈彊國〉亦云：

> 俄而天下倜然舉去桀、紂而犇湯、武，反然舉疾惡桀、紂而貴帝湯、武，是何也？[83]

楊倞註云：「反音翻。翻然，改變貌。」[84] 用例亦同〈大略〉。依據以上例證，可見荀門弟子確曾採襲《孟子》文詞義理者，例證甚多，不一而足。

五、〈法行〉引用《孟子》文辭考

梁啟超《要籍解題及其讀法》嘗言：

> 〈大略〉以下六篇，楊倞已指為荀卿弟子所記卿語及雜錄傳記，然則非全書悉出卿手蓋甚明。[85]

78　王先謙撰，沈嘯寰、王星賢點校：《荀子集解》，頁 596。

79　同前註。

80　荀況著，王天海校釋：《荀子校釋》，頁 1077。

81　梁啟超：《要籍解題及其讀法》，頁 39（總頁 8429）。

82　廖名春：《〈荀子〉新探》，頁 40。

83　王先謙撰，沈嘯寰、王星賢點校：《荀子集解》，頁 352。

84　同前註。

85　梁啟超：《要籍解題及其讀法》，頁 39（總頁 8429）。

所謂〈大略〉以下六篇者，即指〈大略〉〈宥坐〉〈子道〉〈法行〉〈哀公〉及〈堯問〉。廖名春《荀子新探》提出〈儒效〉〈議兵〉〈彊國〉〈大略〉〈仲尼〉五篇為「荀子弟子所記錄的荀子言行」，至於〈宥坐〉〈子道〉〈法行〉〈哀公〉〈堯問〉五篇則為「荀卿及弟子所引記傳雜事」。[86] 今考〈堯問〉〈儒效〉〈議兵〉〈彊國〉〈大略〉五篇，均曾取用《孟子》文辭為說，其例甚多，已詳上文。至於〈大略〉以下篇章曾經採錄《孟子》文辭者，尚見〈法行〉。

《孟子・盡心下》云：「夫予之設科也，往者不追，來者不拒。苟以是心至，斯受之而已矣。」[87] 趙岐註云：「其去者亦不追呼，來者亦不逆拒。」[88] 今考「來者不拒」四字連用，先秦兩漢文獻僅有二見，除《孟子・盡心下》外，即見《荀子・法行》。〈法行〉云：

> 南郭惠子問於子貢曰：「夫子之門，何其雜也？」子貢曰：「君子正身以俟，欲來者不距，欲去者不止。且夫良醫之門多病人，檃栝之側多枉木，是以雜也。」[89]

其謂「來者不距，去者不止」者，猶如《孟子》所謂「往者不追，來者不拒」，「距」猶「拒」也，兩文用語相同，是亦荀門弟子採錄《孟子》文辭之證。

六、〈性惡〉引述「孟子曰」不見今本《孟子》

考《荀子・性惡》亦有引述「孟子」之言，篇中稱引「孟子曰」凡四：

---

86 廖名春：《〈荀子〉新探》，頁 40。

87 焦循撰，沈文倬點校：《孟子正義》，頁 1005。

88 同前註，頁 1006。

89 王先謙撰，沈嘯寰、王星賢點校：《荀子集解》，頁 633。

(1) 孟子曰：「人之學者，其性善。」

楊倞註：孟子言人之有學，適所以成其天性之善，非矯也。與告子所論者是也。[90]

(2) 孟子曰：「今人之性善，將皆失喪其性故也。」

楊倞註：孟子言失喪本性，故惡也。[91]

(3) 孟子曰：「人之性善。」[92]

(4) 今孟子曰「人之性善」。[93]

今按〈性惡〉四引孟子之言，皆不見今本《孟子》。楊倞註以為或出孟子與告子討論性善之文，今考《孟子・告子上》確有相近文詞可供比對：

> 孟子曰：「〔……〕人性之善也，猶水之就下也。〔……〕人之可使為不善，其性亦猶是也。」[94]
>
> 告子曰：『性無善無不善也。』或曰：『性可以為善，可以為不善，〔……〕』或曰：『有性善，有性不善，〔……〕』今曰性善，然則彼皆非與？」[95]

然而，上述〈告子上〉相近文辭均與《荀子》所引不符，顯然並非荀卿引文所本。趙岐〈孟子題辭〉云：

90　同前註，頁 514。

91　同前註，頁 515。

92　同前註，頁 519。

93　同前註，頁 521。

94　焦循撰，沈文倬點校：《孟子正義》，頁 736。

95　同前註，頁 748。

又有《外書》四篇：〈性善〉〈辯文〉〈說孝經〉〈為政〉。其文不能宏深，不與內篇相似，似非孟子本真，後世依放而託之者也。[96]

趙岐既以《外書》四篇非孟子原作，因亦不為章句。焦循《正義》引翟灝（?–1788）《四書考異》云：

趙氏不為《外書》章句，嗣後傳《孟子》者，悉以章句為本，《外書》悉以廢閣致亡。[97]

《孟子外書》今已失傳，惟既知內有〈性善〉一篇，倡言性善論說，乃為「後世依放而託」者，則今傳《荀子・性惡》引述《孟子》「性善」相關論說而不見今本諸篇者，可能即出孟子《外書》之〈性善〉。東漢王充《論衡・本性》云：「孟子作〈性善〉之篇，以為『人性皆善，及其不善，物亂之也』。」[98] 可見王充亦曾及見趙岐所言孟子《外書》之〈性善〉一篇，其所引錄「及其不善，物亂之也」者，同樣不見今本《孟子》。《論衡・本性》又云：「孫卿有反孟子，作〈性惡〉之篇，以為『人性惡，其善者，偽也』。」[99] 王充引錄則見今本《荀子・性惡》，可見王充亦以為〈性惡〉確然針對《外書》之〈性善〉而發，而非以孟子人性論說為討論對象。

梁濤〈《荀子・性惡》引「孟子曰」疏證〉云：

趙岐見過的《外書四篇》王充自然也曾見過，其稱「孟子作〈性善〉之篇」，言之鑿鑿，〔……〕因外書中有〈性善〉

96 同前註，頁 15。

97 同前註。

98 黃暉：《論衡校釋（附劉盼遂集解）》，頁 158。

99 同前註，頁 163。

> 之篇，故荀子有〈性惡〉之作，荀子〈性惡〉乃針對〈性善〉而發。王充稱「孫卿有反孟子，作〈性惡〉之篇」，嚴格說來，荀子「反孟子」實際是反外書的〈性善〉篇。明乎此，圍繞〈性惡〉所引「孟子曰」的種種困擾便可迎刃而解了。[100]

由此推論，〈性惡〉既專就孟子《外書》之〈性善〉提出詰難，而所依據及引錄者實為〈性善〉一篇而已，其所針砭者不合《孟子》內篇人性論說，本屬自然，未足稱奇。惜乎《外書》之〈性善〉今已散佚不傳，學者無從推知〈性惡〉如何針對〈性善〉開展論辯。韋政通《荀子與古代哲學》謂：

> 〈性惡篇〉本針對孟子性善說而發，但細案荀子所傳述孟子意，亦盡屬誤解。

又郭沫若《十批判書・荀子的批判》亦言：

> 大抵荀子這位大師和孟子一樣，頗有些霸氣。他急於想成立一家言，故每每標新立異，而很有些地方出於勉強。他這性惡說便是有意地和孟子的性善說對立的。[101]

同樣指出《荀子・性惡》提出的性惡說，乃對立於孟子性善說而設，似均未有考慮〈性惡〉所針對者乃為《外書》之〈性善〉而非孟子性善說。

100　梁濤：〈《荀子・性惡》引「孟子曰」疏證〉，《邯鄲學院學報》2012 年第 4 期，頁 19。

101　郭沫若：《十批判書》，頁 172。

第三節

〈性惡〉非荀卿所作蠡測

依據上文討論所得，既知〈性惡〉乃就《外書》之〈性善〉而發，而依據趙岐所言，《外書》之〈性善〉乃「後世依放而託」者，則其是否為荀卿所及見，固可斟酌。按《史記・孟子荀卿列傳》、劉向〈敘錄〉皆未記荀子生卒年。《史記》謂荀卿「年五十始來游學於齊」，又謂「田駢之屬皆已死齊襄王時，而荀卿最為老師」。[102] 依劉向〈書錄〉，荀子來齊游學應在齊宣王時。劉向云：

> 方齊宣王、威王之時，聚天下賢士於稷下，尊寵之。〔……〕是時，孫卿有秀才，年五十，始來游學。[103]

如果荀子於齊宣王時來齊（約 321 B.C.–319 B.C.），其時五十歲；又《史記》謂「春申君死而荀卿廢，因家蘭陵」。[104] 考春申君被殺，其事在楚考烈王二十五年（236 B.C.），則荀子當時已 134 歲。《史記》又謂：

> 李斯嘗為弟子，已而相秦。荀卿嫉濁世之政，亡國亂君相屬，不遂大道而營於巫祝，信禨祥，鄙儒小拘，如莊周等又猾稽亂俗，於是推儒、墨、道德之行事興壞，序列著數萬言而卒。因葬蘭陵。[105]

102 司馬遷撰，裴駰集解，司馬貞索隱，張守節正義：《史記》，頁 2852。

103 王先謙撰，沈嘯寰、王星賢點校：《荀子集解》，頁 656。

104 司馬遷撰，裴駰集解，司馬貞索隱，張守節正義：《史記》，頁 2852。

105 同前註。

則李斯亦為荀卿弟子，而荀卿及見李斯為相，考《史記・秦始皇本紀》及〈李斯傳〉，李斯於秦始皇三十四年（213 B.C.）已為丞相，則荀卿死時已 157 歲。近世學者就荀卿生平資料互相辯難，或則就荀卿往來齊、楚、秦、燕之時序提出論議，或則就荀卿之壽考反覆論證，眾說紛紜。游國恩（1899–1978）〈荀卿考〉所列「荀子年表」，即以荀卿生於周赧王元年（314 B.C.），又改易《史記・荀卿列傳》「年五十始來游學於齊」為「年十五始來游學於齊」。[106]《顏氏家訓・勉學》云：

> 荀卿五十，始來遊學，猶為碩儒；公孫弘四十餘，方讀《春秋》，以此遂登丞相；〔……〕此並早迷而晚寤也。[107]

顯見顏之推（531–?）所據《史記》亦作「五十」，方有此「早迷而晚寤」之論。胡適《中國古代哲學史》亦謂「這個『始』字含有來遲了的意思。若是『年十五』，決不必用『始』字」。[108] 由此可見，游國恩所論仍可商榷。另錢穆（1895–1990）《先秦諸子繫年》亦嘗試提出辯詰，明確提出荀子生年該為西元前 340 年，卒年為西元前 245 年以前。[109] 孟、荀年代相近，劉向〈敘錄〉謂：「孫卿後孟子百餘年。」[110] 徐復觀《中國人性論史》更謂：「荀子與孟子，大約相去三、四十年。」[111] 若然，則《孟子》成書以後，後世再依

106 游國恩：〈荀子考〉，《游國恩學術論文集》（北京：中華書局，1989 年），頁 300。

107 王利器：《顏氏家訓集解》，頁 208。

108 胡適：《中國古代哲學史》（上海：上海古籍出版社，2014 年），頁 207。

109 參見錢穆：《先秦諸子繫年》（北京：商務印書館，2017 年），頁 386；錢穆：〈荀卿攷〉，載顧頡剛編著：《古史辨》第 4 冊（上海：上海古籍出版社，1982 年），頁 115。

110 王先謙撰，沈嘯寰、王星賢點校：《荀子集解》，頁 657。

111 徐復觀：《中國人性論史・先秦篇》，頁 215。

仿而作之《外書》之〈性善〉，或非荀卿所能及見。〈性惡〉之作，當為荀卿後學綜合師說，藉以與孟子後學辯詰者也。〈性惡〉既出自荀門後學而非荀卿親作，其所論或有含混未清之處，於孟子人性論說之理解亦未必皆是，因而所論不無商榷餘地。張西堂〈《荀子・勸學篇》冤詞〉云：

> 《荀子・性惡篇》是有人以為不是荀子所作，而且講荀子的往往講成荀子主張性善，講孟子的往往又講得與《荀子・性惡》相去不遠。[112]

此外，何艾克 (Eric L. Hutton) 撰文〈荀子有一致的人性論嗎？〉("Does Xunzi Have a Consistent Theory of Human Nature?")，[113] 以為荀子論說其實重在強調人性自然天生，並非僅以一己利益為依歸，因與孟子論說並非全然相違。[114] 另外羅丹 (Dan Robins) 同樣質疑〈性惡〉並非出自荀卿手筆，部分段落或經荀門後學改

112 張西堂：〈《荀子・勸學篇》冤詞〉，頁 152。

113 文章中文名稱據論文集中譯本引用。參見克萊恩、艾文賀編，陳光連譯：《荀子思想中的德性、人性與道德本體》（南京：東南大學出版社，2016 年），頁 199。

114 Eric L. Hutton said, "Xunzi seems to allow that people's inborn tendencies need not all be narrowly self-centered, but that people may also naturally have certain feelings of love and concern for others. To my mind at least, it is important to recognize these features of Xunzi's view, because they make his conception of human nature seem a more plausible one. [……] These points, I suggest, push us to revise our understanding of Xunzi's claim that human nature is bad, by making us consider that it rests as much on a theory of virtue as it does on a theory of psychology, and that the disagreement between Xunzi and Mencius must be analyzed in terms of both of these elements." Eric L. Hutton, "Does Xunzi Have a Consistent Theory of Human Nature?" in T. C. Kline III and Philip J. Ivanhoe, eds., *Virtue, Nature, and Moral Agency in the Xunzi* (Indianapolis: Hackett Publishing Company, 2000), pp. 232.

易。[115] 可見前輩學者早有懷疑〈性惡〉並非出自荀卿手筆，荀子所言人性天生，其實與孟子相去未遠。筆者嘗試提出下列新證，進一步說明〈性惡〉並非荀子親作。

欲論荀卿人性論說，請先言其與告子之別。告子與孟子爭論人性善惡，詳見《孟子・告子上》。告子曰：「生之謂性。」[116] 又曰：「食色，性也。」[117] 告子所謂「生之謂性」，專就慾念立論，意指慾望生而有之，皆為人之本性。生而有之之慾望，其最顯著者則為食與色，故告子謂「食色，性也」。食與色本身不可稱之為善，亦不可稱之為惡。〈告子上〉記述公都子引述告子之言曰：

> 告子曰：「性無善無不善也。」或曰：「性可以為善，可以為不善，是故文武興則民好善，幽厲興則民好暴。」或曰：「有性善，有性不善，是故以堯為君而有象，以瞽瞍為父而有舜，以紂為兄之子且以為君而有微子啟、王子比干。」[118]

告子提出「性無善無不善」「性可以為善，可以為不善」，並無必然。因此之故，告子設喻云：

---

115 Dan Robins said, "Whoever did this presumably had some sort of authority over Xunzi's writings, for otherwise changes he made to his copy of those writings are unlikely to have made their way into the transmitted texts. Xunzi himself would have had this sort of authority, but perhaps some of his followers did as well (at least after Xunzi died)." Dan Robins, "The Development of Xunzi's Theory of *Xing*, Reconstructed on the Basis of a Textual Analysis of *Xunzi* 23, 'Xing E' 性惡 (*Xing* is Bad)," *Early China* 26–27 (2001–02): 127.

116 焦循撰，沈文倬點校：《孟子正義》，頁 737。

117 同前註，頁 743。

118 同前註，頁 748。

性猶湍水也，決諸東方則東流，決諸西方則西流，人性之無分於善不善也，猶水之無分於東西也。[119]

荀子亦以為「生之謂性」，與告子論說相同。有關今本《荀子》篇章，孰為荀卿親作，孰為荀卿弟子總結師說而成，學者意見不一；其中〈正名〉一篇，學者並無異議，咸以為必出於荀卿親作。〈正名〉云：「生之所以然者謂之性。」[120] 荀子論「生之謂性」，其理論體系顯然遠較告子周密。告子以為「生之謂性」，闡明人之本性乃天生使然。至於性之本質，告子言之未詳，僅指出性與慾念相關，並舉「食、色」為例。荀卿則詳論之，〈正名〉續云：

性之和所生，精合感應，不事而自然謂之性。性之好、惡、喜、怒、哀、樂謂之情。情然而心為之擇謂之慮。心慮而能為之動謂之偽。[121]

荀子在告子理論體系之上，嘗試整理「性」「情」「欲」三者之關係，以為今人之性，生而有「好、惡、喜、怒、哀、樂」，即所謂「情」；而情則緣於感官對外物所起之反應，即所謂「欲」。由此觀之，就「生之謂性」之理論體系而言，荀卿較告子周密完備。另告子謂「食色，性也」，僅舉食、色二端為例以見人之慾念；荀卿則明確指出人之慾念，其始在於感官之慾，亦較告子更為清晰。告子以外，與荀卿人性論說相關者，尚有宋鈃。《荀子・正論》云：

119 同前註，頁 735。

120 王先謙撰，沈嘯寰、王星賢點校：《荀子集解》，頁 487。

121 同前註。

> 子宋子曰：「人之情，欲寡，[122] 而皆以己之情為欲多，[123] 是過也。」故率其群徒，辨其談說，明其譬稱，將使人知情(欲之)〔之欲〕[124] 寡也。應之曰：然則亦以人之情為欲。[125] 目不欲綦色，耳不欲綦聲，口不欲綦味，鼻不欲綦臭，形不欲綦佚。此五綦者，亦以人之情為不欲乎？」曰：「人之情欲是已。」曰：若是，則說必不行矣。以人之情為欲此五綦者而不欲多，譬之是猶以人之情為欲富貴而不欲貨也，好美而惡西施也。古之人為之不然。以人之情為欲多而不欲寡，故賞以富厚而罰以殺損也，是百王之所同也。[126]

荀子據子宋子之言，說明人皆有其慾念。荀子以為宋子務求說服他人以為情之欲寡而不欲多，此實於理不合。為政者乃用賞罰以制人之多慾，所謂「賞以富厚而罰以殺損」。人之有慾，此本天性使然，不可改易。人之多慾，乃致爭奪，荀卿以為此皆緣於人之不知足。《荀子・榮辱》云：

> 人之情，食欲有芻豢，衣欲有文繡，行欲有輿馬，又欲夫餘財蓄積之富也，然而窮年累世不知（不）足，是人之情也。

---

122 王念孫云：「『人之情』三字連讀，『欲寡』二字連讀，非以『情欲』二字連讀。」王念孫：《讀書雜志》，志八補，頁 9a（總頁 754）。

123 王念孫云：「『己之情』三字連讀，『欲多』二字連讀。謂人皆以己之情為欲多不欲寡也。」王念孫：《讀書雜志》，志八補，頁 9a（總頁 754）。

124 楊倞註云：「『情欲之寡』，或為『情之欲寡』也。」王念孫云：「或本是也。此謂宋子將使人知情之欲寡不欲多也。下文云『古之人以人之情為欲多而不欲寡』，『今子宋子以人之情為欲寡而不欲多也』，是其證。」王先謙撰，沈嘯寰、王星賢點校：《荀子集解》，頁 407；王念孫：《讀書雜志》，志八補，頁 9b（總頁 754）。

125 盧文弨云：「此『欲』字衍，句當連下。」荀況撰，楊倞註，盧文弨、謝墉校：《荀子（附校勘補遺）》，頁 379。

126 王先謙撰，沈嘯寰、王星賢點校：《荀子集解》，頁 406。

荀子以為人之多慾，又復不知足，其漸必至於爭奪，而陷於亂窮。〈禮論〉云：

> 人生而有欲，欲而不得，則不能無求；求而無度量分界，則不能不爭；爭則亂，亂則窮。

荀子謂「爭則亂，亂則窮」，乃就行為結果立論。易言之，荀子論說之核心意義，並非以為性情之本質為惡，而重在表明順從性情而作出之行為，其結果將致「亂窮」。荀卿依據人順性而為乃致亂窮之現象，推本溯源，以為人之性情，乃亂窮之所由來，卻從不以為人之本性為惡。以上援引《荀子》多篇原文以見荀卿人性論說之確義，所選用之書證分見〈正名〉〈正論〉〈榮辱〉〈禮論〉，廖名春以為皆屬荀卿在稷下之作，並無可疑。[127]

依據上文所論，可見荀卿人性論說，其實不能以「性惡」二字簡單概括，因而以「性惡」二字概括荀卿人性論說者，當非荀卿本人。今考「性惡」一詞於《荀子》全書出現合共二十次，悉在〈性惡〉，而從不見於《荀子》其他篇章，其中「人之性惡明矣，其善者偽也」二句合共出現九次，其餘十一次依次為：

(1) 人之性惡，其善者偽也。[128]

(2) 今人之性惡，必將待師法然後正，得禮義然後治。[129]

(3) 古者聖王以人之性惡，以為偏險而不正，悖亂而不治。[130]

---

127 廖名春：《〈荀子〉新探》，頁 62。

128 王先謙撰，沈嘯寰、王星賢點校：《荀子集解》，頁 513。

129 同前註，頁 514。

130 同前註。

(4) 人之性惡，則禮義惡生？[131]

(5) 凡人之欲為善者，為性惡也。[132]

(6) 人之欲為善者，為性惡也。[133]

(7) 今不然，人之性惡。[134]

(8) 故古者聖人以人之性惡，以為偏險而不正，悖亂而不治。[135]

(9) 故性善則去聖王、息禮義矣；性惡則與聖王、貴禮義矣。[136]

(10) 立君上，明禮義，為性惡也。[137]

(11) 今人之性惡，必將待聖王之治、禮義之化。[138]

倘「性惡」確為荀卿人性論說之核心思想，「性惡」一詞理當散見於《荀子》不同篇章，有似於「性善」一詞分見今本《孟子》之〈滕文公上〉〈告子上〉，以及《孟子外書》之〈性善〉；又或墨子倡言兼愛，「兼愛」一詞亦散見於今本《墨子》之〈天志下〉〈大取〉〈耕柱〉〈魯問〉〈兼愛〉。今既知「性惡」僅見《荀子・性惡》而不見《荀子》其他篇章，用此推知，〈性惡〉本非出於荀卿手筆，而為荀卿後學總結荀子學說以與孟子後學所撰〈性善〉詰難之用。

131 同前註，頁 516。

132 同前註，頁 519。

133 同前註。

134 同前註。

135 同前註，頁 520。

136 同前註，頁 521。

137 同前註。

138 同前註。

〈性惡〉既為荀門後學總結之言，其中屢見重複引錄概括荀卿他篇論說例證，而其中不無誤解者，上文曾言，《荀子・榮辱》云：

> 目辨白黑美惡，耳辨音聲清濁，口辨酸鹹甘苦，鼻辨芬芳腥臊，骨體膚理辨寒暑疾養，是又人之所（常）[139] 生而有也，是無待而然者也，是禹、桀之所同也。

荀子以為「目」「耳」「口」「鼻」「骨體膚理」皆能辨別不同之感覺，此人天生自然而得之感官能力，亦即「生之所以然」之天性。既然天生人而使其感官可以辨別美惡，則人自當好美而疾惡。《荀子・性惡》云：

> 若夫目好色，耳好聲，口好味，心好利，骨體膚理好愉佚，是皆生於人之情性者也，感而自然，不待事而後生之者也。

〈性惡〉所舉「目好色」「耳好聲」「口好味」「骨體膚理好愉佚」，並皆感官之欲，而為人性天生自然而得好惡之情。然而〈性惡〉此文又提出「心好利」，以與感官目、耳、口、骨體膚理之欲並舉，則可商榷。依據《荀子・天論》，感官皆屬「天官」，與位居「天君」之「心」截然不同，「心」之官可以思考，主管擇、慮等判斷功能，不宜與目、耳、口、鼻等感官相提並論。

荀卿論證，最重科學論辯精神，後世以為先秦諸子中具備科學精神之唯物主義代表，多所稱重。馮友蘭（1895－1990）《中國哲學史新編》云：

139 王先謙云：「『常』字，以文義求之不當有。上下文『所生而有』句竝無『常』字，此『常』字緣上下文而衍。」王先謙撰，沈嘯寰、王星賢點校：《荀子集解》，頁 74。

> 荀況把天人之分提到哲學的高度。〔……〕承認自然、物質世界是獨立於人的主觀意識而存在的，也就是說，自然、物質和客觀世界是第一位的，社會、精神和主觀世界是第二位的。荀況的「明於天人之分」這句話就把唯物主義哲學的一個最主要的命題明確地樹立起來。〔……〕他比較正確地處理了天人關係的問題。這是荀況在哲學史上的一個最大的貢獻。荀況的〈天論篇〉，是戰國時代生產技術和科學知識發展的產物。[140]

荀子既強調唯物主義，並重視客觀現實與科學精神，因而倡言明辨之方，其〈解蔽〉云：

> 為之無益於成也，求之無益於得也，憂戚之無益於幾也，則廣焉能弃之矣。不以自妨也，不少頃干之胷中。不慕往，不閔來，無邑憐之心，當時則動，物至而應，事起而辨，治亂可否，昭然明矣。[141]

吳復生《荀子思想新探》分析其中文義云：

> 明辨之方在於揚棄主觀之「廣焉能棄」，而禁惑之道，則在於證驗辯言之「驗其所以」。〔……〕謂凡無益於成事的作為，無益於獲得的尋求，無益於危急的憂傷，都必須遠為揚棄，因為那都是來自直覺的衝動，主觀的產物，必須以更客觀的視野徹底加以揚棄，不讓它片刻停留於胸中，使客觀的思辨，不因庸人自擾而滯礙。更無須歆慕往昔而作臨淵羨

140 馮友蘭：《中國哲學史新編》（北京：人民出版社，1984 年），第 2 冊，頁 369、375。

141 王先謙撰，沈嘯寰、王星賢點校：《荀子集解》，頁 483。

> 魚的玄思，也不必為不可知的將來而憂慮，讓你的心沒有絲毫感情因素的干擾，而作理性的判斷。[142]

可見荀卿最重明辨之方，講求理性判斷。然而，學者於〈性惡〉卻屢見詭辯之詞，徐復觀云：

> 荀子對性惡所舉出的論證，沒有一個是能完全站得住腳的。若以善可與性相離，故謂其非性；則荀子之所謂性惡，並不同於若干基督教徒之所謂原罪，惡也一樣可以與性相離。否則荀子既根本否定了形上的力量，則他所主張的「化性而起偽」，便沒有可能。他以求善來證明人性之本來是惡，但何嘗不可以求善證明人性之本來是善？善惡的本身都是沒有止境的，人不因其性惡而便不繼續為惡，則豈有因性已經是善，便不再求為善之理？因此，我們可以看出荀子性惡的主張，並非出於嚴密地論證。[143]

此既與《荀子》其他篇章諸如〈正名〉〈解蔽〉〈天論〉等所展現之博洽精微，不啻天壤之別，亦與《荀子》全書所言人性論說不盡吻合，甚至屢見以偏概全之弊。徐復觀《中國人性論史》云：

> 荀子對性的內容的規定，如前所說，有官能的慾望，與官能的能力兩方面；而他的性惡的主張，只是從官能慾望這一方面立論，並未涉及官能的能力那一方面。[144]

徐說良是，〈性惡〉一篇立論以偏概全，難以服人。究其原因，實因〈性惡〉並非荀卿親作故也。

---

142 吳復生：《荀子思想新探》，頁 463。

143 徐復觀：《中國人性論史・先秦篇》，頁 216。

144 同前註，頁 215。

再者，誠如上文所論，〈性惡〉前後九次以「人之性惡明矣，其善者偽也」作為段末結語，此種精心設定之規範式行文表述體例，從未見於《荀子》其他篇章，而僅見於〈性惡〉，亦可證明此篇撰作體式有別，而未可與《荀子》他篇並置討論。至於「人之性惡明矣，其善者偽也」九見〈性惡〉，以為推論之結語，其實亦多有可疑。羅丹（Dan Robins）以為〈性惡〉九段以「人之性惡明矣，其善者偽也」作結者，並非均與所屬段落文意緊密關連，因而對推論段旨並無明顯作用，實出後人竄改（interpolation），而未可作為〈性惡〉分段準則。[145]

至於〈性惡〉全篇論旨不一，亦可深思。廖名春雖以〈性惡〉出自荀卿親撰，卻又不得不承認其中論說不無矛盾：

> 〈性惡〉篇的結尾一段荀子還承認人「有性質美而心辯知」。「心辯知」亦即「可以知仁義法正之質」，「性質美」無論怎樣理解也是荀子對人「性」所作出的判斷，無論怎樣也不能將它列入「性惡」之中。[146]

可見〈性惡〉一篇立論前後不一，旨意相違，大抵亦荀門後學持論不定而有所偏差故也。倘〈性惡〉出自荀卿親撰，以其嚴謹明辨之論證風格，當不致犯駁如此。

---

145 Dan Robins said, "The refrain [i.e., 人之性惡明矣，其善者偽也] does not cohere well with the arguments it supposedly concludes. [......] The refrain divides the 'Xing e' core into nine paragraphs, each of which concludes with an occurrence of the refrain. For the time being, I assume that these are the basic units into which we should divide the core text; only after having concluded that the refrain is an interpolation do I defend my own sectioning." Dan Robins, "The Development of Xunzi's Theory of *Xing*, Reconstructed on the Basis of a Textual Analysis of *Xunzi* 23, 'Xing E' 性惡 (*Xing* is Bad)," pp. 114.

146 廖名春：《〈荀子〉新探》，頁 77。

| 附錄 |

專篇重合文辭彙編

本節收錄《荀子》之〈儒效〉〈王霸〉〈議兵〉〈彊國〉〈性惡〉五篇內容，[1]以下劃線形式標示篇中重合文辭資料，並以腳註形式略加說明。

一、《荀子・儒效》

大儒之效：武王崩，成王幼，周公屏成王而及武王以屬天下，惡天下之倍周也。履天子之籍，聽天下之斷，偃然如固有之，而天下不稱貪焉；殺管叔，虛殷國，而天下不稱戾焉；兼制天下，立七十一國，姬姓獨居五十三人，[2]而天下不稱偏焉。教誨開導成王，使諭於道，而能揜迹於文、武。周公歸周，反籍於成王，而天下不輟事周，然而周公北面而朝之。天子也者，不可以少當也，不可以假攝為也。能則天下歸之，不能則天下去之，[3]是以周公屏成王而及武王以屬天下，惡天下之離周也。成王冠，成人，周公歸周反籍焉，明

1 《荀子》之〈儒效〉〈王霸〉〈議兵〉〈彊國〉〈性惡〉五篇原文皆據王先謙《荀子集解》，少數學者校改意見隨註列明出處。為行文方便，以下引用《荀子》原文及楊倞註只括註頁碼，原文參見王先謙撰，沈嘯寰、王星賢點校：《荀子集解》（北京：中華書局，2013 年）。

2 重合文辭見《荀子・君道》。〈君道〉云：「於是乎貴道果立，貴名果明，兼制天下，立七十一國，姬姓獨居五十三人，周之子孫苟不狂惑者，莫不為天下之顯諸侯，如是者，能愛人也。」（頁 287）

3 重合文辭見《荀子・正論》及〈王霸〉。〈正論〉云：「湯、武非取天下也，修其道，行其義，興天下之同利，除天下之同害，而天下歸之也。桀、紂非去天下也，反禹、湯之德，亂禮義之分，禽獸之行，積其凶，全其惡，而天下去之也。天下歸之之謂王，天下去之之謂亡。」（頁 382）按〈正論〉以湯、武為「天下歸之」，桀、紂則為「天下去之」，論述最為詳盡。〈王霸〉只舉湯、武為例，其文云：「三得者具而天下歸之，三德者亡而天下去之；天下歸之之謂王，天下去之之謂亡。湯、武者，循其道，行其義，興天下同利，除天下同害，天下歸之。」（頁 266）參見本書第二章「《荀子》互見重合文辭疏證」第二節第十八條。

不滅主之義也。周公無天下矣，鄉有天下，今無天下，非擅也；成王鄉無天下，今有天下，非奪也：變埶次序節然也。故以枝代主而非越也，以弟誅兄而非暴也，君臣易位而非不順也。因天下之和，遂文、武之業，明枝主之義，抑亦變化矣，天下厭然猶一也。非聖人莫之能為，夫是之謂大儒之效。

秦昭王問孫卿子曰：「儒無益於人之國？」孫卿子曰：「儒者法先王，隆禮義，謹乎臣子而致貴其上者也。人主用之，則埶在本朝而宜；不用，則退編百姓而愨，必為順下矣。雖窮困凍餧，必不以邪道為貪；無置錐之地而明於持社稷之大義；嗚呼而莫之能應，然而通乎財萬物、養百姓之經紀。埶在人上則王公之材也，在人下則<u>社稷之臣、國君之寶</u>也。[4] 雖隱於窮閻漏屋，人莫不貴（之），〔貴〕道誠存也。[5] 仲尼將為魯司寇，沈猶氏不敢朝飲其羊，公慎氏出其妻，慎潰氏踰境而徙，魯之粥牛馬者不豫賈，必蚤正以待之也。居於闕黨，闕黨之子弟罔不分，有親者取多，孝弟以化之也。儒者在本朝則美政，在下位則美俗，儒之為人下如是矣。」王曰：「然則其為人上何如？」孫卿曰：「其為人上也廣大矣：志意定乎內，禮節修乎朝，法則度量正乎官，忠信愛利

4 「社稷之臣」「國君之寶」二詞又見《荀子・臣道》。〈臣道〉云：「故諫、爭、輔、拂之人，社稷之臣也，國君之寶也，明君之所尊所厚也，而闇主惑君以為己賊也。」（頁 295）此言能諫諍輔弼之人，是維護國家社稷的臣子，也是君主的寶物，明君應該尊重厚待他們。〈儒效〉云「在人下則社稷之臣、國君之寶也」，即以儒者為〈臣道〉所言能諫諍輔弼君主之人，反駁秦昭王無益之説。參見本書第二章「《荀子》互見重合文辭疏證」第一節第二十一條。

5 王先謙云：「《群書治要》作『人莫不貴，貴道誠存也』，言人所以莫不貴此人者，其可貴之道在也，文義為長。〈修身篇〉云『雖困四夷，人莫不貴』，〈非相篇〉云『雖不説人，人莫不貴』，句法一律，俱無『之』字。此作『貴之』，不重『貴』字者，下『貴』字或作『〻』，轉寫者因誤為『之』字耳。〈君道篇〉云『夫文王欲立貴道』，又云『於是乎貴道果立』，正與此『貴道』同義。」詳見王先謙撰，沈嘯寰、王星賢點校：《荀子集解》，頁 140。

形乎下，行一不義、殺一無罪而得天下，不為也。[6] 此君義信乎人矣，通於四海，則天下應之如讙。是何也？則貴名白而天下治也。故近者歌謳而樂之，遠者竭蹶而趨之，四海之內若一家，通達之屬莫不從服，夫是之謂人師。《詩》曰：『自西自東，自南自北，無思不服。』此之謂也。[7] 夫其為人下也如彼，其為人上也如此，何謂其無益於人之國也？」昭王曰：「善。」

先王之道，仁之隆也，比中而行之。曷謂中？曰：禮義是也。道者，非天之道，非地之道，人之所以道也，君子之所道也。君子之所謂賢者，非能徧能人之所能之謂也；君子之所謂知者，非能徧知人之所知之謂也；君子之所謂辯者，非能徧辯人之所辯之謂也；君子之所謂察者，非能徧察人之所察之謂也：有所（正）〔止〕矣。[8] 相高下，視墝肥，序五種，[9] 君子不如農人；通財貨，相美惡，辨貴賤，君子不如賈

---

6 重合文辭又見《荀子・王霸》。〈王霸〉云：「行一不義，殺一無罪而得天下，仁者不為也。」（頁 240）推本溯源，實出《孟子・公孫丑上》。〈公孫丑上〉云：「行一不義，殺一不辜，而得天下，皆不為也。」焦循撰，沈文倬點校：《孟子正義》，頁 216。

7 重合文辭見《荀子》之〈王制〉〈議兵〉。〈王制〉云：「四海之內若一家，故近者不隱其能，遠者不疾其勞，無幽閒隱僻之國莫不趨使而安樂之。夫是之謂人師，是王者之法也。」（頁 190）〈議兵〉云：「故近者歌謳而樂之，遠者竭蹷而趨之，無幽閒辟陋之國莫不趨使而安樂之，四海之內若一家，通達之屬莫不從服，夫是之謂人師。《詩》曰：『自西自東，自南自北，無思不服。』此之謂也。」（頁 329）參見本書第二章「《荀子》互見重合文辭疏證」第二節第十六條。

8 楊倞註：「苟得其正，不能徧能。或曰：『正』，當為『止』。言止於禮義也。」（頁 145）王念孫云：「後說是也。〈解蔽篇〉曰：『夫學也者，固學止之也。惡乎止之？曰：止諸至足。曷謂至足？聖王也。』是其證。《群書治要》正作『有所止矣』。」王念孫：《讀書雜志》，志八之二，頁 27b（總頁 664）。

9 重合文辭見《荀子・王制》。〈王制〉云：「相高下，視肥墝，序五種，省農功，謹蓄藏，以時順修，使農夫樸力而寡能，治田之事也。」（頁 198）參見本書第二章「《荀子》互見重合文辭疏證」第二節第二十條。

人；設規矩，陳繩墨，便備用，君子不如工人；不卹是非、然不然之情，[10]以相薦撙，以相恥怍，君子不若惠施、鄧析。若夫（謫）〔譎〕德而定次，[11]量能而授官，[12]使賢不肖皆得其位，能不能皆得其官，萬物得其宜，事變得其應，[13]慎、墨不得進其談，惠施、鄧析不敢竄其察，言必當理，事必當務，是然後君子之所長也。凡事行，有益於理者立之，無益於理者廢之，夫是之謂中事。凡知說，有益於理者為之，無益於理者舍之，夫是之謂中說。事行失中謂之姦事，知說失中謂

10　王引之云：「『然不然』本作『然不』，即『然否』也。〈哀公篇〉『情性者所以理然不、取舍也』，是其證。『取舍』與『然不』對文。『是非』與『然不』亦對文，後人不知『不』為『否』之借字，故又加『然』字耳。〈性惡篇〉『不恤是非、然不然之情』，誤與此同。」（王念孫：《讀書雜志》，志八之二，頁 28a（總頁 664）。）鍾泰以為王說非，其《荀注訂補》云：「『然不然』，當時自有此語。觀《莊子・齊物論》言『然於然』『不然於不然』，可見也。《荀》書本不誤，王氏乃欲以己意改之，異矣。」（鍾泰：《荀注訂補》，頁 38。）按「然不然」見《莊子》之〈齊物論〉〈天地〉〈秋水〉及《呂氏春秋・正名》，鍾說當是。文中雖云「君子不若惠施、鄧析」，實際上卻是批評惠施、鄧析二人不察是非對錯。此文亦見《荀子・性惡》。〈性惡〉云：「輕身而重貨，恬禍而廣解，苟免，不恤是非、然不然之情，以期勝人為意，是下勇也。」（頁 529）同為貶斥之語。

11　楊倞註：「謫與商同，古字。商度其德而定位次，本或亦多作『譎』。譎與決同。謂斷決其德，故下亦有『譎德而序位』之語。」（頁 145）王念孫云：「作『譎』者是也。作『謫』者，『譎』之譌耳。『譎』『決』古字通，（〈睽〉上九王註『恢詭譎怪』，《釋文》：『譎，本亦作決。』）謂決其德之大小而定位次也。下文『譎德而序位』是其明證。又〈君道篇〉『譎德而定次』，今本作『論德』，『論』字乃後人以意改之。（〈正論篇〉『論德而定次』同。）《韓詩外傳》作『決德』，則《荀子》之本作『譎』甚明。或據〈君道篇〉改此篇之『譎德』為『論德』，非也。又〈正論篇〉『圖德而定次』，舊校云『一本作決德』，亦當以作『決』者為是。作『圖』者，蓋亦後人所改。」王念孫：《讀書雜志》，志八之二，頁 28a（總頁 664）。

12　重合文辭見《荀子》之〈君道〉〈正論〉。〈君道〉云：「論德而定次，量能而授官，皆使（其）人載其事而各得其所宜。」（頁 281）〈正論〉云：「聖王在上，（圖）〔決〕德而定次，量能而授官，皆使民載其事而各得其宜。」（頁 392）又云：「故天子生則天下一隆，致順而治，論德而定次；死則能任天下者必有之矣。」（頁 393）參見本書第二章「《荀子》互見重合文辭疏證」第三節第八條。

13　重合文辭見《荀子・富國》。〈富國〉云：「若是，則萬物得其宜，事變得其應，上得天時，下得地利，中得人和。」（頁 221）參見本書第二章「《荀子》互見重合文辭疏證」第三節第八條。

之姦道。姦事姦道，治世之所棄，而亂世之所從服也。若夫充虛之相施易也，堅白、同異之分隔也，是聰耳之所不能聽也，明目之所不能見也，辯士之所不能言也，雖有聖人之知，未能僂指也。不知無害為君子，知之無損為小人。工匠不知無害為巧，君子不知無害為治。王公好之則亂法，百姓好之則亂事。而狂惑戇陋之人，乃始率其群徒，辨其談說，明其辟稱，[14] 老身長子，不知惡也。夫是之謂上愚，曾不如相雞狗之可以為名也。《詩》曰：「為鬼為蜮，則不可得。有靦面目，視人罔極。作此好歌，以極反側。」此之謂也。

我欲賤而貴，愚而智，貧而富，可乎？曰：其唯學乎。彼學者，行之，曰士也；敦慕焉，君子也；知之，聖人也。[15] 上為聖人，下為士君子，孰禁我哉！鄉也，混然涂之人也，俄而竝乎堯、禹，豈不賤而貴矣哉！鄉也，效門室之辨，混然曾不能決也，俄而原仁義，分是非，圖回天下於掌上而辯白黑，豈不愚而知矣哉！鄉也，胥靡之人，俄而治天下之大器舉在此，豈不貧而富矣哉！今有人於此，屑然藏千溢之寶，雖行貣而食，人謂之富矣。彼寶也者，衣之不可衣也，

14 重合文辭見《荀子・正論》。〈正論〉云：「子宋子曰：『人之情，欲寡，而皆以己之情為欲多，是過也。』故率其群徒，辨其談說，明其譬稱，將使人知情欲之寡也。」（頁 406）《荀子》全書中只有〈正論〉稱宋鈃為「子宋子」。廖名春以為〈正論〉是荀子在稷下之時所作，因宋鈃為稷下學宮的大前輩，影響力很大，荀子「既尊其年輩，稱其為『子宋子』，又對其思想的錯誤堅持批判」。（廖名春：《荀子新探》，頁 62。）《荀子》之〈非十二子〉〈天論〉〈解蔽〉諸篇亦對宋鈃多有批評。〈儒效〉取「率其群徒，辨其談說，明其譬稱」三句，主語改為「狂惑戇陋之人」，又云「夫是之謂上愚」，亦隱含批評宋鈃之意。參見本書第二章「《荀子》互見重合文辭疏證」第二節第十九條。

15 重合文辭見《荀子・解蔽》。〈解蔽〉云：「嚮是而務，士也；類是而幾，君子也；知之，聖人也。」（頁 481）兩篇同樣分為士、君子、聖人三個層次，惟有聖人知之。

食之不可食也，賣之不可僂售也，然而人謂之富，何也？豈不大富之器誠在此也？是杅杅亦富人已，豈不貧而富矣哉！故君子無爵而貴，無祿而富，不言而信，不怒而威，窮處而榮，獨居而樂，豈不至尊、至富、至重、至嚴之情舉積此哉！[16] 故曰：貴名不可以比周爭也，不可以夸誕有也，不可以埶重脅也，必將誠此然後就也。爭之則失，讓之則至，遵(道)〔遁〕則積，[17] 夸誕則虛。故君子務修其內而讓之於外，務積德於身而處之以(道)〔遁〕，如是，則貴名起如日月，天下應之如雷霆。故曰：君子隱而顯，微而明，辭讓而勝。《詩》曰：「鶴鳴于九皋，聲聞于天。」此之謂也。鄙夫反是。比周而譽俞少，鄙爭而名俞辱，煩勞以求安利，其身俞危。《詩》曰：「民之無良，相怨一方。受爵不讓，至于己斯亡。」此之謂也。故能小而事大，辟之是猶力之少而任重也，舍粹折無適也。身不肖而誣賢，是猶傴身而好升高也，指其頂者愈眾。故明主譎德而序位，所以為不亂也；忠臣誠能然後敢受職，所以為不窮也。分不亂於上，能不窮於下，治辯之極也。《詩》曰：「平平左右，亦是率從。」是言上下之交不相亂也。

16　「某之情舉積此」為《荀》書常見句式，又見〈不苟〉「故君子不下室堂而海內之情舉積此者」（頁 57）、〈君道〉「危削滅亡之情舉積此矣」（頁 278）。

17　王念孫云：「『道』當為『遁』，字之誤也。『遵遁』即『逡巡』。《文選・上林賦》註引《廣雅》曰：「逡巡，卻退也。」《管子・戒篇》作『逡遁』，〈小問篇〉作『遵遁』，（與《荀子》同。）《晏子・問篇》作『逡遁』，又作『逡循』，《莊子・至樂篇》作「蹲循」，《漢書・平當傳贊》作『逡遁』，〈萬章傳〉作『逡循』，《三禮註》作『逡遁』，竝字異而義同。『遵遁』與『夸誕』對文。『遵遁則積』承上文『讓之則至』而言，『夸誕則虛』承上文『爭之則失』而言。故下文云『君子務積德於身而處之以遵遁』，（今本亦誤作『遵道』。）言以退讓自處也。若作『遵道』則與『夸誕』不對，且與上文不相應矣。」王念孫：《讀書雜志》，志八之二，頁 31a（總頁 666）。

以從俗為善，以貨財為寶，以養生為己至道，是民德也。行法至堅，不以私欲亂所聞，如是，則可謂勁士矣。行法至堅，好修正其所聞以橋飾其情性，[18] 其言多當矣而未諭也，其行多當矣而未安也，其知慮多當矣而未周密也，上則能大其所隆，下則能開道不己若者，如是，則可謂篤厚君子矣。修百王之法若辨白黑，應當世之變若數一二，行禮要節而安之若生四枝，要時立功之巧若詔四時，平正和民之善，億萬之眾而（博）〔摶〕若一人，[19] 如是，則可謂聖人矣。井井兮其有理也，嚴嚴兮其能敬己也，（分分）〔介介〕兮其有終始也，[20] 猒猒兮其能長久也，樂樂兮其執道不殆也，炤炤兮其用知之明也，修修兮其（用）統類之行也，[21] 綏綏兮其有文章也，熙熙兮其樂人之臧也，隱隱兮其恐人之不當

18 楊倞註云：「橋與矯同。」（頁 154）《荀子・性惡》云：「古者聖王以人之性惡，以為偏險而不正，悖亂而不治，是以為之起禮義，制法度，以矯飾人之情性而正之，以擾化人之情性而導之也。」（頁 514）〈儒效〉「橋飾其情性」與〈性惡〉「矯飾人之情性」同。

19 王念孫云：「『博』與『傳』，皆『摶』字之誤也。『摶』，即『專一』之『專』。億萬之眾而專若一人，即所謂和專如一也。《管子・幼官篇》曰：『摶一純固，（今本『摶』誤作『博』。）則獨行而無敵。』《呂氏春秋・決勝篇》曰：『積則勝散矣，摶則勝離矣。』《淮南・兵略篇》曰：『武王之卒三千人，皆專而一。』古書多以『摶』為『專』。」王念孫：《讀書雜志》，志八之二，頁 33a（總頁 667）。

20 王念孫云：「『分分』當為『介介』，字之誤也。（隸書『介』『分』相似，故傳寫多譌，說明《淮南・繆稱篇》。）〈脩身篇〉『善在身，介然必以自好也』，楊彼註云『介然，堅固貌』，引〈繫辭傳〉『介如石焉』。此『介介』，亦堅固貌也。固守不變，始終如一，故曰『介介兮其有終始』，若作『分分』，則義不可通。」王念孫：《讀書雜志》，志八之二，頁 34a（總頁 667）。

21 楊倞註云：「統類，綱紀也。」（頁 157）先秦古書中只見《荀子》。〈儒效〉凡 3 例，〈非十二子〉〈解蔽〉〈性惡〉各 1 例。又王引之云：「『統類』上不當有『用』字，蓋涉上句而衍。」王念孫：《讀書雜志》，志八之二，頁 35a（總頁 668）。

也（，如是，則可謂聖人矣）。[22] 此其道出乎一。曷謂一？曰：執神而固。曷謂神？曰：盡善挾治之謂神。〔曷謂固？曰：〕[23] 萬物莫足以傾之之謂固。神固之謂聖人。聖人也者，道之管也。天下之道管是矣，百王之道一是矣，故《詩》《書》《禮》《樂》之〔道〕歸是矣。[24]《詩》言是，其志也；《書》言是，其事也；《禮》言是，其行也；《樂》言是，其和也；<u>《春秋》言是，其微也</u>。[25] 故《風》之所以為不逐者，取是以節之也；《小雅》之所以為《小雅》者，取是而文之也；《大雅》之所以為《大雅》者，取是而光之也；《頌》之所以為至者，取是而通之也。天下之道畢是矣。鄉是者臧，倍是者亡。鄉是如不臧、倍是如不亡者，自古及今，未嘗有也。

客有道曰：「孔子曰：『周公其盛乎！身貴而愈恭，家富而愈儉，勝敵而愈戒。』」應之曰：「是殆非周公之行，非孔子之言也。武王崩，成王幼，周公屏成王而及武王，履天子之籍，<u>負扆而坐，諸侯趨走堂下</u>。[26] 當是時也，夫又誰為恭

---

22 王念孫以為此句涉上文「如是，則可謂聖人矣」而衍，云：「自『井井兮其有理』以下十句，楊注皆以為論大儒之德，則非論聖人明矣，此下安得又有『如是則可謂聖人矣』八字乎？」王念孫：《讀書雜志》，志八之二，頁 33b（總頁 667）。

23 王引之云：「此上當有『曷謂固曰』四字。『萬物莫足以傾之之謂固』，與『曷謂固』上下正相呼應。『曷謂固』與上文之『曷謂一』『曷謂神』皆文同一例。『曷謂神』『曷謂固』承上『執神而固』言之；下文『神固之謂聖人』又承上『曷謂神』『曷謂固』言之。今本脱去『曷謂固曰』四字，則與上下文不相應矣。」王念孫：《讀書雜志》，志八補，頁 4b（總頁 751）。

24 劉台拱云：「『歸』上脱一『道』字。」劉台拱：《荀子補注》，頁 6b。

25 五經相關內容又見《荀子・勸學》。參見本書第二章「《荀子》互見重合文辭疏證」第三節第七條。

26 重合文辭見《荀子・正論》。〈正論〉云：「天子者，〔⋯⋯〕居則設張容，負依而坐，諸侯趨走乎堂下；出戶而巫覡有事，出門而宗祀有事〔⋯⋯〕。」（頁 393）〈正論〉本為描述天子起居行動，〈儒效〉言周公代行天子事，故亦以天子之禮儀接待諸侯。

矣哉！兼制天下，立七十一國，姬姓獨居五十三人焉，周之子孫苟不狂惑者，莫不為天下之顯諸侯，[27] 孰謂周公儉哉！武王之誅紂也，行之日以兵忌，東面而迎太歲，至（氾）〔汜〕而汎，[28] 至懷而壞，至共頭而山隧。霍叔懼曰：『出三日而五災至，無乃不可乎？』周公曰：『刳比干而囚箕子，飛廉、惡來知政，夫又惡有不可焉？』遂選馬而進，朝食於戚，暮宿於百泉，（厭旦）〔旦厭〕於牧之野，[29] 鼓之而紂卒易鄉，[30] 遂乘殷人而誅紂。蓋殺者非周人，因殷人也。故無首虜之獲，無蹈難之賞，反而定三革，偃五兵，合天下，立聲樂，於是《武》《象》起而《韶》《護》廢矣。四海之內，莫不變心易慮以化順之，故外闔不閉，跨天下而無蘄。當是時也，夫又誰為戒矣哉！」

---

27 重合文辭見《荀子・君道》。〈君道〉云：「於是乎貴道果立，貴名果明，兼制天下，立七十一國，姬姓獨居五十三人，周之子孫苟不狂惑者，莫不為天下之顯諸侯，如是者，能愛人也。」（頁 287）「兼制天下，立七十一國，姬姓獨居五十三人焉」三句又見本篇首段。

28 盧文弨云：「正文『至氾』當作『至汜』。《左傳》『鄙在鄭地汜』，《釋文》音『凡』，字从『㔾』，不从『巳』，其地在成皋之間。」（荀況撰，楊倞註，盧文弨、謝墉校：《荀子（附校勘補遺）》，頁 129。）王念孫云：「汪云：『「氾」當作「汜」，音「汎」，字从「㔾」，不从「巳」，「氾、汎」「懷、壞」以音成義，注非。』（見乾隆丙申校本。）念孫案：汪說是也。然《荀子》所謂『至氾』者，究不知為今何縣也。盧用汪說而引《左傳》『鄙在鄭地氾』為證。（僖二十四年。）案：杜注云：『鄭南氾也，在襄城縣南。』則非周師所至，不得引為『至氾』之證矣。」王念孫：《讀書雜志》，志八之二，頁 35b（總頁 668）。

29 俞樾云：「楊注曰：『厭，掩也。夜掩於旦，謂未明以前也。』然未明以前謂之厭旦，於古無徵，且以文義論之，上云『朝食於戚，莫宿於百泉』，則此文『旦』下亦當有一字。今止云『厭旦於牧之野』，文義殊未足也。『厭旦』當作『旦厭』，『厭』讀為『壓』。〈彊國篇〉『如牆厭之』，注曰：『厭，讀為壓。』此文『厭』字正與彼同。『旦壓於牧之野』，與上文『朝食』『莫宿』文義一律。成十六年《左傳》：『楚晨壓晉軍而陳。』此云『旦厭』，猶彼云『晨壓』矣。」俞樾：《諸子平議》，頁 224。

30 《荀子・成相》云：「武王怒師牧野，紂卒易鄉啟乃下。武王善之，封之於宋立其祖。」（頁 542）兩篇皆言「紂卒易鄉」。

造父者，[31] 天下之善御者也，無輿馬則無所見其能。羿者，天下之善射者也，無弧矢則無所見其巧。大儒者，善調一天下者也，無百里之地則無所見其功。輿固馬選矣，而不能以至遠一日而千里，則非造父也。弓調矢直矣，而不能以射遠中微，則非羿也。用百里之地，而不能以調一天下，制強暴，則非大儒也。彼大儒者，雖隱於窮閻漏屋，無置錐之地，而王公不能與之爭名；在一大夫之位，則一君不能獨畜，一國不能獨容，成名況乎諸侯，莫不願得以為臣；[32] 用百里之地而千里之國莫能與之爭勝，笞棰暴國，齊一天下，而莫能傾也。是大儒之徵也。其言有類，其行有禮，其舉事無悔，[33] 其持險應變曲當，[34] 與時遷徙，與世

31 重合文辭見《荀子》之〈王霸〉〈君道〉。〈王霸〉云：「羿、蠭門者，善服射者也；王良、造父者，善服馭者也；聰明君子者，善服人者也。人服而勢從之，人不服而勢去之，故王者已於服人矣。故人主欲得善射，射遠中微則莫若羿、蠭門矣；欲得善馭，及速致遠，則莫若王良、造父矣；欲得調壹天下，制秦、楚，則莫若聰明君子矣。」（頁254）又〈君道〉云：「人主欲得善射，射遠中微者，縣貴爵重賞以招致之，內不可以阿子弟，外不可以隱遠人，能中是者取之，是豈不必得之之道也哉！雖聖人不能易也。欲得善馭，〔及〕速致遠者，一日而千里，縣貴爵重賞以招致之，內不可以阿子弟，外不可以隱遠人，能致是者取之，是豈不必得之之道也哉！雖聖人不能易也。欲治國馭民，調壹上下，將內以固城，外以拒難，治則制人，人不能制也，亂則危辱滅亡可立而待也。然而求卿相輔佐，則獨不若是其公也，案唯便嬖親比己者之用也，豈不過甚矣哉！」（頁285）參見本書第二章「《荀子》互見重合文辭疏證」第二節第三十一條。

32 重合文辭見《荀子・非十二子》。〈非十二子〉云：「六説者不能入也，十二子者不能親也，無置錐之地而王公不能與之爭名，在一大夫之位則一君不能獨畜，一國不能獨容，成名況乎諸侯，莫不願以為臣，是聖人之不得埶者也，仲尼、子弓是也。」（頁113）參見本書第二章「《荀子》互見重合文辭疏證」第二節第三十二條。

33 重合文辭見《荀子・性惡》。〈性惡〉云：「多言則文而類，終日議其所以，言之千舉萬變，其統類一也，是聖人之知也。〔……〕其言也謟，其行也悖，其舉事多悔，是小人之知也。」（頁526）參見本書第二章「《荀子》互見重合文辭疏證」第二節第三十二條、第三章「〈儒效〉〈性惡〉兩篇重合文辭考論」第一節第三條。

34 楊倞註云：「其持危應變，皆曲得其宜。」（頁163）按「曲當」又見《荀子・王制》。〈王制〉云：「三節者當，則其餘莫不當矣；三節者不當，則其餘雖曲當，猶將無益也。」（頁180）黎智豐以為本篇「曲當」之義應同〈王制〉，「曲當」猶「周當」「皆當」。參見黎智豐：〈《荀子》稱述「孫卿子」篇章文獻關係重探〉，頁200。

偃仰，[35] 千舉萬變，其道一也。是大儒之稽也。其窮也，俗儒笑之；其通也，英傑化之，嵬瑣逃之，[36] 邪說畏之，眾人媿之。通則一天下，窮則獨立貴名，天不能死，地不能埋，桀、跖之世不能汙，非大儒莫之能立，仲尼、子弓是也。[37] 故有俗人者，有俗儒者，有雅儒者，有大儒者。不學問，無正義，以富利為隆，是俗人者也。逢衣淺帶，解果其冠，略法先王而足亂世術，繆學雜舉，不知法後王而一制度，不知隆禮義而殺《詩》《書》；其衣冠行偽已同於世俗矣，然而不知惡（者）；[38] 其言議談說已無所以異於墨子矣，然而明不能別；呼先王以欺愚者而求衣食焉，得委積足以揜其口則揚揚如也；隨其長子，事其便辟，舉其上客，(億)〔僮〕然若終身之虜而不敢有他志，[39] 是俗儒者也。法後王，一制

---

35 「與時遷徙，與世偃仰」又見《荀子・非相》。〈非相〉云：「善者於是閒也，亦必遠舉而不繆，近（世）〔舉〕而不佣，與時遷徙，與世偃仰，緩急嬴絀，府然若（渠）〔梁〕匽檃栝之於己也，曲得所謂焉，然而不折傷。」（頁 100）參見本書第二章「《荀子》互見重合文辭疏證」第二節第三十二條。

36 「嵬瑣」又見《荀子・非十二子》。〈非十二子〉云：「假今之世，飾邪說，文姦言，以梟亂天下，矞宇嵬瑣，使天下混然不知是非治亂之所存者有人矣。」（頁 105）參見本書第二章「《荀子》互見重合文辭疏證」第一節第三條。

37 「子弓」之名在先秦古書中只見《荀子》。全書凡三見，除本篇外，又見〈非相〉〈非十二子〉，皆與孔子並言。〈非十二子〉與本篇同，亦作「仲尼、子弓是也」。（頁 114）〈非相〉則云：「蓋帝堯長，帝舜短；文王長，周公短；仲尼長，子弓短。」（頁 86）楊倞註云：「子弓，蓋仲弓也，言子者，著其為師也。《漢書・儒林傳》馯臂字子弓，江東人，受《易》者也。然馯臂傳《易》之外，更無所聞，荀卿論說，常與仲尼相配，必非馯臂也。」（頁 86）學者多從楊註，以為「子弓」即「仲弓」，然而古籍中未見孔子與仲弓相配之例，仲弓說僅屬推測。

38 王念孫云：「『然而不知惡』（烏路反。）與下『然而明不能別』對文，則『惡』下不當有『者』字。」王念孫：《讀書雜志》，志八之二，頁 36b（總頁 668）。

39 王念孫云：「『億』字蓋『僮』字之誤。《說文》：『僮，安也。從人，意聲。』（意，於力切。）《左傳》《國語》通作『億』。『億』行而『僮』廢矣。僮然，安然也。言俗儒居人國中，苟圖衣食，（見上文）安然若將終身而不敢有他志也。」王念孫：《讀書雜志》，志八之二，頁 37a（總頁 669）。

度，隆禮義而殺《詩》《書》，其言行已有大法矣，然而明不能齊法教之所不及，聞見之所未至，則知不能類也。知之曰知之，不知曰不知，[40] 內不自以誣，外不自以欺，以是尊賢畏法而不敢怠傲，是雅儒者也。法先王，統禮義，一制度，以淺持博，以古持今，以一持萬，苟仁義之類也，雖在鳥獸之中，若別白黑，倚物怪變，所未嘗聞也，所未嘗見也，卒然起一方，則舉統類而應之，[41] 無所儗㤿，張法而度之，則晻然若合符節，是大儒者也。故人主用俗人則萬乘之國亡，用俗儒則萬乘之國存，用雅儒則千乘之國安，用大儒則百里之地久，而後三年，天下為一，諸侯為臣，用萬乘之國則舉錯而定，一朝而伯。

不聞不若聞之，聞之不若見之，見之不若知之，知之不若行之，學至於行之而止矣。行之，明也。明之為聖人。聖人也者，本仁義，當是非，齊言行，不失豪釐，無他道焉，已乎行之矣。故聞之而不見，雖博必謬；見之而不知，雖識必妄；知之而不行，雖敦必困。不聞不見，則雖當，非仁也，其道百舉而百陷也。故人無師無法而知則必為盜，勇則必為賊，云能則必為亂，察則必為怪，辯則必為誕。人有師有法而知則速通，勇則速威，云能則速成，察則速盡，辯則速論。故有師法者，人之大寶也；無師法者，人之大殃也。人無師法則隆性矣，有師法則隆積矣，而師法者，所得乎（情）

40　重合文辭見《荀子・子道》。〈子道〉云：「故君子知之曰知之，不知曰不知，言之要也；能之曰能之，不能曰不能，行之至也。」（頁 629）〈子道〉言君子，〈儒效〉言雅儒。〈儒效〉稱許儒者，文中有俗儒、雅儒、大儒之分，大儒為最高標準，義同聖人，雅儒則近於君子。

41　「統類」一詞在先秦古書中只見《荀子》。〈儒效〉凡 3 例，〈非十二子〉〈解蔽〉〈性惡〉各 1 例。參見前文註 21。

〔積〕，[42]非所受乎性，〔性〕不足以獨立而治。[43]性也者，吾所不能為也，然而可化也；(情)〔積〕也者，[44]非吾所有也，然而可為也。注錯習俗，[45]所以化性也；[46]并一而不二，所以成積也。習俗移志，安久移質，并一而不二則通於神明、參於天地矣。故積土而為山，積水而為海，旦暮積謂之歲。至高謂之天，至下謂之地，宇中六指謂之極；涂之人百姓，積善而全盡謂之聖人。彼求之而後得，為之而後成，積之而後高，盡之而後聖。故聖人也者，人之所積也。[47]人積耨耕而為農夫，積斲削而為工匠，積反貨而為商賈，積禮義而為君子。工匠之子莫不繼事，而都國之民安習其服。居楚而楚，

42 楊倞註云：「或曰：『情』當為『積』。所得乎積習，非受於天性，既非天性，則不可獨立而治，必在化之也。」(頁 170) 王念孫云：「楊所稱或說改『情』為『積』者皆是也。下文皆言『積』，不言『情』，是其證。」王念孫：《讀書雜志》，志八之二，頁 40a (總頁 670)。

43 王念孫云：「『不足以獨立而治』上當更有一『性』字，言性不足以獨立而治，必待積習以化之也，故下文曰：『性也者，吾所不能為也，然而可化也。』」王念孫：《讀書雜志》，志八之二，頁 40a (總頁 670)。

44 楊倞註云：「或曰：『情』，亦當為『積』。積習與天然有殊，故曰『非吾所有』，雖非所有，然而可為之也。」(頁 170)

45 「注錯習俗」又見《荀子・榮辱》。〈榮辱〉云：「夫不知其與己無以異也，則君子注錯之當，而小人注錯之過也。故孰察小人之知能，足以知其有餘可以為君子之所為也。譬之越人安越，楚人安楚，君子安雅，是非知能材性然也，是注錯習俗之節異也。〔……〕可以為堯、禹，可以為桀、跖，可以為工匠，可以為農賈，在埶注錯習俗之所積耳。」(頁 72) 參見本書第二章「《荀子》互見重合文辭疏證」第一節第二條。

46 「性」乃生而有之，〈天論〉云「生之所以然者謂之性」(頁 487)，故〈儒效〉云「不能為也」，卻可通過人為努力變化，故有「化性」之說。「化性」亦兩見《荀子・性惡》。〈性惡〉云：「故聖人化性而起偽，偽起而生禮義，禮義生而制法度。」(頁 517) 又云：「凡所貴堯、禹、君子者，能化性，能起偽，偽起而生禮義。」(頁 522)

47 重合文辭見《荀子・性惡》。〈性惡〉云：「今使塗之人伏術為學，專心一志，思索孰察，加日縣久，積善而不息，則通於神明、參於天地矣。故聖人者，人之所積而致矣。」(頁 524)「故聖人者，人之所積而致矣」同於〈儒效〉「故聖人也者，人之所積也」。此外，〈性惡〉文辭亦與〈儒效〉「并一而不二」至「人之所積也」內容多有相合。〈性惡〉言「塗之人」，〈儒效〉則云「涂之人百姓」。〈性惡〉「專心一志」即〈儒效〉「并一而不二」。〈性惡〉云「加日縣久」，〈儒效〉則云「旦暮積謂之歲」。〈性惡〉云「積善而不息」，〈儒效〉云「積善而全盡」，「不息」與「全盡」義近。兩篇同謂「通於神明、參於天地」。參見本書第三章「〈儒效〉〈性惡〉兩篇重合文辭考論」第一節。

居越而越，居夏而夏，是非天性也，積靡使然也。[48] 故人知謹注錯，慎習俗，[49] 大積靡，則為君子矣；縱性情而不足問學，[50] 則為小人矣。為君子則常安榮矣，為小人則常危辱矣。[51] 凡人莫不欲安榮而惡危辱，故唯君子為能得其所好，小人則日徼其所惡。《詩》曰：「維此良人，弗求弗迪；維彼忍心，是顧是復。民之貪亂，寧為荼毒。」此之謂也。

人論：志不免於曲私而冀人之以己為公也，行不免於汙漫而冀人之以己為修也，其愚陋溝瞀而冀人之以己為知也，是眾人也。志忍私然後能公，行忍情性然後能修，[52] 知而好

48 〈性惡〉云：「身日進於仁義而不自知也者，靡使然也。今與不善人處，則所聞者欺誣詐偽也，所見者汙漫、淫邪、貪利之行也，身且加於刑戮而不自知者，靡使然也。」(頁 531)「靡使然也」即〈儒效〉「積靡使然也」。駱瑞鶴《荀子補正》云：「《荀子》此文之意則謂近朱者赤、近墨者黑，積久而成自然，同化而不自知也〔……〕。今以為靡謂積，謂積靡。〔……〕言積，言積靡，俱為積習之義，其文義亦與本篇此文略同。凡君子、小人以至形戮之徒，皆積靡所然，故此云靡所然也，後文亦云靡所然也，又云靡而已矣，靡皆謂積靡。」駱瑞鶴：《荀子補正》(武漢：武漢大學出版社，1997 年)，頁 167。

49 「注錯習俗」又見《荀子・榮辱》。〈榮辱〉云：「夫不知其與己無以異也，則君子注錯之當，而小人注錯之過也。故孰察小人之知能，足以知其有餘可以為君子之所為也。譬之越人安越，楚人安楚，君子安雅，是非知能材性然也，是注錯習俗之節異也。〔……〕可以為堯、禹，可以為桀、跖，可以為工匠，可以為農賈，在埶注錯習俗之所積耳。」(頁 72) 參見本書第二章「《荀子》互見重合文辭疏證」第一節第二條。

50 重合文辭見《荀子》之〈非十二子〉〈性惡〉。〈非十二子〉云：「縱情性，安恣睢，禽獸行，不足以合文通治；然而其持之有故，其言之成理，足以欺惑愚眾，是它囂、魏牟也。」(頁 107)〈性惡〉云：「縱性情、安恣睢，而違禮義者為小人。用此觀之，然則人之性惡明矣，其善者偽也。」(頁 514) 又云：「所賤於桀、跖、小人者，從其性，順其情，安恣睢，以出乎貪利爭奪。」(頁 552) 又云：「以秦人之從情性、安恣睢、慢於禮義故也。」(頁 553) 參見本書第二章「《荀子》互見重合文辭疏證」第一節第九條、第三章「〈儒效〉〈性惡〉兩篇重合文辭考論」第一節第二條。

51 《荀子・榮辱》云：「為堯、禹則常安榮，為桀、跖則常危辱。」(頁 74) 以堯、禹與桀、跖對比。〈儒效〉則改以君子與小人對比。

52 楊倞註云：「忍，謂矯其性。」(頁 172) 陶鴻慶 (1859–1918) 據楊註以為「情」字衍。(陶鴻慶著，陳引馳編校：《陶鴻慶學術論著・讀諸子札記》(杭州：浙江人民出版社，1998 年)，頁 244。) 王天海云：「上文云『縱情性而不足問學』，此言『行忍情性』，可證『情』字非衍文，陶説非。」(荀況著，王天海校釋：《荀子校釋》，頁 334。) 按王説是，〈非十二子〉亦云「忍情性」(頁 108)。

問然後能才，公修而才，可謂小儒矣。志安公，行安修，知通統類，[53] 如是則可謂大儒矣。大儒者，天子三公也。小儒者，諸侯大夫士也。眾人者，工農商賈也。禮者，人主之所以為群臣寸尺尋丈檢式也，人倫盡矣。

君子言有壇宇，行有防表，[54] 道有一隆。言道德之求，不下於安存；言志意之求，不下於士；言道德之求，不二後王。道過三代謂之蕩，法二後王謂之不雅，[55] 高之下之，小之臣之，不外是矣，是君子之所以騁志意於壇宇宮庭也。故諸侯問政不及安存，則不告也；匹夫問學不及為士，則不教也；百家之說不及先王，則不聽也。夫是之謂君子言有壇宇，行有防表也。

二、《荀子・王霸》

國者，天下之制利用也；人主者，天下之利勢也。得道以持之，則大安也，大榮也，積美之源也。不得道以持之，則大危也，大累也，有之不如無之，及其綦也，索為匹夫不

53 「統類」一詞在先秦古書中只見《荀子》。〈儒效〉凡 3 例，〈非十二子〉〈解蔽〉〈性惡〉各 1 例。

54 楊倞註云：「累土為壇。宇，屋邊也。防，隄防。表，標也。言有壇宇，謂有所尊高也。行有防表，謂有標準也。」（頁 173）又後文「壇宇宮庭」，楊註云：「宮謂之室。庭，門屏之內也。君子雖騁志意論說，不出此壇宇宮庭之內也。」（頁 174）〈儒效〉此段屢言「壇宇」「防表」「壇宇宮庭」，皆以建築為喻，意謂君子言行不會超出界限、標準。

55 重合文辭見《荀子・王制》。〈王制〉云：「王者之制：道不過三代，法不貳後王。道過三代謂之蕩，法貳後王謂之不雅。」（頁 187）參見本書第二章「《荀子》互見重合文辭疏證」第二節第三十條。

可得也，齊湣、宋獻是也。故人主，天下之利埶也，然而不能自安也，安之者必將道也。故用國者，義立而王，信立而霸，權謀立而亡。三者，明主之所謹擇也，仁人之所務白也。挈國以呼禮義而無以害之，行一不義、殺一無罪而得天下，仁者不為也，[56] 擽然扶持心、國，且若是其固也。之所與為之者之人，則舉義士也；之所以為布陳於國家刑法者，則舉義法也；(主) 之所極然帥群臣而首鄉之者，[57] 則舉義志也。如是，則下仰上以義矣，是綦定也。綦定而國定，國定而天下定。仲尼無置錐之地，[58] 誠義乎志意，加義乎身行，著之言語，濟之日，不隱乎天下，名垂乎後世。今亦以天下之顯諸侯誠義乎志意，加義乎法則度量，著之以政事，案申重之以貴賤殺生，使襲然終始猶一也，如是，則夫名聲之部發於天地之閒也，豈不如日月雷霆然矣哉！故曰：以國齊義，一日而白，湯、武是也。湯以亳，武王以鄗，皆百里之地也，天下為一，諸侯為臣，通達之屬莫不從服，無它故

56 《荀子》兩見此文。〈儒效〉亦云：「行一不義、殺一無罪而得天下，不為也。」(頁 142) 推本溯源，實出《孟子・公孫丑上》。參見前文註 6。

57 王引之云：「『之所』上本無『主』字，此後人不曉文而妄加之也。(後人以下有『群臣』二字，故加『主』字。) 之，猶其也。(見下及《釋詞》。) 言其所極然帥群臣而首鄉之者，則皆義志也。上文『之所與』『之所以』，『之』上皆無『主』字。〈王制篇〉三言『之所以接下之人百姓者』，『之』上亦無『主』字，〈議兵篇〉作『其所以接下之人百姓者』，是『之』與『其』同。據楊註『主所極信』云云，則所見本已有『主』字。」王念孫：《讀書雜志》，志八之四，頁 1a (總頁 682)。

58 「無置錐之地」之說又見《荀子》之〈非十二子〉〈儒效〉。〈非十二子〉云：「六說者不能入也，十二子者不能親也，無置錐之地而王公不能與之爭名，在一大夫之位則一君不能獨畜，一國不能獨容，成名況乎諸侯，莫不願以為臣，是聖人之不得埶者也，仲尼、子弓是也。」(頁 113)〈儒效〉云：「彼大儒者，雖隱於窮閻漏屋，無置錐之地，而王公不能與之爭名；在一大夫之位，則一君不能獨畜，一國不能獨容，成名況乎諸侯，莫不願得以為臣；用百里之地而千里之國莫能與之爭勝，笞棰暴國，齊一天下，而莫能傾也。」(頁 163) 參見本書第二章「《荀子》互見重合文辭疏證」第二節第三十二條。

焉，[59] 以濟義矣。是所謂義立而王也。德雖未至也，義雖未濟也，然而天下之理略奏矣，刑賞已、諾，信乎天下矣，臣下曉然皆知其可要也。政令已陳，雖覩利敗，不欺其民；約結已定，雖覩利敗，不欺其與。如是，則兵勁城固，敵國畏之，[60] 國一綦明，與國信之，雖在僻陋之國，威動天下，五伯是也。非本政教也，非致隆高也，非綦文理也，非服人之心也，鄉方略，審勞佚，謹畜積，修戰備，[61] 齺然上下相信，而天下莫之敢當也。故齊桓、晉文、楚莊、吳闔閭、越句

59 「湯以亳，武王以鄗」云云，本篇兩見，又見《荀子》之〈議兵〉〈正論〉。下文云：「故湯以亳，武王以鄗，皆百里之地也，天下為一，諸侯為臣，通達之屬莫不從服，無它故焉，四者齊也。」（頁 260）〈議兵〉：「古者湯以薄，武王以滈，皆百里之地也，天下為一，諸侯為臣，無它故焉，能凝之也。」（頁 343）〈正論〉云：「湯居亳，武王居鄗，皆百里之地也，天下為一，諸侯為臣，通達之屬莫不振動從服以化順之，曷為楚、越獨不受制也？」（頁 388）參見本書第二章「《荀子》互見重合文辭疏證」第二節第三十五條。

60 「兵勁城固」之說《荀子》凡四見。〈王制〉云：「刑政平，百姓和，國俗節，則兵勁城固，敵國案自詘矣」（頁 204）〈彊國〉云：「教誨之，調一之，則兵勁城固，敵國不敢嬰也。」（頁 344）〈樂論〉云：「民和齊，則兵勁城固，敵國不敢嬰也。」（頁 449）〈彊國〉與〈樂論〉兩篇同作「則兵勁城固，敵國不敢嬰也」，與〈王制〉及本篇所述敵國反應略有不同。按〈王霸〉之文乃就五伯而言，故士兵強勁，城池穩固只是讓敵國感到畏懼。效果最為顯著則屬〈王制〉，能使敵國自行屈服。

61 《荀子・仲尼》云：「彼非本政教也，非致隆高也，非綦文理也，非服人之心也。鄉方略，審勞佚，畜積修鬬而能顛倒其敵者也。」（頁 127）文辭與〈王霸〉多有重合。王引之以為〈仲尼〉「畜積修鬬而能顛倒其敵者也」句傳寫有脱文，當據〈王霸〉改為「謹畜積，修鬬備，而能顛倒其敵者也」。（王念孫：《讀書雜志》，志八之二，頁 19a（總頁 660）。）〈王制〉亦言「本政教」（頁 201）、「平政教」（頁 203）、「致隆高，綦文理」（頁 202）。王引之以為〈仲尼〉與〈王霸〉的「本政教」應改為「平政教」。《讀書雜志》云：「五伯亦有政教，不得言五伯『非本政教』。『本』，當為『平』，字之誤也。（隸書『本』字與『平』相似，故『平』誤為『本』。）〈致士篇〉曰：『刑政平而百姓歸之。』《孟子・離婁篇》曰：『君子平其政。』昭二十年《左傳》曰：『是以政平而不干。』〈周南・芣苢序〉箋曰：『天下和，政教平。』五伯猶未能平其政教，故曰『非平政教也』。『平政教』三字，本篇〔引者按：即〈仲尼〉〕一見，〈王制篇〉兩見，〈王霸篇〉兩見。其誤為『本政教』者四，（楊註〈王霸篇〉曰：『雖有政教，未盡修其本也。』此不得其解而為之説。）唯〈王制篇〉之一未誤，今據以訂正。」（王念孫：《讀書雜志》，志八之二，頁 18b（總頁 659）。）又參見本書第二章「《荀子》互見重合文辭疏證」第四節第二條。

踐，[62] 是皆僻陋之國也，威動天下，彊殆中國，[63] 無它故焉，略信也。是所謂信立而霸也。挈國以呼功利，不務張其義，齊其信，唯利之求，內則不憚詐其民而求小利焉，外則不憚詐其與而求大利焉，內不修正其所以有，〔啖啖〕然常欲人之有。[64] 如是，則臣下百姓莫不以詐心待其上矣。上詐其下，下詐其上，則是上下析也，如是，則敵國輕之，與國疑之，權謀日行而國不免危削，綦之而亡，齊閔、薛公是也。故用彊齊，非以修禮義也，非以本政教也，非以一天下也，緜緜常以結引馳外為務。故彊，南足以破楚，西足以詘秦，北足以敗燕，中足以舉宋。及以燕、趙起而攻之，若振槁然，而身死國亡，為天下大戮，後世言惡則必稽焉。[65] 是無它故焉，唯其不由禮義而由權謀也。三者，明主之所以謹擇也，而仁人之所以務白也。善擇者制人，不善擇者人制之。[66] 國

---

62 此五霸之序列僅見《荀子・王霸》及〈議兵〉。〈議兵〉云：「齊桓、晉文、楚莊、吳闔閭、越句踐，是皆和齊之兵也，可謂入其域矣，然而未有本統也，故可以霸而不可以王。」（頁 327）安積信《荀子略説》云：「先儒多以齊桓、晉文、楚莊、秦穆、宋襄為五霸，而荀卿則異于此。荀卿説似確。」安積信：《荀子略説》，頁 31。

63 重合文辭見《荀子・彊國》，用以形容秦國。〈彊國〉云：「今秦南乃有沙羨與俱，是乃江南也，北與胡、貉為鄰，西有巴、戎，東在楚者乃界於齊，在韓者踰常山乃有臨慮，在魏者乃據圉津，即去大梁百有二十里耳，其在趙者剡然有苓而據松柏之塞，負西海而固常山，是地徧天下也。威動海內，彊殆中國，然而憂患不可勝校也，諰諰然常恐天下之一合而軋己也，此所謂廣大乎舜、禹也。」（頁 355）〈王霸〉作「天下」，〈彊國〉作「海內」，義近。

64 王念孫云：「下文言『啖啖然』，則上文『然』上亦當有『啖啖』二字，而今本脱之。」王念孫：《讀書雜志》，志八之四，頁 2a（總頁 683）。

65 重合文辭見《荀子》之〈非相〉〈正論〉。〈非相〉云：「古者桀、紂長巨姣美，天下之傑也；筋力越勁，百人之敵也。然而身死國亡，為天下大僇，後世言惡則必稽焉。」（頁 88）〈正論〉云：「桀、紂者，其知慮至險也，其至意至闇也，其行之為至亂也；〔……〕刳比干，囚箕子，身死國亡，為天下之大僇，後世之言惡者必稽焉；是不容妻子之數也。」（頁 383）

66 下文又云「善擇之者制人，不善擇之者人制之」（頁 247），義同。《荀子・王制》亦云：「善擇者制人，不善擇者人制之；善擇之者王，不善擇之者亡。」（頁 206）。

者，天下之大器也，重任也，不可不善為擇所而後錯之，錯險則危；不可不善為擇道然後道之，涂薉則塞，危塞則亡。彼國錯者，非封焉之謂也，何法之道，誰子之與也？故道王者之法與王者之人為之，則亦王；道霸者之法，與霸者之人為之，則亦霸；道亡國之法，與亡國之人為之，則亦亡。三者，明主之所以謹擇也，而仁人之所以務白也。故國者，重任也，不以積持之則不立。故國者，世所以新者也，是（憚憚）〔幝幝〕，[67] 非變也，改（王）〔玉〕改行也。[68]（故）一朝之日也，[69] 一日之人也，然而厭焉有千歲之固，何也？曰：援夫千歲之信法以持之也，安與夫千歲之信士為之也。人無百歲之壽，而有千歲之信士，何也？曰：以夫千歲之法自持者，是乃千歲之信士矣。故與積禮義之君子為之則王，與端誠信全之士為之則霸，[70] 與權謀傾覆之人為之則亡。三者，明主之所以謹擇也，而仁人之所以務白也。善擇之者制人，不善擇之者人制之。[71] 彼持國者必不可以獨也，然則彊固榮

---

67 郝懿行云：「『憚』與『坦』雖可通，（楊註：『憚與坦同。』）此『憚』疑『幝』字之形譌。《毛詩》『檀車幝幝』傳云：『幝幝，敝貌』，與此義合。『薉』正對『新』而言。此言國與世俱新，雖或幝幝敝壞而非變也。但『改玉改行』，則仍復新耳。〔……〕『王』，古『玉』字也。」郝懿行：《荀子補注》，頁 4591。

68 王念孫云：「楊註曰：『改一王則改其所行之事。或曰：《國語》襄王謂晉文公曰：「先民有言曰：改玉改行。」玉，佩玉；行，步也。』盧云：『案或說是，古「玉」字本作「王」，與「王」字形近而訛。』念孫案：《群書治要》正作『改玉改行』。」王念孫：《讀書雜志》，志八之四，頁 3b（總頁 683）。

69 王念孫云：「『故』字亦涉上下文而衍。『一朝之日』云云是問詞，則不當有『故』字明矣。《群書治要》無『故』字。」王念孫：《讀書雜志》，志八之四，頁 3b（總頁 683）。

70 「端誠信全」又見《荀子・彊國》。〈彊國〉云：「節威反文，案用夫端誠信全之君子治天下焉。」（頁 357）按「端誠」乃《荀子》書中常用詞，又見〈非相〉「端誠以處之」（頁 101）、〈君道〉「其端誠足使定物然後可」（頁 288）和〈正論〉「上端誠則下愿慤矣」（頁 379）。

71 前文云「善擇者制人，不善擇者人制之」（頁 244），義同。《荀子・王制》亦云：「善擇者制人，不善擇者人制之；善擇之者王，不善擇之者亡。」（頁 206）。

辱在於取相矣。身能相能，如是者王；身不能，知恐懼而求能者，如是者彊；身不能，不知恐懼而求能者，安唯便僻左右親比己者之用，[72] 如是者危削，綦之而亡。國者，巨用之則大，小用之則小，綦大而王，綦小而亡，小巨分流者存。巨用之者，先義而後利，安不卹親疏，不卹貴賤，唯誠能之求，夫是之謂巨用之。小用之者，先利而後義，安不卹是非，不治曲直，[73] 唯便辟親比己者之用，[74] 夫是之謂小用之。巨用之者若彼，小用之者若此，小巨分流者亦一若彼、一若

---

72 下文又云「唯便辟親比己者之用」(頁 247)，無「左右」二字，意義相當。趙海金〈荀子集解補正〉云：「《經傳釋詞》：『安猶於是也，乃也。』僻與嬖通，二字並从辟聲。《説文》：『嬖，便嬖，愛也。』〈富國篇〉註：『便嬖，左右小臣寵幸者也。』《説文》：『比，密也。』馬建忠《文通》謂止詞先乎動字者為倒文，如有唯字先之，則間之字。準此，此係倒文成句，順言之，謂乃唯用便嬖左右親密己者。」(趙海金：〈荀子集解補正〉，《成功大學學報》1972 年第 7 期，頁 144 。) 王天海不同意，《荀子校釋》云：「安，當屬上句作『不知恐懼而求能者安』，下文『唯便親比己者之用』上亦無『安』字，是證，趙説非。」(荀況著，王天海校釋：《荀子校釋》，頁 489。) 按王説非，此句重合文辭見〈君道〉。〈君道〉云：「然而求卿相輔佐，則獨不若是其公也，案唯便嬖親比己者之用也，豈不過甚矣哉！」(頁 286)「案」同「安」，同為於是之意，可證「安」當屬下讀。參見本書第二章「《荀子》互見重合文辭疏證」第一節第二十二條。

73 重合文辭見《荀子》之〈臣道〉〈性惡〉。〈臣道〉云：「過而通情，和而無經，不卹是非，不論曲直，偷合苟容，迷亂狂生，夫是之謂禍亂之從聲，飛廉、惡來是也。」(頁 303)〈性惡〉云：「齊給、便敏而無類，雜能、旁魄而無用，析速、粹孰而不急，不恤是非，不論曲直，以期勝人為意，是役夫之知也。」(頁 527) 龍宇純疑〈臣道〉「曲直」有誤。龍宇純〈先秦散文中的韻文〉云：「『曲直』疑當作『曲正』，曲正猶曲直也，此以正字入韻。《老子・益謙》章『枉則正』今或誤作『枉則直』，與此同例。」(龍宇純：〈先秦散文中的韻文〉，《絲竹軒小學論集》(北京：中華書局，2009 年)，頁 254。) 後來又指「曲直」當為「曲徑」，其文云：「今謂當是『徑』之誤，『曲徑』猶『曲直』。不同〈王霸〉〈性惡〉云『不論曲直』者，取『徑』叶韻也，『徑』與『情』『經』『生』同耕部。後人忽其為韻字，據曲直為恆言，依〈王霸〉〈性惡〉『不論曲直』之文改如今本耳。」(龍宇純：《荀子論集》，荀卿子記餘頁 32。) 蕭旭據《荀子》用例反駁龍説。蕭旭《〈荀子〉校補》云：「考《荀子》文例，『曲直』是《荀》書成語，凡十三見，『曲正』『曲徑』皆未見。『不卹是非，不治曲直』二語亦見〈王霸〉，又〈性惡〉：『不恤是非，不論曲直。』又〈彊國〉：『正是非，治曲直。』又〈解蔽〉：『分是非，治曲直。』皆以『曲直』與『是非』對舉。《荀子》此句未必用韻，龍氏二説皆不足信。」(蕭旭：《〈荀子〉校補》，頁 291。)

74 參見前文註 72。

此也。故曰：「粹而王，駮而霸，無一焉而亡。」[75] 此之謂也。

國無禮則不正。禮之所以正國也，譬之猶衡之於輕重也，猶繩墨之於曲直也，[76] 猶規矩之於方圓也，既錯之而人莫之能誣也。《詩》云：「如霜雪之將將，如日月之光明，為之則存，不為則亡。」此之謂也。

國危則無樂君，國安則無憂民。亂則國危，治則國安。今君人者急逐樂而緩治國，豈不過甚矣哉！譬之是由好聲色而恬無耳目也，豈不哀哉！夫人之情，目欲綦色，耳欲綦聲，口欲綦味，鼻欲綦臭，心欲綦佚。此五綦者，人情之所必不免也。[77] 養五綦者有具，無其具則五綦者不可得而致也。萬乘之國，可謂廣大、富厚矣，加有治辨、彊固之道焉，若是，則怡愉無患難矣，然後養五綦之具具也。故百樂者生於治國者也，憂患者生於亂國者也，急逐樂而緩治國者，非知樂者也。故明君者必將先治其國，然後百樂得其中；闇君者必將（急）〔荒〕逐樂而緩治國，[78] 故憂患

75 重合文辭見《荀子》之〈彊國〉〈賦〉。〈彊國〉云：「故曰：粹而王，駮而霸，無一焉而亡。」（頁 359）〈彊國〉亦以「故曰」形式引出此文，用字完全一致。〈賦〉云：「粹而王，駮而伯，無一焉而亡。」（頁 558）不言「故曰」，用字與〈王霸〉〈彊國〉稍有不同。

76 《荀子・大略》云：「禮之於正國家也，如權衡之於輕重也，如繩墨之於曲直也。故人無禮不生，事無禮不成，國家無禮不寧。」（頁 585）首三句見於〈王霸〉，後三句見於〈修身〉。〈修身〉云：「故人無禮則不生，事無禮則不成，國家無禮則不寧。」（頁 27）參見本書第二章「《荀子》互見重合文辭疏證」第二節第四條。

77 《荀子・正論》云：「目不欲綦色，耳不欲綦聲，口不欲綦味，鼻不欲綦臭，形不欲綦佚。此五綦者，亦以人之情為不欲乎？」（頁 407）〈正論〉以反問的形式肯定「五綦」實為人情之所欲，與〈王霸〉言「五綦」為「人情之所必不免」意思相同。參見本書第二章「《荀子》互見重合文辭疏證」第四節第四條。

78 王念孫云：「『闇君者必將急逐樂而緩治國』，（宋呂本如是。）錢本及元刻、世德堂本『急』竝作『荒』，盧從呂本。念孫案：《逸周書・謚法篇》曰：『好樂怠政曰荒。』《管子・戒篇》曰：『從樂而不反謂之荒。』故曰『荒逐樂』。宋監本作『急逐樂』者，據上文改之也。呂本多從監本，錢本及元刻則兼從建本，其作『荒逐樂』蓋亦從建本也。《群書治要》正引作『荒作樂』。」王念孫：《讀書雜志》，志八之四，頁 4a（總頁 684）。

不可勝校也，[79] 必至於身死國亡然後止也，豈不哀哉！將以為樂，乃得憂焉；將以為安，乃得危焉；將以為福，乃得死亡焉：豈不哀哉！於乎！君人者亦可以察若言矣。故治國有道，人主有職。若夫貫日而治詳，一日而曲（列）〔別〕之，[80] 是所使夫百吏官人為也，不足以是傷游玩安燕之樂。若夫論一相以兼率之，使臣下百吏莫不宿道鄉方而務，是夫人主之職也。若是，則〔功〕一天下，[81] 名配堯、禹。之主者，守至約而詳，事至佚而功，垂衣裳，不下簟席之上，而海內之人莫不願得以為帝王。夫是之謂至約，樂莫大焉。

人主者，以官人為能者也；匹夫者，以自能為能者也。人主得使人為之，匹夫則無所移之。百畝一守，事業窮，無所移之也。今以一人兼聽天下，日有餘而治不足者，使人為之也。大有天下，小有一國，必自為之然後可，則勞苦秏顇莫甚焉，如是，則雖臧獲不肯與天子易埶業。以是縣天下，一四海，何故必自為之？為之者，役夫之道也，墨子之說

79 重合文辭見《荀子・彊國》。〈彊國〉云：「威彊乎湯、武，廣大乎舜、禹，然而憂患不可勝校也，諰諰然常恐天下之一合而軋己也，此所謂力術止也。」（頁 355）又云：「然而憂患不可勝校也，諰諰然常恐天下之一合而軋己也。」（頁 356）

80 王念孫云：「〈君道篇〉作『一日而曲辨之』，（今本『日』譌作『內』。）『辨』與『別』古字通，（〈周官・小宰〉『聽稱責以傅別』，故書『別』作『辨』，鄭大夫讀為『別』。〈朝士〉『有判書』，故書『判』為『辨』，鄭司農讀為『別』。〈諸子〉『辨其等』，〈燕義〉『辨』作『別』。〈大行人〉『辨諸侯之命』，〈小行人〉『每國辨異之』，《大戴禮・朝事篇》『辨』竝作『別』。〈樂記〉『別宜居鬼而從地』，《史記・樂書》『別』作『辨』。又『男女無辨』『磬以立辨』，〈樂書〉『辨』竝作『別』。又『樂統同，禮辨異』，《荀子・樂論篇》『辨』作『別』。）則『列』為『別』之譌也。王逸註〈離騷〉云：「貫，累也。」言以累日之治而辨之於一日也。」（王念孫：《讀書雜志》，志八之四，頁 4b（總頁 684）。）參見本書第二章「《荀子》互見重合文辭疏證」第二節第二十六條。

81 王引之云：「『一天下』上有『功』字而今本脱之，則與下句不對。下文『功壹天下，名配舜禹』，是其證。」王念孫：《讀書雜志》，志八之四，頁 4b（總頁 684）。

也。[82]論德使能而官施之者，聖王之道也，儒之所謹守也。傳曰：「農分田而耕，賈分貨而販，百工分事而勸，士大夫分職而聽，建國諸侯之君分土而守，三公摠方而議，則天子共己而矣。」出若入若，天下莫不平均，莫不治辨，是百王之所同也，而禮法之大分也。百里之地，可以取天下，是不虛，其難者在於人主之知之也。取天下者，非負其土地而從之之謂也，道足以壹人而已矣。彼其人苟壹，則其土地且奚去我而適它？故百里之地，其等位爵服足以容天下之賢士矣，其官職事業足以容天下之能士矣，循其舊法，擇其善者而明用之，足以順服好利之人矣。賢士一焉，能士官焉，好利之人服焉，三者具而天下盡，無有是其外矣。故百里之地足以竭埶矣，致忠信，著仁義，足以竭人矣。兩者合而天下取，諸侯後同者先危。《詩》曰：「自西自東，自南自北，無思不服。」一人之謂也。

羿、蠭門者，善服射者也；王良、造父者，善服馭者也；聰明君子者，善服人者也。人服而埶從之，人不服而埶去之，故王者已於服人矣。故人主欲得善射，射遠中微則莫若羿、蠭門矣；欲得善馭，及速致遠，則莫若使王良、造父矣；

82 重合文辭見《荀子・富國》。〈富國〉云：「墨子大有天下，小有一國，將蹙然衣麤食惡，憂戚而非樂。若是則瘠；瘠則不足欲，不足欲則賞不行。墨子大有天下，小有一國，將少人徒，省官職，上功勞苦，與百姓均事業，齊功勞。若是則不威，不威則賞罰不行。賞不行，則賢者不可得而進也；罰不行，則不肖者不可得而退也。賢者不可得而進，不肖不可得而退，則能不能不可得而官也。〔……〕墨子雖為之衣褐帶索，嚽菽飲水，惡能足之乎？既以伐其本，竭其原，而焦天下矣。」（頁219）按〈王霸〉言「必自為之然後可」，疑即〈富國〉「少人徒，省官職」所致。〈富國〉謂「上功勞苦」，〈王霸〉以為「勞苦秏顇莫甚焉」，故批評墨子為「役夫之道」。另參本書第二章「《荀子》互見重合文辭疏證」第三節第八條。

欲得調壹天下，制秦、楚，[83] 則莫若聰明君子矣。其用知甚簡，其為事不勞而功名致大，甚易處而綦可樂也，故明君以為寶，而愚者以為難。夫貴為天子，富有天下，名為聖王，兼制人，人莫得而制也，是人情之所同欲也，[84] 而王者兼而有是者也。重色而衣之，重味而食之，重財物而制之，合天下而君之，[85] 飲食甚厚，聲樂甚大，臺謝甚高，園囿甚廣，臣使諸侯，一天下，是又人情之所同欲也，而天子之禮制如是者也。制度以陳，政令以挾，官人失要則死，公侯失禮則幽，四方之國有侈離之德則必滅，名聲若日月，[86] 功績如天地，天下之人應之如景嚮，是又人情之所同欲也，而王者兼而有是者也。故人之情，口好味而臭味莫美焉，耳好聲而聲

83　重合文辭見《荀子》之〈儒效〉〈君道〉。〈儒效〉云：「造父者，天下之善御者也，無輿馬則無所見其能。羿者，天下之善射者也，無弓矢則無所見其巧。大儒者，善調一天下者也，無百里之地則無所見其功。輿固馬選矣，而不能以至遠一日而千里，則非造父也。弓調矢直矣，而不能以射遠中微，則非羿也。用百里之地，而不能以調一天下，制彊暴，則非大儒也。」（頁 162）又〈君道〉云：「人主欲得善射，射遠中微者，縣貴爵重賞以招致之，內不可以阿子弟，外不可以隱遠人，能中是者取之，是豈不必得之之道也哉！雖聖人不能易也。欲得善馭，〔及〕速致遠者，一日而千里，縣貴爵重賞以招致之，內不可以阿子弟，外不可以隱遠人，能致是者取之，是豈不必得之之道也哉！雖聖人不能易也。欲治國馭民，調壹上下，將內以固城，外以拒難，治則制人，人不能制也，亂則危辱滅亡可立而待也。然而求卿相輔佐，則獨不若是其公也，案唯便嬖親比己者之用也，豈不過甚矣哉！」（頁 285）參見本書第二章「《荀子》互見重合文辭疏證」第二節第三十一條。

84　《荀子・榮辱》云：「夫貴為天子，富有天下，是人情之所同欲也。」（頁 82）係從普遍的人情而言，〈王霸〉卻是從君主的角度而言，故又有「名為聖人」及「兼制人，人莫得而制也」之欲。

85　重合文辭見《荀子・富國》。〈富國〉云：「若夫重色而衣之，重味而食之，重財物而制之，合天下而君之，非特以為淫泰也，固以為（王）〔一〕天下，治萬變，材萬物，養萬民，兼制天下者，為莫若仁人之善也夫！」（頁 213）

86　重合文辭見《荀子・不苟》。〈不苟〉云：「盜跖吟口，名聲若日月，與禹、舜俱傳而不息。」（頁 45）劉師培以為「名聲」二字同義，「聲」係衍文。（劉師培：《荀子補釋》，頁 6a（總頁 316）。）按〈王霸〉與〈不苟〉同作「名聲若日月」，劉說非是。參見本書第二章「《荀子》互見重合文辭疏證」第一節第十六條。

樂莫大焉，目好色而文章致繁婦女莫眾焉，形體好佚而安重閒靜莫愉焉，心好利而穀祿莫厚焉，[87] 合天下之所同願兼而有之，睪牢天下而制之若制子孫，人苟不狂惑戇陋者，其誰能睹是而不樂也哉！[88] 欲是之主竝肩而存，能建是之士不世絕，千歲而不合，何也？曰：人主不公，人臣不忠也。人主則外賢而偏舉，人臣則爭職而妬賢，是其所以不合之故也。人主胡不廣焉無卹親疏，無(偏)〔倫〕貴賤，[89] 唯誠能之求？若是，則人臣輕職(業)讓賢而安隨其後，[90] 如是，則舜、禹還至，王業還起。功壹天下，名配舜、禹，物由有可樂如是其美焉者乎？嗚呼！君人者亦可以察若言矣。楊朱哭衢涂，曰：「此夫過舉蹞步而覺跌千里者夫！」哀哭之。此亦榮辱安危存亡之衢已，此其為可哀甚於衢涂。嗚呼哀哉！君人者千歲而不覺也。

無國而不有治法，無國而不有亂法；無國而不有賢士，無國而不有罷士；無國而不有愿民，無國而不有悍民；

---

87 重合文辭見《荀子・性惡》。〈性惡〉云：「若夫目好色，耳好聲，口好味，心好利，骨體膚理好愉佚，是皆生於人之情性者也，感而自然，不待事而後生之者也。」(頁517) 參見本書第二章「《荀子》互見重合文辭疏證」第四節第四條。

88 類似表述方式又見《荀子・議兵》。〈議兵〉云：「則大刑加焉，身苟不狂惑戇陋，誰睹是而不改也哉！」(頁338)

89 王念孫云：「『偏』當為『倫』字之誤也。『倫』與『論』同。(〈大雅・靈台〉箋曰：『論之言倫也。』是『論』與『倫』義相通。〈王制〉『必即天論』，『論』或為『倫』，是『論』與『倫』字亦相通。) 言不卹親疏，不論貴賤也。〈臣道〉〈性惡〉二篇竝云『不卹是非，不論曲直』，是其證。」王念孫：《讀書雜志》，志八之四，頁6a(總頁685)。

90 王念孫云：「『輕職』下本無『業』字，『輕職讓賢』與上文『爭職妬賢』正相反，多一『業』字則累於詞矣。『輕職』，謂重賢而輕職也。可言『輕職』，不可言『輕職業』，『業』字蓋涉下文『王業』而衍。」王念孫：《讀書雜志》，志八之四，頁6a(總頁685)。

無國而不有美俗，無國而不有惡俗。兩者竝行而國在，上偏而國安，（在）下偏而國危，[91] 上一而王，下一而亡。故其法治，其佐賢，其民愿，其俗美，而四者齊，夫是之謂上一。如是則不戰而勝，不攻而得，甲兵不勞而天下服。[92] 故湯以亳，武王以鄗，皆百里之地也，天下為一，諸侯為臣，通達之屬莫不從服，無它故焉，[93] 四者齊也。桀、紂即（序）〔厚〕於有天下之勢，[94] 索為匹夫而不可得也，[95] 是無它故焉，四者竝亡也。故百王之法不同若是，所歸者一也。

---

91 王念孫云：「『國在』，謂國存也，『在』字不屬下讀。『下偏』與『上偏』相對，『下偏』上不當有『在』字。據楊註云『上偏，偏行上事也，謂治法多，亂法少，賢士多，罷士少之類，下偏反是』，則所見本作『下偏而國危』明甚。後人誤以『在上』二字連讀，又於『下偏』上增『在』字，而不知與正文、註文皆不合也。」王念孫：《讀書雜志》，志八補遺，頁 7a（總頁 753）。

92 重合文辭見《荀子・王制》。〈王制〉云：「以不敵之威，輔服人之道，故不戰而勝，不攻而得，甲兵不勞而天下服。」（頁 187）

93 重合文辭見《荀子》之〈議兵〉〈正論〉。〈議兵〉：「古者湯以薄，武王以滈，皆百里之地也，天下為一，諸侯為臣，無它故焉，能凝之也。」（頁 343）〈正論〉云：「湯居亳，武王居鄗，皆百里之地也，天下為一，諸侯為臣，通達之屬莫不振動從服以化順之，曷為楚、越獨不受制也？」（頁 388）本篇上文亦云：「湯以亳，武王以鄗，皆百里之地也，天下為一，諸侯為臣，通達之屬莫不從服，無它故焉，以濟義矣。」（頁 242）參見本書第二章「《荀子》互見重合文辭疏證」第二節第三十五。

94 王念孫云：「『序』字義不可通，當為『厚』字之誤也。（隸書『厚』『序』相似，傳寫易譌，説見《墨子・非攻篇》。）言桀、紂有天下之勢雖厚，曾不得以匹夫終其身也。〈仲尼篇〉曰：『桀、紂厚於有天下之勢而不得以匹夫老。』〈彊國篇〉曰：『厚於有天下之勢，索為匹夫不可得也，桀、紂是也。』皆其證。」王念孫：《讀書雜志》，志八之四，頁 7a（總頁 685）。

95 重合文辭見《荀子》之〈仲尼〉〈彊國〉。〈仲尼〉云：「文王載百里地而天下一，桀、紂舍之，厚於有天下之執而不得以匹夫老。」（頁 128）〈彊國〉云：「處勝人之埶，行勝人之道，天下莫忿，湯、武是也；處勝人之埶，不以行勝人之道，厚於有天下之埶，索為匹夫不可得也，桀、紂是也。」（頁 349）參見本書第二章「《荀子》互見重合文辭疏證」第二節第三十六條。

上莫不致愛其下而制之以禮，上之於下，如保赤子。政令制度，所以接下之人百姓，[96] 有不理者如豪末，則雖孤獨鰥寡必不加焉。故下之親上歡如父母，可殺而不可使不順。君臣上下，貴賤長幼，至於庶人，[97] 莫不以是為隆正。[98] 然後皆內自省以謹於分，是百王之所（以）同也，[99] 而禮法之樞要也。[100] 然後農分田而耕，賈分貨而販，百工分事而勸，

96 「所以接下之人百姓」句《荀子》全書共六例。〈王制〉三例，分別為「之所以接下之人百姓者則庸寬惠」（頁 205）、「之所以接下之人百姓者則好取侵奪」（頁 206）、「之所以接下之人百姓者，則好用其死力矣」（頁 206）。〈王霸〉二例，下文又有「所以接天下之人百姓」（頁 266）。最後一例為〈議兵〉「其所以接下之百姓者無禮義忠信」（頁 337）。當中只有〈議兵〉作「百姓」，其餘皆作「人百姓」。不過〈王制〉首例「之所以接下之人百姓者則庸寬惠」《古逸叢書》本無「人」字（楊倞註：《荀子》，頁 60），王天海因以為〈王制〉其餘兩處「人百姓」的「人」係衍文。而〈王霸〉的「人百姓」，他又認為「『百姓』二字似古註文混入」。（荀況著，王天海校釋：《荀子校釋》，頁 415 、 509 。）王說若成立，意謂〈王制〉出現兩次相同的衍文，〈王霸〉同時出現兩次古註混入正文，如此巧合情況可能性不高。綜合各篇重合文辭，當以王念孫說更為可取。王念孫云：「『人百姓』，猶言眾百姓。〈王霸篇〉曰：『朝廷群臣之俗若是，則夫眾庶百姓亦從而成俗，不隆禮義而好貪利矣。』語意略與此同。彼言『眾庶百姓』，猶此言『人百姓』也。」（王念孫：《讀書雜志》，志八之四，頁 9a（總頁 686）。）「人百姓」不見於先秦兩漢其他文獻，然而《荀子》書中用例頗多，不宜輕易視為錯訛。

97 重合文辭見《荀子・彊國》。〈彊國〉云：「君臣上下，貴賤長少，至於庶人，莫不為義，則天下孰不欲合義矣？」（頁 350）「長少」與〈王霸〉「長幼」義同。巾箱本「長少」亦作「長幼」。參見董治安、鄭傑文、魏代富整理：《荀子彙校彙註附考說》，頁 818 。

98 「隆正」一詞又見《荀子》之〈正論〉〈解蔽〉。〈正論〉云：「凡議，必將立隆正然後可也。無隆正，則是非不分而辨訟不決。」（頁 404）〈解蔽〉：「天下有不以是為隆正也，然而猶有能分是非、治曲直者邪？」（頁 482）〈解蔽〉文辭與本篇更為相近。〈王霸〉「君臣上下，貴賤長幼，至於庶人」，意謂全天下所有人，全句意思即天下無不以是為隆正，與〈解蔽〉「天下有不以是為隆正也」正好相對。

99 王念孫云：「『以』，衍文也。上下文皆云『是百王之所同，而禮法之大分也』。〈禮論篇〉云：『是百王之同，古今之所一也。』皆言『所同』，不言『所以同』，則『以』為衍文明矣。據楊註言『同用愛民之道』，則所見本似已衍『以』字。」王念孫：《讀書雜志》，志八之四，頁 7b（總頁 685）。

100 「樞要」一詞又見《荀子》之〈富國〉〈正名〉。〈富國〉云：「而人君者，所以管分之樞要也。」（頁 212）〈正名〉云：「然則所為有名，與所緣以同異，與制名之樞要，不可不察也。」（頁 490）又云：「此事之所以稽實定數也，此制名之樞要也。」（頁 497）

士大夫分職而聽，建國諸侯之君分土而守，三公摠方而議，則天子共己而止矣。出若入若，天下莫不平均，莫不治辨，是百王之所同而禮法之大分也。若夫貫日而治平，[101] 權物而稱用，[102] 使衣服有制，宮室有度，人徒有數，喪祭械用皆有等宜，[103] 以是（用）〔周〕挾於萬物，[104] 尺寸尋丈莫得不循乎制（度數）〔數度〕量然後行，[105] 則是官人使吏之事也，不足數於大君子之前。故君人者立隆政本朝而當，所使要百事者誠仁人也，則身佚而國治，功大而名美，上可以王，下可以霸；[106] 立隆政本朝而不當，所使要百事者非仁人也，則身勞而國亂，功廢而名辱，社稷必危：是人君者之樞機也。故能當一人而天下取，失當一人而社稷危，不能當一人而能當千

---

101 楊註云：「貫日，積日也。使條理平正。權制物，使稱於用。」（頁 262）前文及〈君道〉皆作「貫日而治詳」，俞樾以為此處「平」亦當作「祥」。俞樾云：「此文『平』字疑亦當作『詳』。蓋叚『羊』為『詳』，又誤『羊』為『平』耳。楊註非。」（俞樾：《諸子平議》，頁 253。）可備一說。

102《荀子・君道》云：「知明制度、權物稱用之為不泥也，是卿相輔佐之材也，未及君道也。」（頁 290）「權物稱用」與本篇「權物而稱用」同。

103 重合文辭見《荀子・王制》。〈王制〉云：「衣服有制，宮室有度，人徒有數，喪祭械用皆有等宜，聲則凡非雅聲者舉廢，色則凡非舊文者舉息，械用則凡非舊器者舉毀。」（頁 188）

104 王念孫云：「『用挾』二字，文義不明，『用』當為『周』字之誤也。『周挾』即『周浹』。〈君道篇〉曰：『先王審禮以方皇周浹於天下。』〈禮論篇〉曰：『方皇周挾，曲得其次序。』楊彼註曰：『挾，讀為浹，帀也。言於是禮之中，徘徊周帀，委曲皆得其次序而不亂。』此註亦曰：『挾，讀為浹。』則楊本正作『周挾』明矣。」王念孫：《讀書雜志》，志八之四，頁 8a（總頁 686）。

105 王念孫云：「盧云：『各本作「制數度量」，今從宋本。』案：作『制數度量』者是也。〈富國篇〉曰『無制數度量則國貧』，是其證。宋本『數度』二字互誤耳。《禮記・王制》『度量數制』，鄭註曰：『度，丈尺也。量，斗斛也。數，百十也。制，布帛幅廣狹也。』『數制』即『制數』。」王念孫：《讀書雜志》，志八之四，頁 8b（總頁 686）。

106 重合文辭見《荀子・君道》。〈君道〉云：「故明主急得其人，而闇主急得其埶。急得其人，則身佚而國治，功大而名美，上可以王，下可以霸；不急得其人而急得其埶，則身勞而國亂，功廢而名辱，社稷必危。」（頁 272）參見本書第二章「《荀子》互見重合文辭疏證」第三節第六條。

人百人者，説無之有也。既能當一人，則身有何勞而為，垂衣裳而天下定。故湯用伊尹，文王用呂尚，武王用召公，成王用周公旦。卑者五伯，齊桓公閨門之內，懸樂奢泰游抏之修，[107] 於天下不見謂修，然九合諸侯，一匡天下，為五伯長，是亦無它故焉，知一政於管仲也，是君人者之要守也。知者易為之興力而功名綦大，舍是而孰足為也？故古之人有大功名者，必道是者也；喪其國、危其身者，必反是者也。故孔子曰：「知者之知，固以多矣，有以守少，能無察乎！愚者之知，固以少矣，有以守多，能無狂乎！」此之謂也。

治國者，分已定，則主相、臣下、百吏各謹其所聞，[108] 不務聽其所不聞；各謹其所見，不務視其所不見。所聞所見誠以齊矣，則雖幽閒隱辟，百姓莫敢不敬分安制以化其上，是治國之徵也。主道治近不治遠，治明不治幽，治一不治二。主能治近則遠者理，主能治明則幽者化，主能當一則百事正。夫兼聽天下，日有餘而治不足者如此也，是治之極也。既能治近，又務治遠；既能治明，又務見幽；既能當一，又務正百：是過者也。過，猶不及也，辟之是猶立直木而求其景之枉也。[109] 不能治近，又務治遠；不能察明，又務見幽；

---

107 重合文辭見《荀子・仲尼》。〈仲尼〉云：「齊桓，五伯之盛者也，前事則殺兄而爭國；內行則姑姊妹之不嫁者七人，閨門之內，般樂奢汏，以齊之分奉之而不足；外事則詐邾，襲莒，并國三十五。其事行也若是其險汙淫汏也，彼固曷足稱乎大君子之門哉！」（頁 124）參見本書第二章「《荀子》互見重合文辭疏證」第三節第六條。

108 「主相」「臣下」「百吏」三者並列又見《荀子・富國》。〈富國〉云：「凡主相臣下百吏之俗，其於貨財取與計數也，須孰盡察；其禮義節奏也，芒軔僈楛，是辱國已。」（頁 228）又云：「凡主相臣下百吏之屬，其於貨財取與計數也，寬饒簡易；其於禮義節奏也，陵謹盡察，是榮國已。」（頁 228）《荀子》亦有只言「臣下百吏」者，見〈富國〉〈王霸〉及〈君道〉。

109 相同比喻又見《荀子・君道》。〈君道〉云：「譬之是猶立直木而恐其景之枉也，惑莫大焉。」（頁 284）又云：「譬之是猶立枉木而求其景之直也，亂莫大焉。」（頁 284）

不能當一，又務正百：是悖者也，辟之是猶立枉木而求其景之直也。故明主好要而闇主好詳。主好要則百事詳，主好詳則百事荒。君者，論一相，陳一法，明一指，以兼覆之，兼炤之，以觀其盛者也。相者，論列百官之長，要百事之聽，以飾朝廷臣下百吏之分，度其功勞，論其慶賞，[110] 歲終奉其成功以效於君。當則可，不當則廢，故君人勞於索之，而休於使之。[111]

用國者，得百姓之力者富，得百姓之死者彊，得百姓之譽者榮。三得者具而天下歸之，三得者亡而天下去之；天下歸之之謂王，天下去之之謂亡。湯、武者，循其道，行其義，興天下同利，除天下同害，天下歸之。[112] 故厚德音以先之，明禮義以道之，致忠信以愛之，賞賢使能以次之，爵服賞慶以申重之，時其事、經其任以調齊之，潢然兼覆之，養長之，如保赤子。[113] 生民則致寬，使民則綦理，辯政令制度，

110 重合文辭見《荀子・王制》。〈王制〉云：「本政教，正法則，兼聽而時稽之，度其功勞，論其慶賞，以時慎修，使百吏免盡而眾庶不偷，冢宰之事也。」（頁 201）按冢宰為周代六卿之首，與〈王霸〉「相者」地位相當，職責亦同。

111 重合文辭見《荀子・君道》。〈君道〉云：「故君人者勞於索之，而休於使之。」（頁 272）

112 重合文辭見《荀子》之〈儒效〉〈正論〉。〈儒效〉云：「能則天下歸之，不能則天下去之，是以周公屏成王而及武王以屬天下，惡天下之離周也。」（頁 136）〈正論〉云：「湯、武非取天下也，修其道，行其義，興天下之同利，除天下之同害，而天下歸之也。桀、紂非去天下也，反禹、湯之德，亂禮義之分，禽獸之行，積其凶，全其惡，而天下去之也。天下歸之之謂王，天下去之之謂亡。」（頁 382）參見本書第二章「《荀子》互見重合文辭疏證」第二節第十八條。

113 重合文辭見《荀子》之〈富國〉〈議兵〉。〈富國〉云：「故先王明禮義以壹之，致忠信以愛之，尚賢使能以次之，爵服慶賞以申重之，時其事、輕其任以調齊之，潢然兼覆之，養長之，如保赤子。」（頁 226）〈議兵〉云：「故厚德音以先之，明禮義以道之，致忠信以愛之，尚賢使能以次之，爵服慶賞以申之，時其事、輕其任以調齊之，長養之，如保赤子。」（頁 338）參見本書第二章「《荀子》互見重合文辭疏證」第二節第三十七條。

所以接（天）下之人百姓〔者〕，[114] 有非理者如豪末，則雖孤獨鰥寡必不加焉。是故百姓貴之如帝，親之如父母，為之出死斷亡而不愉者，無它故焉，[115] 道德誠明，利澤誠厚也。亂世不然：汙漫、突盜以先之，[116] 權謀傾覆以示之，俳優、侏儒、婦女之請謁以悖之，使愚詔知，使不肖臨賢，生民則致貧隘，使民則綦勞苦。是故百姓賤之如尪，惡之如鬼，日欲司閒而相與投藉之，去逐之。卒有寇難之事，又望百姓之為己死，不可得也，説無以取之焉。孔子曰：「審吾所以適人，（適）人之所以來我也。」[117] 此之謂也。

114 王念孫云：「『天下之人百姓』，『天』字後人所加也。下者，對上而言。上文云：『上之於下，如保赤子，政令制度，所以接下之人百姓，有不理者如豪末，則雖孤獨鰥寡必不加焉。』文正與此同。又〈王制篇〉云『之所以接下之人百姓者，則庸寬惠』，又云『之所以接下之人百姓者，則好取侵奪』，又云『之所以接下之人百姓者，則好用其死力矣，而慢其功勞，好用其籍斂矣，而亡其本務』，〈議兵篇〉云『其所以接下之人百姓者，無禮義忠信』，〈彊國篇〉云『今上不貴義，不敬義，如是則下之人百姓皆有棄義之志，而有趨姦之心矣』，（『人百姓』，猶言眾百姓。〈王霸篇〉曰：『朝廷群臣之俗若是，則夫眾庶百姓亦從而成俗，不隆禮義而好貪利矣。』語意略與此同。彼言『眾庶百姓』，猶此言『人百姓』也。）皆其證也。」（王念孫：《讀書雜志》，志八之四，頁 9a（總頁 686）。）按王説是。「所以接下之人百姓」句《荀子》全書共六例。〈王制〉三例，分別為「之所以接下之人百姓者則庸寬惠」（頁 205）、「之所以接下之人百姓者則好取侵奪」（頁 206）、「之所以接下之人百姓者，則好用其死力矣」（頁 206）。本篇二例。最後一例為〈議兵〉「其所以接下之百姓者無禮義忠信」（頁 337）。當中只有〈議兵〉作「百姓」，當據改。參見前文註 96。

115 重文文辭見《荀子》之〈富國〉〈彊國〉。〈富國〉云：「故仁人在上，百姓貴之如帝，親之如父母，為之出死斷亡而愉者，無它故焉，其所是焉誠美，其所得焉誠大，其所利焉誠多。」（頁 214）〈彊國〉云：「禮樂則修，分義則明，舉錯則時，愛利則形，如是，百姓貴之如帝，高之如天，親之如父母，畏之如神明，故賞不用而民勸，罰不用而威行。」（頁 345）參見本書第二章「《荀子》互見重合文辭疏證」第二節第三十四條、第四節第三條。

116 「汙漫」「突盜」乃《荀》書專用詞彙，又見〈榮辱〉〈彊國〉。參見本書第二章「《荀子》互見重合文辭疏證」第一節第八條。

117 王念孫云：「下『適』字涉上『適』字而衍。據楊註云『審慎其與人之道，為其復來報我也』，則無下『適』字明矣。《群書治要》無下『適』字。」王念孫：《讀書雜志》，志八之四，頁 10a（總頁 687）。

傷國者何也？曰：以小人尚民而威，以非所取於民而巧，是傷國之大災也。大國之主也，而好見小利，是傷國；其於聲色、臺謝、園囿也，愈厭而好新，是傷國；不好循正其所以有，啖啖常欲人之有，是傷國。三邪者在匈中，而又好以權謀傾覆之人斷事其外，若是，則權輕名辱，社稷必危，是傷國者也。大國之主也，不隆本行，不敬舊法，而好詐故，若是，則夫朝廷群臣亦從而成俗於不隆禮義而好傾覆也。朝廷群臣之俗若是，則夫眾庶百姓亦從而成俗於不隆禮義而好貪利矣。君臣上下之俗莫不若是，則地雖廣，權必輕；人雖眾，兵必弱；刑罰雖繁，令不下通。夫是之謂危國，是傷國者也。儒者為之不然，必將曲辨：朝廷必將隆禮義而審貴賤，若是，則士大夫莫不(敬)〔敄〕節死制者矣。[118] 百官則將齊其制度，重其官秩，若是，則百吏莫不畏法而遵繩矣。關市幾而不征，質律禁止而不偏，如是，則商賈莫不敦愨而無詐矣。百工將時斬伐，佻其期日而利其巧任，如是，則百工莫不忠信而不楛矣。縣鄙將輕田野之稅，省刀布之斂，罕舉力役，無奪農時，[119] 如是，則農夫莫不朴力而寡能矣。[120] 士大夫務節死制，然而兵勁。百吏畏法循繩，然後國

118 王引之云：「『敬』當作『敄』，『敄』與『務』古字通。（《說文》：『敄，彊也。』《爾雅》：『務，強也。』『敄』與『敬』字相似而誤。）『務節』謂以節操為務也。〈曲禮〉曰：『士死制。』『務節』與『死制』同義。下文云『士大夫務節死制』，是其證。今本作『敬節』，則於義疏矣。」王念孫：《讀書雜志》，志八之四，頁 11a（總頁 687）。

119 重合文辭見《荀子・富國》。〈富國〉云：「輕田野之税，平關市之征，省商賈之數，罕興力役，無奪農時，如是，則國富矣。」（頁 212）其後又云：「今之世而不然：厚刀布之斂以奪之財，重田野之税以奪之食，苛關市之征以難其事。」（頁 216）

120 下文又云「農夫朴力而寡能」，此外亦見《荀子・王制》。〈王制〉云：「相高下，視肥墝，序五種，省農功，謹蓄藏，以時順修，使農夫樸力而寡能，治田之事也。」（頁 198）

常不亂。商賈敦愨無詐則商旅安，貨（通財）〔財通〕，[121] 而國求給矣。百工忠信而不楛，則器用巧便而財不匱矣。農夫朴力而寡能，則上不失天時，下不失地利，中得人和，[122] 而百事不廢。是之謂政令行，風俗美，以守則固，以征則彊，居則有名，動則有功。此儒之所謂曲辨也。

三、《荀子・議兵》

臨武君與孫卿子議兵於趙孝成王前。王曰：「請問兵要。」臨武君對曰：「上得天時，下得地利，[123] 觀敵之變動，後之發，先之至，此用兵之要術也。」孫卿子曰：「不然。臣所聞古之道，凡用兵攻戰之本在乎壹民。弓矢不調，則羿不能以中微；六馬不和，則造父不能以致遠；士民不親附，則湯、武不能以必勝也。故善附民者，是乃善用兵者也。故兵要在乎（善）附民而已。」[124] 臨武君曰：「不然。兵之所貴者

121 王念孫云：「『商旅安，貨通財』當作『商旅安，貨財通』。『貨財通』與『商旅安』對文，今本作『貨通財』則義不可通。〈王制篇〉『使賓旅安而貨財通』是其證。（今本『賓』誤作『賓』，辯見〈王制篇〉。）」王念孫：《讀書雜志》，志八之四，頁 11b（總頁 687）。

122《荀子・富國》云：「若是，則萬物得宜，事變得應，上得天時，下得地利，中得人和。」（頁 221）〈富國〉用「得」，〈王霸〉言「不失」，義同。參見本書第二章「《荀子》互見重合文辭疏證」第二節第三十八條。

123《荀子》書中多以天時、地利、人和三者並言。此處只言「上得天時，下得地利」，後文荀卿子所論「壹民」即人和。

124 王念孫云：「元刻無『善』字。（宋龔本同。）念孫案：無『善』字者是也。下文臨武君曰：『豈必待附民哉。』正對此句而言，則無『善』字明矣。宋本有『善』字者，涉上文『善附民者』而衍。《群書治要》亦無『善』字。」王念孫：《讀書雜志》，志八之五，頁 8b（總頁 695）。

埶利也，所行者變詐也。善用兵者，感忽悠闇，莫知其所從出，孫、吳用之，無敵於天下，豈必待附民哉！」孫卿子曰：「不然。臣之所道，仁人之兵、王者之志也。君之所貴，權謀埶利也；所行，攻奪變詐也：諸侯之事也。仁人之兵，不可詐也。彼可詐者，怠慢者也，路亶者也，君臣上下之閒，[125] (滑)〔渙〕然有離德者也。[126] 故以桀詐桀，猶巧拙有幸焉，以桀詐堯，譬之若以卵投石，以指撓沸，若赴水火，入焉焦沒耳。故仁人上下，百將一心，三軍同力，[127] 臣之於君也，下之於上也，若子之事父，弟之事兄，若手臂之扞頭目而覆胸腹也，詐而襲之，與先驚而後擊之，一也。且仁人之用十里之國，則將有百里之聽；用百里之國，則將有千里之聽；用千里之國，則將有四海之聽。必將聰明警戒，和(傳)〔摶〕而一。[128] 故仁人之兵聚則成卒，散則成列，延則若莫邪之長刃，嬰之者斷；兑則若莫邪之利鋒，當之者潰；圜居而方

125 重合文辭見《荀子・王制》。〈王制〉云：「君臣上下之閒者，彼將厲厲焉日日相離疾也。」(頁 205) 黎智豐以為兩篇皆討論敵軍君臣上下離心的議題，強烈程度不同，〈王制〉「形容敵軍的離心較為強烈」。參見黎智豐：〈《荀子》稱述「孫卿子」篇章文獻關係重探〉，頁 234。

126 王引之云：「『滑然』非離德之謂。『滑』，當為『渙』。〈説卦〉曰：『渙者，離也。』〈雜卦〉曰：『渙，離也。』下文『事大敵堅則渙然離耳』，是『渙』為離貌，故曰『渙然有離德』。俗書〔……〕二形略相似，故『渙』譌為『滑』。《新序・雜事篇》正作『渙然有離德』。《韓詩外傳》作『突然有離德』，『突』乃『奐』之譌，『渙』『奐』古字通。(《文選・琴賦》註引〈蒼頡篇〉云：『奐，散也。』)」王念孫：《讀書雜志》，志八補，頁 8a (總頁 753)。

127 重合文辭見《荀子》之〈富國〉〈彊國〉。〈富國〉云：「將辟田野，實倉廩，便備用，上下一心，三軍同力，與之遠舉極戰則不可。」(頁 232) 又云：「如是，則近者競親，遠方致願，上下一心，三軍同力。」(頁 238)〈彊國〉云：「是以為善者勸，為不善者沮，上下一心，三軍同力，是以百事成而功名大也。」(頁 348) 疑〈議兵〉有倒文，原作「故仁人百將，上下一心，三軍同力」。參見本書第二章「《荀子》互見重合文辭疏證」第二節第十七條。

128 王先謙云：「『傳』為『摶』字之誤，説見〈儒效篇〉。」王先謙撰，沈嘯寰、王星賢點校：《荀子集解》，頁 316。

正，則若盤石然，觸之者角摧，案（角）鹿埵、[129]隴種、東籠而退耳。且夫暴國之君，將誰與至哉？彼其所與至者，必其民也。而其民之親我歡若父母，其好我芬若椒蘭；彼反顧其上則若灼黥，若仇讎。人之情，雖桀、跖，豈又肯為其所惡賊其所好者哉！[130]是猶使人之子孫自賊其父母也，彼必將來告之，夫又何可詐也？故仁人用，國日明，諸侯先順者安，後順者危，慮敵之者削，反之者亡。《詩》曰：『武王載發，有虔秉鉞，如火烈烈，則莫我敢遏。』此之謂也。」孝成王、臨武君曰：「善！請問王者之兵設何道何行而可？」孫卿子曰：「凡在大王，將率末事也。臣請遂道王者諸侯強弱存亡之效、安危之埶：君賢者其國治，君不能者其國亂；隆禮貴義者其國治，簡禮賤義者其國亂。治者強，亂者弱，是強弱之本也。上足卬，則下可用也；上不卬，則下不可用也。下可用則強，下不可用則弱，是強弱之常也。隆禮效功，上也；重祿貴節，次也；上功賤節，下也：是強弱之凡也。好士者強，不好士者弱；愛民者強，不愛民者弱；政令信者強，政令不信者弱；民齊者強，民不齊者弱；賞重者強，賞輕者弱；刑威者強，刑侮者弱；械用兵革攻完便利者強，械用兵革窳楛不便利者弱；重用兵者強，輕用兵者弱；權出一者強，權出二者弱：是強弱之常也。齊人隆技擊，其技也，得一首者則賜贖錙金，無本賞矣。是事小敵毳則偷

129 劉台拱云：「『角』字當為衍文，蓋涉上而誤。」劉台拱：《荀子補註》，頁 9a。

130 重合文辭見《荀子・王制》。〈王制〉云：「彼無與至也。彼其所與至者，必其民也，其民之親我也歡若父母，好我芳若芝蘭；反顧其上則若灼黥，若仇讎。彼人之情性也雖桀、跖，豈有肯為其所惡賊其所好者哉！」（頁 204）〈王制〉言「彼無與至也」，而〈議兵〉則以反問的形式開始：「且夫暴國之君，將誰與至哉？」並以「猶使人之子孫自賊其父母」的比喻總結。

可用也，事大敵堅則渙然離耳。若飛鳥然，傾側反覆無日，是亡國之兵也，兵莫弱是矣，是其去賃市、傭而戰之幾矣。魏氏之武卒，以度取之，衣三屬之甲，操十二石之弩，負服矢五十个，置戈其上，冠軸帶劍，贏三日之糧，日中而趨百里，中試則復其户，利其田宅，是數年而衰而未可奪也，改造則不易周也。是故地雖大，其稅必寡，是危國之兵也。秦人，其生民也陿阸，其使民也酷烈，劫之以埶，[131] 隱之以阸，忸之以慶賞，鰌之以刑罰，使天下之民所以要利於上者，非鬭無由也。阸而用之，得而後功之，功賞相長也，五甲首而隸五家，是最為眾彊長久，多地以正。故四世有勝，[132] 非幸也，數也。[133] 故齊之技擊不可以遇魏氏之武卒，魏氏之武卒不可以遇秦之鋭士，秦之鋭士不可以當桓、文之節制，桓、文之節制不可以敵湯、武之仁義，有遇之者，若以焦熬投石焉。兼是數國者，皆干賞蹈利之兵也，[134] 傭徒鬻賣之道也，未有貴上、安制、綦節之理也；諸侯有能微妙之以節，則作而兼殆之耳。故招近募選，隆埶詐，尚功利，是漸之也；禮義教化，是齊之也。故以詐遇詐，猶有巧拙焉；以詐遇齊，辟之猶以錐刀墮太山也，非天下之愚人莫敢試。故王

131《荀子・彊國》云：「如是，百姓劫則致畏，嬴則敖上，執拘則最，得閒則散，敵中則奪，非劫之以形埶，非振之以誅殺，則無以有其下。夫是之謂暴察之威。」（頁346）「劫之以形埶」與〈議兵〉「劫之以埶」同。

132 秦國「四世有勝」之言又見下文李斯與孫卿子的對話，以及〈彊國〉應侯與孫卿子的對話（頁358）。

133 重合文辭見《荀子》之〈仲尼〉〈彊國〉。〈彊國〉與〈議兵〉完全一致，皆云：「故四世有勝，非幸也，數也。」（頁358）〈仲尼〉所言則與秦國無關：「諸侯有一節如是，則莫之能亡也；桓公兼此數節者而盡有之，夫又何可亡也？其霸也宜哉！非幸也，數也。」（頁126）

134「蹈利」一詞又見《荀子・仲尼》。〈仲尼〉云：「彼以讓飾爭，依乎仁而蹈利者也，小人之傑也，彼固曷足稱乎大君子之門哉！」（頁127）

者之兵不試。湯、武之誅桀、紂也，拱揖指麾而彊暴之國莫不趨使，[135]誅桀、紂若誅獨夫。[136]故〈泰誓〉曰『獨夫紂』，此之謂也。故兵大齊則制天下，小齊則治鄰敵。若夫招近募選、隆埶詐、尚功利之兵，則勝不勝無常，代翕代張，代存代亡，相為雌雄耳矣。夫是之謂盜兵，君子不由也。故齊之田單，楚之莊蹻，秦之衛鞅，燕之繆蟣，是皆世俗之所謂善用兵者也；是其巧拙強弱則未有以相君也，若其道一也，未及和齊也，掎契司詐，權謀傾覆，[137]未免盜兵也。齊桓、晉文、楚莊、吳闔閭、越句踐，[138]是皆和齊之兵也，可謂入其域矣，然而未有本統也，故可以霸而不可以王。是強弱之效也。」孝成王、臨武君曰：「善！請問為將。」孫卿子曰：「知莫大乎棄疑，行莫大乎無過，事莫大乎無悔。事至無悔而止矣，成不可必也。故制號政令，欲嚴以威；慶賞刑罰欲必以信；處舍收臧欲周以固；徙舉進退欲安以重，欲疾以速；窺敵觀變欲潛以深，欲伍以參；遇敵決戰必道吾所明，無道吾所疑：夫是之謂六術。無欲將而惡廢，無急勝而忘敗，無威內而輕外，無見其利而不顧其害，凡慮事欲孰而用財欲泰，夫是之謂五權。所以不受命於主有三：可殺而不可使處不完，可殺而不可使擊不勝，可殺而不可使欺百姓，夫是之謂

135 重合文辭見《荀子・富國》。〈富國〉云：「名聲足以暴炙之，威強足以捶笞之，拱揖指揮，而強暴之國莫不趨使，譬之是猶烏獲與焦僥搏也。」（頁 238）

136《荀子・正論》云：「然而暴國獨侈，安能誅之，必不傷害無罪之民，誅暴國之君若誅獨夫。」（頁 382）此句前後文多次提及桀、紂和湯、武，可知「暴國之君」亦即桀、紂。〈議兵〉本之，直接指出湯、武誅桀、紂就像誅殺眾叛親離的獨夫一樣。

137 楊倞註云「契讀為挈」（頁 326）、「司讀為伺」（頁 327），《荀子・富國》即作「掎挈伺詐，權謀傾覆」（頁 216）。

138 重合文辭見《荀子・王霸》。〈王霸〉云：「故齊桓、晉文、楚莊、吳闔閭、越句踐，是皆僻陋之國也，威動天下，彊殆中國，無它故焉，略信也。」（頁 243）

三至。凡受命於主而行三軍，三軍既定，百官得序，群物皆正，則主不能喜，敵不能怒，夫是之謂至臣。慮必先事而申之以敬，慎終如始，終始如一，[139] 夫是之謂大吉。凡百事之成也必在敬之，其敗也必在慢之。故敬勝怠則吉，怠勝敬則滅；計勝欲則從，欲勝計則凶。戰如守，行如戰，有功如幸。敬謀無壙，敬事無壙，敬吏無壙，敬眾無壙，敬敵無壙：夫是之謂五無壙。慎行此六術、五權、三至而處之以恭敬無壙，夫是之謂天下之將，則通於神明矣。」臨武君曰：「善！請問王者之軍制。」孫卿子曰：「將死鼓，御死轡，百吏死職，士大夫死行列。聞鼓聲而進，聞金聲而退，順命為上，有功次之。令不進而進，猶令不退而退也，其罪惟均。不殺老弱，不獵禾稼，服者不禽，格者不舍，犇命者不獲。凡誅，非誅其百姓也，誅其亂百姓者也。百姓有扞其賊，則是亦賊也。以故順刃者生，蘇刃者死，犇命者貢。微子開封於宋，曹觸龍斷於軍，殷之服民，所以養生之者也，無異周人。故近者歌謳而樂之，遠者竭蹶而趨之，無幽閒辟陋之國莫不趨使而安樂之，四海之內若一家，通達之屬莫不從服，夫是之謂人師。《詩》曰：『自西自東，自南自北，無思不服。』此之謂也。[140] 王者有誅而無戰，城守不攻，兵格不擊。上下

139 帆足萬里《荀子標註》云：「終始如一，是古注文攙入。」（帆足萬里：《荀子標註》，頁 27。）按《荀子‧禮論》亦云：「故君子敬始而慎終。終始如一，是君子之道、禮義之文也。」（頁 424）參見本書第二章「《荀子》互見重合文辭疏證」第二節第十三條。

140 重合文辭見《荀子》之〈儒效〉〈王制〉。〈儒效〉云：「故近者歌謳而樂之，遠者竭蹶而趨之，四海之內若一家，通達之屬莫不從服，夫是之謂人師。《詩》曰：『自西自東，自南自北，無思不服。』此之謂也。」（頁 143）〈王制〉云：「四海之內若一家，故近者不隱其能，遠者不疾其勞，無幽閒隱僻之國莫不趨使而安樂之。夫是之謂人師，是王者之法也。」（頁 190）參見本書第二章「《荀子》互見重合文辭疏證」第二節第十六條。

相喜則慶之。不屠城，不潛軍，不留眾，師不越時。故亂者樂其政，不安其上，欲其至也。」臨武君曰：「善！」

陳囂問孫卿子曰：「先生議兵，常以仁義為本。仁者愛人，義者循理，然則又何以兵為？凡所為有兵者，為爭奪也。」孫卿子曰：「非女所知也。彼仁者愛人，愛人，故惡人之害之也；義者循理，循理，故惡人之亂之也。彼兵者，所以禁暴除害也，非爭奪也。故仁人之兵，所存者神，所過者化，若時雨之降，莫不說喜。是以堯伐驩兜，舜伐有苗，禹伐共工，湯伐有夏，文王伐崇，武王伐紂，此四帝兩王，皆以仁義之兵行於天下也。故近者親其善，遠方慕其（德）〔義〕；[141] 兵不血刃，遠邇來服，德盛於此，施及四極。《詩》曰：『淑人君子，其儀不忒。』此之謂也。」

李斯問孫卿子曰：「秦四世有勝，[142] 兵強海內，威行諸侯，非以仁義為之也，以便從事而已。」孫卿子曰：「非女所知也。女所謂便者，不便之便也；吾所謂仁義者，大便之便也。彼仁義者，所以修政者也，政修則民親其上，樂其君，而輕為之死。故曰：『凡在於軍，將率，末事也。』秦四世有勝，諰諰然常恐天下之一合而軋己也，[143] 此所謂末世之兵，未有本統也。故湯之放桀也，非其逐之鳴條之時也，武王之誅

141 王念孫云：「『德』本作『義』，後人改『義』為『德』，以與『服』『極』為韻，而不知與下文『德』字相複也。《文選・〈為袁紹檄豫州文〉》註、〈石闕銘〉註、《太平御覽・兵部》五十三引此竝作『義』。」王念孫：《讀書雜志》，志八之五，頁 12b（總頁 697）。

142 秦國「四世有勝」之言本篇兩見，又見〈彊國〉應侯與孫卿子的對話。（頁 358）

143 重合文辭見《荀子・彊國》。〈彊國〉云：「力術止，義術行。曷謂也？曰：秦之謂也。威彊乎湯、武，廣大乎舜、禹，然而憂患不可勝校也，諰諰然常恐天下之一合而軋己也，此所謂力術止也。」（頁 354）又云：「然而憂患不可勝校也，諰諰然常恐天下之一合而軋己也。」（頁 356）

紂也，非以甲子之朝而後勝之也，皆前行素修也，此所謂仁義之兵也。今女不求之於本而索之於末，此世之所以亂也。」

禮者，治辨之極也，強國之本也，威行之道也，功名之總也。王公由之，所以得天下也；不由，所以隕社稷也。故堅甲利兵不足以為（勝）〔武〕，[144] 高城深池不足以為固，嚴令繁刑不足以為威。由其道則行，不由其道則廢。楚人鮫革犀兕以為甲，鞈如金石，宛鉅鐵釶，慘如蠭蠆，輕利僄遬，卒如飄風，然而兵殆於垂沙，唐蔑死，莊蹻起，楚分而為三四。是豈無堅甲利兵也哉？其所以統之者非其道故也。汝、潁以為險，江、漢以為池，限之以鄧林，緣之以方城，然而秦師至而鄢、郢舉，若振槁然。是豈無固塞隘阻也哉？其所以統之者非其道故也。紂刳比干，囚箕子，為炮（烙）〔格之〕刑，[145] 殺戮無時，臣下懍然莫必其命，然而周師至而令不行乎下，不能用其民。是豈令不嚴、刑不繁也哉？其所以統之者非其道故也。古之兵，戈矛弓矢而已矣，然而敵國不待試而詘；城郭不辦，溝池不抇，固塞不樹，機變不張，然而國晏然不畏外而（明內）〔固〕者，[146] 無它故焉，明道而

---

144 劉殿爵云：「《韓詩外傳》第 4.10 章作『武』，是也。此文以『武』『固』為韻，『威』『廢』為韻，今據改。」劉殿爵、陳方正主編：《荀子逐字索引》，頁 72。

145 盧文弨云：「『炮烙之刑』，古書亦作『炮格之刑』。『格』讀如『庋格』之『格』。古『閣』『格』一也，《史記索隱》鄒誕生音『閣』。此註云：『烙，古責反。』可證楊時本尚作『格』也。」（荀況撰，楊倞註，盧文弨、謝墉校：《荀子（附校勘補遺）》，頁 318。）王念孫云：「此段氏若膺説也，説見《鍾山札記》。（昔嘗聞盧校《荀子》多用段説，故盧本前列參訂名氏有金壇段若膺，而書中所引段説則唯有〈禮論篇〉『持虎』一條。余未見段氏校本，無從採錄，故但據所見之書略舉一二焉。）」王念孫：《讀書雜志》，志八之五，頁 14a（總頁 698）。

146 王念孫云：「楊註曰：『內，當為固，《史記》作「晏然不畏外而固」。』念孫案：此當作《史記》作『不畏外而固』。今本『而』下有『明』字者，涉下文『明道』而衍。『明道而分鈞之』，『分鈞』《史記》《韓詩外傳》竝作『均分』，（『均』與『鈞』通。）亦當依《史記》《外傳》乙轉。」王念孫：《讀書雜志》，志八之五，頁 14b（總頁 698）。

(分鈞)〔鈞分〕之，時使而誠愛之，下之和上也如影嚮，有不由令者然後(誅)〔俟〕之以刑。[147] 故刑一人而天下服，罪人不郵其上，知罪之在己也。是故刑罰省而威〔行如〕流，[148] 無它故焉，由其道故也。[149] 古者帝堯之治天下也，蓋殺一人、刑二人而天下治。傳曰：「威厲而不試，刑錯而不用。」此之謂也。[150]

凡人之動也，為賞慶為之則見害傷焉止矣。故賞慶、刑罰、埶詐不足以盡人之力，致人之死。為人主上者也，其所以接下之〔人〕百姓者無禮義忠信，[151] 焉慮率用賞慶、刑罰、埶詐、(除)〔險〕阸其下，[152] 獲其功用而已矣。大寇則至，

---

147 王念孫云：「『誅之以刑』本作『俟之以刑』，此後人不解『俟』字之義而妄改之也。《韓詩外傳》《史記》皆作『俟之以刑』，《正義》訓『俟』為『待』。〈王制篇〉曰：『以不善至者，待之以刑。』足與此互相證明矣。〈宥坐篇〉：『躬行不從，然後俟之以刑。』(今本『躬行』作『邪民』，辯見〈宥坐〉。)」王念孫：《讀書雜志》，志八之五，頁 15a(總頁 699)。

148 據《韓詩外傳・卷四》《史記・禮書》補。

149 重合文辭見《荀子・君子》。〈君子〉云：「由其道，則人得其所好焉；不由其道，則必遇其所惡焉。是故刑罰綦省而威行如流。」(頁 532) 又云：「是以為善者勸，為不善者沮，刑罰綦省而威行如流，政令致明而化易如神。」(頁 534) 參見本書第二章「《荀子》互見重合文辭疏證」第四節第一條。

150 重合文辭見《荀子・宥坐》。〈宥坐〉：「是以威厲而不試，刑錯而不用，此之謂也。」(頁 618)

151 王念孫：「『人百姓』，眾百姓也。今本無『人』字，乃後人不曉古義而妄刪之，說見前『天下之人百姓』下。」(王念孫：《讀書雜志》，志八之五，頁 15b(總頁 699)。)「所以接下之人百姓」句《荀子》全書共六例。〈王制〉三例，分別為「之所以接下之人百姓者則庸寬惠」(頁 205)、「之所以接下之人百姓者則好取侵奪」(頁 206)、「之所以接下之人百姓者，則好用其死力矣」(頁 206)。〈王霸〉二例，分別為「所以接下之人百姓」(頁 261)、「所以接天下之人百姓」(頁 266)。只有本篇一例作「百姓」，其餘皆作「人百姓」，當據王說補「人」字。

152 王念孫云：「『除阸』二字，義不相屬。楊以『除』為驅逐，非也。『除』當為『險』，俗書之誤也。『險』與『阸』同義，馮衍〈顯志賦〉「悲時俗之險阸」是也。或作『險隘』，《楚辭・離騷》『路幽昧以險隘』是也。楊註『阸或為險』，當作『險或為除』。今作『阸』者，因正文及註內三『阸』字而誤。『除』與『險』俗書相近，『阸』與『險』形聲皆相遠，以是明之。」王念孫：《讀書雜志》，志八之五，頁 15a(總頁 699)。

使之持危城則必畔，遇敵處戰則必北，勞苦煩辱則必犇，霍焉離耳，下反制其上。故賞慶、刑罰、埶詐之為道者，傭徒粥賣之道也，不足以合大眾、美國家，故古之人羞而不道也。故厚德音以先之，明禮義以道之，致忠信以愛之，尚賢使能以次之，爵服慶賞以申之，時其事、輕其任以調齊之、長養之，如保赤子。[153] 政令以定，風俗以一，有離俗不順其上，則百姓莫不敦惡，莫不毒孽，若祓不祥，然後刑於是起矣。是大刑之所加也，辱孰大焉？將以為利耶？則大刑加焉，身苟不狂惑戇陋，誰睹是而不改也哉！[154] 然後百姓曉然皆知（修）〔循〕上之法，[155] 像上之志而安樂之。於是有能化善、修身、正行、積禮義、尊道德，百姓莫不貴敬，莫不親譽，然後賞於是起矣。是高爵豐祿之所加也，榮孰大焉？將以為害邪？則高爵豐祿以持養之，生民之屬，孰不願也？雕雕焉縣貴爵重賞於其前，縣明刑大辱於其後，雖欲無化，能乎哉！故民歸之如流水，所存者神，所為者化而順，暴悍

153 重合文辭見《荀子》之〈富國〉〈王霸〉。〈富國〉云：「故先王明禮義以壹之，致忠信以愛之，尚賢使能以次之，爵服慶賞以申重之，時其事、輕其任以調齊之，潢然兼覆之，養長之，如保赤子。」（頁 226）〈王霸〉云：「故厚德音以先之，明禮義以道之，致忠信以愛之，賞賢使能以次之，爵服賞慶以申重之，時其事、經其任以調齊之，潢然兼覆之，養長之，如保赤子。」（頁 266）參見本書第二章「《荀子》互見重合文辭疏證」第二節第三十七條。

154 類似表述方式又見《荀子・王霸》。〈王霸〉云：「人苟不狂惑戇陋者，其誰能睹是而不樂也哉！」（頁 257）

155 王念孫云：「『脩』當為『循』字之誤也。（隸書『循』『脩』二字，傳寫往往譌溷，說見《管子・形勢篇》。）『循』，順也，謂順上之法也。（《說文》：『循，順行也。』鄭註《尚書・中候》曰：『循，順。』）〈君道篇〉曰：『百姓莫敢不順上之法，象上之志，而勸上之事，而安樂之矣。』文略與此同。『順』與『循』古同聲而通用也。（〈大射儀〉『順左右隈』，今文『順』為『循』。《莊子・天下篇》『己之大順』，『順』或作『循』。《書大傳》『三正若循連環』，《白虎通義》引此『循』作『順』。）」王念孫：《讀書雜志》，志八之五，頁 17a（總頁 700）。

勇力之屬為之化而愿，[156]旁辟曲私之屬為之化而公，矜糺收繚之屬為之化而調，夫是之謂大化至一。《詩》曰：「王猶允塞，徐方既來。」此之謂也。

凡兼人者有三術：有以德兼人者，有以力兼人者，有以富兼人者。彼貴我名聲，美我德行，欲為我民，故辟門除涂以迎吾入，因其民，襲其處，而百姓皆安，立法施令莫不順比。是故得地而權彌重，兼人而兵俞強，是以德兼人者也。非貴我名聲也，非美我德行也，彼畏我威，劫我埶，故民雖有離心，不敢有畔慮，若是，則戎甲俞眾，奉養必費，是故得地而權彌輕，兼人而兵俞弱，是以力兼人者也。非貴我名聲也，非美我德行也，用貧求富，用飢求飽，虛腹張口來歸我食，若是，則必發夫（掌）〔稟〕窌之粟以食之，[157]委之財貨以富之，立良有司以接之，已朞三年，然後民可信也，是故得地而權彌輕，兼人而國俞貧，是以富兼人者也。故曰：以德兼人者王，以力兼人者弱，以富兼人者貧。古今一也。

兼并易能也，唯堅凝之難焉。齊能并宋而不能凝也，故魏奪之；燕能并齊而不能凝也，故田單奪之；韓之上地，方數百里，完全富足而趨趙，趙不能凝也，故秦奪之。故能并之而不能凝，則必奪；不能并之又不能凝其有，則必亡。能

156《荀子・富國》：「其臣下百吏，汙者皆化而修，悍者皆化而愿，躁者皆化而慤，是明主之功已。」（頁 229）黎志豐以為「化而愿」屬〈富國〉與〈議兵〉重合條目。（黎智豐：〈《荀子》稱述「孫卿子」篇章文獻關係重探〉，頁 362。）按〈議兵〉「暴悍勇力之屬」簡言之亦即「悍者」，兩句意思亦相合。

157 王引之云：「『掌』當為『稟』。『稟』，古『廩』字也。〈榮辱篇〉有『囷窌』，楊彼註云：『圜曰囷，方曰廩。』彼言『囷窌』，猶此言『稟窌』。稟、窌皆以藏粟，故云『發稟窌之粟以食之』，若云『發掌窌之粟』則義不可通。隸書『掌』〔……〕與『稟』略相似，故諸書『稟』字或譌為『掌』。」王念孫：《讀書雜志》，志八之五，頁 19a（總頁 701）。

凝之，則必能并之矣。得之則凝，兼并無強。古者湯以薄，武王以滈，皆百里之地也，天下為一，諸侯為臣，[158] 無它故焉，能凝之也。故凝士以禮，凝民以政，禮修而士服，政平而民安。士服民安，夫是之謂大凝，以守則固，以征則強，令行禁止，王者之事畢矣。[159]

四、《荀子・彊國》

刑范正，金錫美，工冶巧，火齊得，剖刑而莫邪已。然而不剝脫，不砥厲，則不可以斷繩；剝脫之，砥厲之，則劙槃盂、刎牛馬，忽然耳。彼國者，亦彊國之剖刑已。然而不教誨，不調一，則入不可以守，出不可以戰；[160] 教誨之，調一之，則兵勁城固，敵國不敢嬰也。[161] 彼國者亦有砥厲，禮

158 重合文辭見《荀子》之〈王霸〉〈正論〉。〈王霸〉云：「湯以亳，武王以鄗，皆百里之地也，天下為一，諸侯為臣，通達之屬莫不從服，無它故焉，以濟義矣。」（頁 242）又云：「故湯以亳，武王以鄗，皆百里之地也，天下為一，諸侯為臣，通達之屬莫不從服，無它故焉，四者齊也。」（頁 260）〈正論〉云：「湯居亳，武王居鄗，皆百里之地也，天下為一，諸侯為臣，通達之屬莫不振動從服以化順之，曷為楚、越獨不受制也？」（頁 388）參見本書第二章「《荀子》互見重合文辭疏證」第二節第三十五條。

159 重合文辭見《荀子》之〈王制〉〈致士〉。〈王制〉云：「若是，名聲日聞，天下願，令行禁止，王者之事畢矣。」（頁 177）〈致士〉云：「故禮及身而行修，義及國而政明，能以禮挾而貴名白，天下願，令行禁止，王者之事畢矣。」（頁 306）

160 重合文辭見《荀子・王制》。〈王制〉云：「入不可以守，出不可以戰，則傾覆滅亡可立而待也。」（頁 182）

161 「兵勁城固」之說又見《荀子》之〈王制〉〈王霸〉〈樂論〉，凡四見。〈王制〉云：「刑政平，百姓和，國俗節，則兵勁城固，敵國案自詘矣」（頁 204）〈王霸〉云：「如是，則兵勁城固，敵國畏之，國一綦明，與國信之，雖未在僻陋之國，威動天下，五伯是也。」（頁 242）〈樂論〉云：「民和齊，則兵勁城固，敵國不敢嬰也。」（頁 449）當中以〈彊國〉和〈樂論〉之言最為相近。

義節奏是也。[162] 故人之命在天，國之命在禮。人君者隆禮尊賢而王，重法愛民而霸，好利多詐而危，權謀、傾覆、幽險而亡。[163]

威有三：有道德之威者，有暴察之威者，有狂妄之威者。此三威者，不可不孰察也。禮樂則修，分義則明，[164] 舉錯則時，愛利則形。如是，百姓貴之如帝，高之如天，親之如父母，[165] 畏之如神明，故賞不用而民勸，罰不用而威行。[166] 夫是之謂道德之威。禮樂則不修，分義則不明，舉錯則不時，愛利則不形；然而其禁暴也察，其誅不服也審，其刑罰重而信，其誅殺猛而必，黭然而雷擊之，如牆厭之。如是，

162《荀子》書中以「禮義節奏」表示禮節制度，亦可省稱「節奏」，見〈王制〉〈富國〉〈致士〉及〈彊國〉四篇。如〈王制〉「審節奏」（頁 203）、〈富國〉「其禮義節奏也」（頁 228）、〈致士〉「凡節奏欲陵」（頁 309）。參見本書第二章「《荀子》互見重合文辭疏證」第一節第七條。

163 重合文辭見《荀子》之〈天論〉〈大略〉。〈天論〉云：「故人之命在天，國之命在禮。君人者隆禮尊賢而王，重法愛民而霸，好利多詐而危，權謀、傾覆、幽險而（盡）亡矣。」（頁 374）〈大略〉云：「君人者，隆禮尊賢而王，重法愛民而霸，好利多詐而危。」（頁 573）參見本書第二章「《荀子》互見重合文辭疏證」第二節第二十五條。

164「分義」一詞又見《荀子》之〈王制〉〈君子〉〈大略〉。〈王制〉云：「故序四時，裁萬物，兼利天下，無它故焉，得之分義也。」（頁 194）〈君子〉云：「聖王在上，分義行乎下，則士大夫無流淫之行，百吏官人無怠慢之事，眾庶百姓無姦怪之俗，無盜賊之罪，莫敢犯大上之禁。」（頁 532）〈大略〉：「有夫分義則容天下而治，無分義則一妻一妾而亂。」（頁 611）

165 重文文辭見《荀子》之〈富國〉〈王霸〉。〈富國〉云：「故仁人在上，百姓貴之如帝，親之如父母，為之出死斷亡而愉者，無它故焉，其所是焉誠美，其所得焉誠大，其所利焉誠多。」（頁 214）〈王霸〉云：「是故百姓貴之如帝，親之如父母，為之出死斷亡而不愉者，無它故焉，道德誠明，利澤誠厚也。」（頁 267）參見本書第二章「《荀子》互見重合文辭疏證」第二節第三十四條、第四節第三條。

166 重文文辭見《荀子・君道》。〈君道〉云：「故賞不用而民勸，罰不用而民服，有司不勞而事治，政令不煩而俗美。」（頁 274）

百姓劫則致畏，嬴則敖上，執拘則（最）〔冣〕，[167] 得閒則散，敵中則奪，<u>非劫之以形埶</u>，[168] 非振之以誅殺，則無以有其下。夫是之謂暴察之威。無愛人之心，無利人之事，而日為亂人之道，百姓讙敖，則從而執縛之，刑灼之，不和人心。如是，下比周賁潰以離上矣，<u>傾覆滅亡可立而待也</u>。[169] 夫是之謂狂妄之威。此三威者，不可不孰察也。道德之威成乎安彊，暴察之威成乎危弱，狂妄之威成乎滅亡也。

公孫子曰：「子發將（西）〔而〕伐蔡，[170] 克蔡，獲蔡侯，歸致命曰：『蔡侯奉其社稷而歸之楚，舍屬二三子而治其地。』既，楚發其賞，子發辭曰：『發誡布令而敵退，是主威也；徙舉相攻而敵退，是將威也；合戰用力而敵退，是眾威也。臣舍不宜以眾威受賞。』」譏之曰：「子發之致命也恭，其辭賞也固。夫尚賢使能，賞有功，罰有罪，非獨一人為之

167 郝懿行云：「『最』，依字書應作『冣』，音才句切，即古『聚』之假借字也。俗作『最』，非。《韓詩外傳・六》作『聚』，是矣。」（郝懿行：《荀子補註》，頁 4605。）王引之云：「『最』當為『冣』。《説文》：『冣，（才句切）積也。』徐鍇曰：『古以聚物之聚為冣。』『冣』與『最』字相似，世人多見『最』，少見『冣』，故書傳中『冣』字皆譌作『最』。《韓詩外傳》作『執拘則聚』，即『冣』字也。隱公元年《公羊傳》及何註皆本作『冣』，今譌作『最』，（楊所見本已然。）辯見《經義述聞》。」王念孫：《讀書雜志》，志八之五，頁 20a（總頁 701）。

168 重合文辭見《荀子・議兵》。〈議兵〉云：「秦人，其生民也陿阸，其使民也酷烈，劫之以埶，隱之以阸，忸之以慶賞，鰌之以刑罰，使天下之民所以要利於上者，非鬬無由也。」（頁 322）〈議兵〉「劫之以埶」與本篇「劫之以形埶」同。

169 重合文辭見《荀子》之〈王制〉〈富國〉。〈王制〉云：「入不可以守，出不可以戰，則傾覆滅亡可立而待也。」（頁 182）〈富國〉云：「伐其本，竭其源，而並之其末，然而主相不知惡也，則其傾覆滅亡則可立而待也。」此外，〈君道〉有「亂則危辱滅亡可立而待也」（頁 286），文義亦相近。

170 王念孫云：「蔡在楚北，非在楚西，不得言『西伐蔡』。『西』當為『而』，言子發將兵而伐蔡也。」王念孫：《讀書雜志》，志八之五，頁 20b（總頁 701）。

也，彼先王之道也，一人之本也，善善惡惡之應也，治必由之，古今一也。古者明王之舉大事，立大功也，大事已博，大功已立，則君享其成，群臣享其功，士大夫益爵，官人益秩，庶人益祿。是以為善者勸，為不善者沮，[171] 上下一心，三軍同力，[172] 是以百事成而功名大也。今子發獨不然，反先王之道，亂楚國之法，墮興功之臣，恥受賞之屬，無僇乎族黨而抑卑乎後世，案獨以為私廉，豈不過甚矣哉！故曰：子發之致命也恭，其辭賞也固。」荀卿子説齊相曰：「處勝人之埶，行勝人之道，天下莫忿，湯、武是也；處勝人之埶，不以行勝人之道，厚於有天下之埶，索為匹夫不可得也，桀、紂是也。[173] 然則得勝人之埶者，其不如勝人之道遠矣。夫主相者，勝人以埶也，是為是，非為非，能為能，不能為不能，併己之私欲，必以道夫公道通義之可以相兼容者，是勝人之道也。今相國上則得專主，下則得專國，相國之於勝人之埶，亶有之矣。然則胡不毆此勝人之埶赴勝人之道，求仁厚明通之君子而託王焉，與之參國政，正是非？如是，

171 重合文辭見《荀子・君子》。〈君子〉云：「是以為善者勸，為不善者沮，刑罰綦省而威行如流，政令致明而化易如神。」（頁 534）

172 重合文辭見《荀子》之〈富國〉〈議兵〉。〈富國〉云：「將辟田野，實倉廩，便備用，上下一心，三軍同力，與之遠舉極戰則不可。」（頁 232）又云：「如是，則近者競親，遠方致願，上下一心，三軍同力。」（頁 238）〈議兵〉云：「故仁人上下，百將一心，三軍同力，臣之於君也，下之於上也，若子之事父，弟之事兄也。」（頁 316）疑〈議兵〉有倒文，原作「故仁人百將，上下一心，三軍同力」。參見本書第二章「《荀子》互見重合文辭疏證」第二節第十七條。

173 重合文辭見《荀子》之〈仲尼〉〈王霸〉。〈仲尼〉云：「文王載百里地而天下一，桀、紂舍之，厚於有天下之埶而不得以匹夫老。」（頁 128）〈王霸〉云：「桀、紂即序於有天下之埶，索為匹夫而不可得也，是無它故焉，四者並亡也。」（頁 260）參見本書第二章「《荀子》互見重合文辭疏證」第二節第三十六條。

則國孰敢不為義矣？君臣上下，貴賤長少，至於庶人，[174] 莫不為義，則天下孰不欲合義矣？賢士願相國之朝，能士願相國之官，好利之民莫不願以齊為歸，是一天下也。相國舍是而不為，案直為是世俗之所以為，則女主亂之宮，詐臣亂之朝，貪吏亂之官，眾庶百姓皆以貪利爭奪為俗，曷若是而可以持國乎？今巨楚縣吾前，大燕鰌吾後，勁魏鉤吾右，西壤之不絕若繩，楚人則乃有襄賁、開陽以臨吾左。是一國作謀則三國必起而乘我。如是，則齊必斷而為四三，國若假城然耳，必為天下大笑。(曷若) 兩者孰足為也？[175] 夫桀、紂，聖王之後子孫也，有天下者之世也，埶籍之所存，天下之宗室也，[176] 土地之大，封內千里，人之眾數以億萬，俄而天下倜然舉去桀、紂而犇湯、武，[177] 反然舉疾惡桀、紂而貴帝湯、武，是何也？夫桀、紂何失而湯、武何得也？曰：是無它故焉，桀、紂者，善為人之所惡；而湯、武者，善為人之所好也。人之所惡者何也？曰：汙漫、爭奪、貪利是也。人之所好者何也？曰：禮義、辭讓、忠信是也。今君人者，辟

174 重合文辭見《荀子・王霸》。〈王霸〉云：「君臣上下，貴賤長幼，至於庶人，莫不以是為隆正。」(頁 261) 參見前文註 97。

175 王念孫云：「『曷若』二字與上下文義不相屬，此涉上文『曷若是』而衍。『兩者』二字指上文『勝人之道』與『勝人之勢』而言，(楊註：『兩者，勝人之道與勝人之勢。一則天下歸一，一則為天下笑，問何者可為也。』) 則不當有『曷若』二字明矣。楊云：『問以為何如也。』此望文生義而曲為之説。」王念孫：《讀書雜志》，志八之五，頁 21a (總頁 702)。

176 重合文辭見《荀子・正論》。〈正論〉云：「聖王之子也，有天下之後也，埶籍之所在也，天下之宗室也。」(頁 381) 趙海金云：「(〈彊國〉)『後』字與『子孫』義複，疑『子孫』二字為旁記之文誤入正文者。〈正論篇〉：『聖王之子也，有天下之後也。』註：『子，子孫也。』其旨同，可相印證。」趙海金：〈荀子集解補正〉，頁 148。

177 「倜然」本篇三見，又見〈非十二子〉及〈君道〉。參見本書第二章「《荀子》互見重合文辭疏證」第一節第五條。

稱比方則欲自竝乎湯、武，若其所以統之，則無以異於桀、紂，而求有湯、武之功名可乎？故凡得勝者必與人也，凡得人者必與道也。道也者何也？曰：禮讓忠信是也。故自四五萬而往者彊勝，非眾之力也，隆在信矣；自數百里而往者安固，非大之力也，隆在修政矣。今已有數萬之眾者也，陶誕、比周以爭與；已有數百里之國者也，汙漫、突盜以爭地。[178] 然則是棄己之所安彊，而爭己之所以危弱也，損己之所以不足，以重己之所以有餘，若是其悖繆也，而求有湯、武之功名可乎？辟之是猶伏而咶天，救經而引其足也，說必不行矣，愈務而愈遠。[179] 為人臣者不恤己行之不行，苟得利而已矣，是渠衝入穴而求利也，是仁人之所羞而不為也。故人莫貴乎生，莫樂乎安，所以養生（安樂）〔樂安〕者莫大乎禮義。[180] 人知貴生樂安而弃禮義，辟之是猶欲壽而歾頸也，愚莫大焉。故君人者愛民而安，好士而榮，兩者無一焉而亡。《詩》曰：『价人維藩，大師維垣。』此之謂也。」[181]

力術止，義術行。曷謂也？曰：秦之謂也。威彊乎湯、武，廣大乎舜、禹，然而憂患不可勝校也；[182] 諰諰然常恐天

---

178 「陶誕」「汙漫」「突盜」等乃《荀》書專用詞，又見〈榮辱〉〈王霸〉。參見本書第二章「《荀子》互見重合文辭疏證」第一節第八條。

179 重文文辭見《荀子・仲尼》。〈仲尼〉云：「志不免乎姦心，行不免乎姦道，而求有君子聖人之名，辟之是猶伏而咶天，救經而引其足也。說必不行矣，俞務而俞遠。」（頁 133）參見本書第二章「《荀子》互見重合文辭疏證」第二節第九條。

180 王念孫云：「『安樂』當為『樂安』，『養生樂安』與『貴生樂安』竝承上『莫貴乎生，莫樂乎安』而言，今本『樂安』二字倒轉，則與上下文不合。」王念孫：《讀書雜志》，志八之五，頁 22b（總頁 702）。

181 重合文辭見《荀子・君道》。〈君道〉云：「故君人者愛民而安，好士而榮，兩者無一焉而亡。《詩》曰：『价人維藩，太師維垣。』此之謂也。」（頁 279）

182 重合文辭見《荀子・王霸》。〈王霸〉云：「闇君者必將（急）〔荒〕逐樂而緩治國，故憂患不可勝校也，必至於身死國亡然後止也，豈不哀哉！」（頁 250）

下之一合而軋己也，[183] 此所謂力術止也。曷謂乎威彊乎湯、武？湯、武也者，乃能使說己者使耳。今楚父死焉，國舉焉，負三王之廟而辟於陳、蔡之閒，視可、司閒，案欲剡其脛而以蹈秦之腹，然而秦使左案左，使右案右，是乃使讎人役也，此所謂威彊乎湯、武也。曷謂廣大乎舜、禹也？曰：古者百王之一天下、臣諸侯也，未有過封內千里者也。今秦南乃有沙羡與俱，是乃江南也，北與胡、貉為鄰，西有巴、戎，東在楚者乃界於齊，在韓者踰常山乃有臨慮，在魏者乃據圉津，即去大梁百有二十里耳，其在趙者剡然有苓而據松柏之塞，負西海而固常山，是地徧天下也。威動海內，彊殆中國，[184]〔此所謂廣大乎舜、禹也〕。然而憂患不可勝校也，諰諰然常恐天下之一合而軋己也，[185]（此所謂廣大乎舜、禹也）。[186] 然則柰何？曰：節威反文，案用夫端誠信全之君子治天下焉，[187] 因與之參國政，正是非，治曲直，聽咸陽，順者錯之，不順者而後誅之，若是，則兵不復出於塞外而令行於天下矣；若是，則雖為之築明堂（於塞外）而朝諸侯，[188]

---

183 重合文辭見《荀子・議兵》。〈議兵〉云：「秦四世有勝，諰諰然常恐天下之一合而軋己也，此所謂末世之兵，未有本統也。」（頁 331）

184 重合文辭見《荀子・王霸》。〈王霸〉云：「故齊桓、晉文、楚莊、吳闔閭、越句踐，是皆僻陋之國也，威動天下，彊殆中國，無它故焉，略信也。」（頁 243）〈王霸〉作「天下」，〈彊國〉作「海內」，義近。

185 重合文辭見《荀子・議兵》。參見前文註 183。

186 盧文弨云：「此句或疑當在『彊殆中國』句下。」（荀況撰，楊倞註，盧文弨、謝墉校：《荀子（附校勘補遺）》，頁 341。）王念孫云：「此汪說也。汪直移此句於上文『彊殆中國』下，是也。」王念孫：《讀書雜志》，志八之五，頁 23a（總頁 703）。

187 重合文辭見《荀子・王霸》。〈王霸〉云：「故與積禮義之君子為之則王，與端誠信全之士為之則霸，與權謀傾覆之人為之則亡。」按「端誠」乃《荀》書常用詞，又見〈非相〉「端誠以處之」（頁 101）、〈君道〉「其端誠足使定物然後可」（頁 288）和〈正論〉「上端誠則下愿慤矣」（頁 379）。

188 楊倞註：「『於塞外』三字衍也。以前有『兵不復出於塞外』，故誤重寫此三字耳。」（頁 357）

殆可矣。假今之世，[189] 益地不如益信之務也。

應侯問孫卿子曰：「入秦何見？」孫卿子曰：「其國塞險，形埶便，山林川谷美，天材之利多，是形勝也。入境，觀其風俗，其百姓樸，其聲樂不流汙，其服不挑，甚畏有司而順，古之民也。及都邑官府，其百吏肅然莫不恭儉、敦敬、忠信而不楛，古之吏也。入其國，觀其士大夫，出於其門，入於公門，出於公門，歸於其家，無有私事也，不比周，不朋黨，倜然莫不明通而公也，[190] 古之士大夫也。觀其朝廷，其閒聽決百事不留，恬然如無治者，古之朝也。故四世有勝，[191] 非幸也，數也。[192] 是所見也。故曰：佚而治，約而詳，不煩而功，治之至也。秦類之矣。雖然，則有其諰矣。兼是數具者而盡有之，然而縣之以王者之功名，則倜倜然其不及遠矣。[193] 是何也？則其殆無儒邪！故曰：粹而王，駮而霸，無一焉而亡。[194] 此亦秦之所短也。」

189《荀子・非十二子》云：「假今之世，飾邪說，交姦言，以梟亂天下〔……〕。」（頁105）楊倞註云：「假如今之世也。或曰：假，借也。今之世，謂戰國昏亂之世。」（頁105）王念孫據〈彊國〉重合文辭以為楊倞前說是。參見王念孫：《讀書雜志》，志八之二，頁 10a（總頁 655）。

190「倜然」又見《荀子》之〈非十二子〉〈君道〉。參見本書第二章「《荀子》互見重合文辭疏證」第一節第五條。

191 秦國「四世有勝」之言〈議兵〉兩見，一見於孫卿子議兵於趙孝成王前，一見於孫卿子與李斯之對話。

192 重合文辭見《荀子》之〈仲尼〉〈議兵〉。〈彊國〉與〈議兵〉內容一致，皆云：「故四世有勝，非幸也，數也。」（頁 323）〈仲尼〉所言則與秦國無關，其文云：「諸侯有一節如是，則莫之能亡也；桓公兼此數節者而盡有之，夫又何可亡也？其霸也宜哉！非幸也，數也。」（頁 126）

193「倜倜然」當作「倜然」，參見本書第二章「《荀子》互見重合文辭疏證」第一節第五條。

194 重合文辭見《荀子》之〈王霸〉〈賦〉。〈王霸〉云：「故曰：『粹而王，駮而霸，無一焉而亡。』此之謂也。」（頁 248）亦以「故曰」形式引出此文，用字完全一致。〈賦〉云：「粹而王，駁而伯，無一焉而亡。」（頁 558）不言「故曰」，用字與〈王霸〉〈彊國〉稍有不同。

積微：月不勝日，時不勝月，歲不勝時。凡人好敖慢小事，大事至然後興之務之，如是則常不勝夫敦比於小事者矣。[195] 是何也？則小事之至也數，其縣日也博，其為積也大；大事之至也希，其縣日也淺，其為積也小。故善日者王，善時者霸，補漏者危，大荒者亡。故王者敬日，霸者敬時，僅存之國危而後戚之，亡國至亡而後知亡，至死而後知死，亡國之禍敗不可勝悔也。霸者之善著焉，可以時（託）〔記〕也，[196] 王者之功名不可勝〔數〕，[197]〔可以〕日志也。[198] 財物貨寶以大為重，政教功名反是，能積微者速成。《詩》曰：「德輶如毛，民鮮克舉之。」此之謂也。

凡姦人之所以起者，以上之不貴義、不敬義也。夫義者，所以限禁人之為惡與姦者也。今上不貴義，不敬義，如是，則下之人百姓皆有棄義之志，而有趨姦之心矣，此姦人之所以起也。且上者，下之師也，夫下之和上，譬之猶響之應聲、影之像形也。故為人上者，不可不順也。夫義者，內節於人而外節於萬物者也，上安於主而下調於民者也。內外上下節者，義之情也。然則凡為天下之要，義為本而信次之。古者禹、湯本義務信而天下治，桀、紂棄義倍信而天下亂，故為人上者必將慎禮義、務忠信然後可。此君人者之大本也。

---

195 「敦比」一詞又見《荀子・榮辱》。〈榮辱〉云：「孝弟原愨，軥錄疾力，以敦比其事業而不敢怠傲。」（頁 70）

196 俞樾云：「『託』乃『記』字之譌，言霸者之善，所以明著者，以其可以時記也。下文云『王者之功名不可勝日志也』，正王者敬日，霸者敬時之意。記、志義同，『記』譌作『託』，則『時託』與『日志』不倫矣。」俞樾：《諸子平議》，頁 264。

197 王念孫云：「楊註曰：『日記識其政事，故能功名不可勝數。』念孫案：玩楊註，則正文『不可勝』下當有『數』字。」王念孫：《讀書雜志》，志八之五，頁 23b（總頁 703）。

198 俞樾云：「『日志也』上亦當有『可以』二字，與『可以時記也』一例。」俞樾：《諸子平議》，頁 264。

堂上不糞，則郊草不（瞻曠）芸；[199] 白刃扞乎胸，則目不見流矢；拔戟加乎首，則十指不辭斷。非不以此為務也，疾養緩急之有相先者也。[200]

五、《荀子・性惡》

人之性惡，其善者偽也。今人之性，生而有好利焉，順是，故爭奪生而辭讓亡焉；生而有疾惡焉，順是，故殘賊生而忠信亡焉；生而有耳目之欲，有好聲色焉，順是，故淫亂生而禮義文理亡焉。然則從人之性，順人之情，必出於爭奪，合於犯（分）〔文〕亂理而歸於暴。[201] 故必將有師法之化、禮義之道，然後出於辭讓，合於文理，而歸於治。用此觀之，然則人之性惡明矣，其善者偽也。故枸木必將待檃括、烝、矯然後直，鈍金必將待礱、厲然後利。今人之性惡，必將待師法然後正，得禮義然後治。今人無師法則偏險而不

199 王念孫云：「此言事當先其所急，後其所緩，故堂上不糞除，則不暇芸野草也。『芸』上不當有『瞻曠』二字，不知何處脱文闌入此句中也。據楊註引《魯連子》『堂上不糞者郊草不芸』，無『瞻曠』二字，即其證。楊註又曰『堂上猶未糞除，則不暇瞻視郊野之草有無也』，此則不得其解而曲為之説。」王念孫：《讀書雜志》，志八之五，頁 23b（總頁 703）。

200「疾養」一詞又見《荀子》之〈榮辱〉〈正名〉。〈榮辱〉云：「目辨白黑美惡，而耳辨音聲清濁，口辨酸鹹甘苦，鼻辨芬芳腥臊，骨體膚理辨寒暑疾養，是又人之所常生而有也。」（頁 74）〈正名〉云：「疾、養、滄、熱、滑、鈹、輕、重以形體異，説、故、喜、怒、哀、樂、愛、惡、欲以心異。」（頁 493）

201 俞樾云：「『犯分』當作『犯文』，此本以文理相對，上文曰『順是做淫亂生而禮義文理亡焉』，下文曰『合於文理而歸於治』，並其證也。『合於犯文亂理』與『合於文理』正相對成義，今作『犯分』，則與下文不合矣。當由後人習聞『犯分』，罕聞『犯文』，而誤改之耳。」俞樾：《諸子平議》，頁 285。

正，無禮義則悖亂而不治。古者聖王以人之性惡，以為偏險而不正，悖亂而不治，是以為之起禮義，制法度，以矯飾人之情性而正之，[202] 以擾化人之情性而導之也。始皆出於治、合於道者也。今之人，化師法、積文學、道禮義者為君子；縱性情、安恣睢，[203] 而違禮義者為小人。用此觀之，然則人之性惡明矣，其善者偽也。孟子曰：「人之學者，其性善。」曰：是不然。是不及知人之性，而不察乎人人之性、偽之分者也。凡性者，天之就也，不可學，不可事；禮義者，聖人之所生也，人之所學而能、所事而成者也。不可學、不可事（而）〔之〕在人者謂之性，[204] 可學而能、可事而成之在人者謂之偽。是性、偽之分也。今人之性，目可以見，耳可以聽。夫可以見之明不離目，可以聽之聰不離耳，目明而耳聰，不可學明矣。孟子曰：「今人之性善，將皆失喪其性故也。」曰：若是，則過矣。今人之性，生而離其朴，離其資，必失而喪之。用此觀之，然則人之性惡明矣，〔其善者偽也〕。[205] 所謂性善者，不離其朴而美之，不離其資而利之也。使夫資朴之於美，心意之於善，若夫可以見之明不離目，可以聽之聰不離耳，故曰目明而耳聰也。今人之性，飢而欲飽，寒而

---

202 重合文辭見《荀子・儒效》。〈儒效〉云：「行法至堅，好修正其所聞以橋飾其情性。」（頁 154）〈儒效〉作「橋」，與「矯」同。

203 重合文辭本篇共三見，又見《荀子・非十二子》及〈儒效〉。下文云：「所賤於桀、跖、小人者，從其性，順其情，安恣睢，以出乎貪利爭奪。」（頁 522）又云：「以秦人之從情性、安恣睢、慢於禮義故也。」（頁 523）又見〈非十二子〉云：「縱情性，安恣睢，禽獸行，不足以合文通治。」（頁 107）〈儒效〉云：「縱性情而不足問學，則為小人矣。」（頁 171）參見本書第二章「《荀子》互見重合文辭疏證」第一節第九條、第三章「〈儒效〉〈性惡〉兩篇重合文辭考論」第一節第二條。

204 顧千里云：「『而』，疑當作『之』。」王念孫：《讀書雜志》，志八補遺，頁 19b（總頁 759）。

205 王念孫云：「此下亦當有『其善者偽也』句。『人之性惡，其善者偽也』二句，前後凡九見，則此亦當然。」王念孫：《讀書雜志》，志八之七，頁 18a（總頁 726）。

欲煖，勞而欲休，[206] 此人之情性也。今人飢，見長而不敢先食者，將有所讓也；勞而不敢求息者，將有所代也。夫子之讓乎父，弟之讓乎兄，子之代乎父，弟之代乎兄，此二行者，皆反於性而悖於情也。然而孝子之道，禮義之文理也。故順情性則不辭讓矣，辭讓則悖於情性矣。用此觀之，然則人之性惡明矣，其善者偽也。

問者曰：「人之性惡，則禮義惡生？」應之曰：凡禮義者，是生於聖人之偽，非故生於人之性也。故陶人埏埴而為器，然則器生於工人之偽，非故生於人之性也。故工人斲木而成器，然則器生於工人之偽，非故生於人之性也。聖人積思慮，習偽故，以生禮義而起法度，然則禮義法度者，是生於聖人之偽，非故生於人之性也。若夫目好色，耳好聲，口好味，心好利，骨體膚理好愉佚，[207] 是皆生於人之情性者也，感而自然，不待事而後生之者也。夫感而不能然，必且待事而後然者，謂之（生於）偽。[208] 是性、偽之所生，其不同之徵也。故聖人化性而起偽，[209] 偽起而生禮義，禮義生而

---

206 重合文辭見《荀子》之〈榮辱〉〈非相〉。兩篇皆云：「飢而欲食，寒而欲煖，勞而欲息，好利而惡害，是人之所生而有也，是無待而然者也，是禹、桀之所同也。」（頁74、92）參見本書第二章「《荀子》互見重合文辭疏證」第一節第二十條。

207 重合文辭見《荀子・王霸》。〈王霸〉云：「故人之情，口好味而臭味莫美焉，耳好聲而聲樂莫大焉，目好色而文章致繁婦女莫眾焉，形體好佚而安重閒靜莫愉焉，心好利而穀祿莫厚焉。」（頁256）參見本書第二章「《荀子》互見重合文辭疏證」第四節第四條。此外，「骨體膚理」亦見《荀子・榮辱》。〈榮辱〉云：「目辨白黑美惡，耳辨音聲清濁，口辨酸鹹甘苦，鼻辨芬芳腥臊，骨體膚理辨寒暑疾養，是又人之所常生而有也，是無待而然者也，是禹、桀之所同也。」（頁74）

208 王引之云：「『謂之偽』三字中，不當有『生於』二字，此涉上『生於』而衍也。上文曰：『可學而能、可事而成之在人者謂之偽。』〈正名篇〉曰：『慮積焉、能習焉而後成謂之偽。』皆其證。」王念孫：《讀書雜志》，志八補，頁12b（總頁755）。

209 「化性」乃《荀子》專用詞彙，本篇兩見，又見〈儒效〉。下文云：「凡所貴堯、禹、君子者，能化性，能起偽，偽起而生禮義。」（頁522）〈儒效〉云：「注錯習俗，所以化性也；并一而不二，所以成積也。」（頁170）

制法度。然則禮義法度者，是聖人之所生也。故聖人之所以同於眾，其不異於眾者，性也；所以異而過眾者，偽也。夫好利而欲得者，此人之情性也。假之人有弟兄資財而分者，且順情性，好利而欲得，若是，則兄弟相怫奪矣；且化禮義之文理，若是則讓乎國人矣。故順情性則弟兄爭矣，化禮義則讓乎國人矣。凡人之欲為善者，為性惡也。夫薄願厚，惡願美，狹願廣，貧願富，賤願貴，苟無之中者，必求於外；故富而不願財，貴而不願埶，苟有之中者，必不及於外。用此觀之，人之欲為善者，為性惡也。今人之性，固無禮義，故彊學而求有之也；性不知禮義，故思慮而求知之也。然則生而已，則人無禮義，不知禮義。人無禮義則亂，不知禮義則悖。然則生而已，則悖亂在己。用此觀之，人之性惡明矣，其善者偽也。

孟子曰：「人之性善。」曰：是不然。凡古今天下之所謂善者，正理平治也；所謂惡者，偏險悖亂也。是善惡之分也已。今誠以人之性固正理平治邪？則有惡用聖王、惡用禮義矣哉！雖有聖王禮義，將曷加於正理平治也哉！今不然，人之性惡。故古者聖人以人之性惡，以為偏險而不正，悖亂而不治，故為之立君上之埶以臨之，明禮義以化之，起法正以治之，重刑罰以禁之，使天下皆出於治、合於善也。是聖王之治，而禮義之化也。今當試去君上之埶，無禮義之化，去法正之治，無刑罰之禁，倚而觀天下民人之相與也，若是，則夫彊者害弱而奪之，眾者暴寡而譁之，天下之悖亂而相亡不待頃矣。用此觀之，然則人之性惡明矣，其善者偽也。故善言古者必有節於今，善言天者必有徵於人。凡論者，貴其有辨合，有符驗，故坐而言之，起而可設，張而可施行。今孟子曰「人之性善」，無辨合符驗，坐而言之，起而不可設，張而不可施行，豈不過甚矣哉！故性善則去聖王、息禮義矣；性惡則與聖王、貴禮義矣。故檃栝之生，為枸木也；繩墨之起，為不直也；立君上，明禮義，為性惡也。用此觀之，然則人之性惡明矣，其善者偽也。直木不待檃栝而直者，其性直也；枸木必將待檃栝、烝、矯然後直者，以其性不直也。今人之性惡，必將待聖王之治、禮義之化，然後皆出於治、合於善也。用此觀之，然則人之性惡明矣，其善者偽也。

問者曰：「禮義積偽者，是人之性，故聖人能生之也。」應之曰：是不然。夫陶人埏埴而生瓦，然則瓦埴豈陶人之性也哉？工人斲木而生器，然則器木豈工人之性也哉？夫聖人之於禮義也，辟亦陶埏而生之也；然則禮義積偽者，豈人之本性也哉？凡人之性者，堯、舜之與桀、跖，其性一也；君子之與小人，其性一也。今將以禮義積偽為人之性邪？然則有曷貴堯、禹，曷貴君子矣哉？凡所貴堯、禹、君子者，能化性，[210] 能起偽，偽起而生禮義。然則聖人之於禮義積偽也，亦猶陶埏而生之也。用此觀之，然則禮義積偽者，豈人之性也哉？所賤於桀、跖、小人者，從其性，順其情，安恣睢，[211] 以出乎貪利爭奪。故人之性惡明矣，其善者偽也。天非私曾、騫、孝已而外眾人也，然而曾、騫、孝已獨厚於孝之實而全於孝之名者，何也？以綦於禮義故也。天非私齊、

---

210 「化性」乃《荀子》專用詞彙，本篇兩見，又見〈儒效〉。上文云：「故聖人化性而起偽，偽起而生禮義，禮義生而制法度。」(頁 517)〈儒效〉云：「注錯習俗，所以化性也；并一而不二，所以成積也。」(頁 170)

211 重合文辭本篇共三見，又見《荀子・非十二子》及〈儒效〉。參見本書第二章「《荀子》互見重合文辭疏證」第一節第九條、第三章「〈儒效〉〈性惡〉兩篇重合文辭考論」第一節第二條。

魯之民而外秦人也，然而〔秦人〕於父子之義、夫婦之別，[212] 不如齊、魯之孝（具）〔共〕敬（父）〔文〕者，[213] 何也？以秦人之從情性、安恣睢、[214] 慢於禮義故也。豈其性異矣哉？

「塗之人可以為禹」，曷謂也？曰：凡禹之所以為禹者，以其為仁義法正也。然則仁義法正有可知可能之理，然而塗之人也，皆有可以知仁義法正之質，皆有可以能仁義法正之具，然則其可以為禹明矣。今以仁義法正為固無可知可能之理邪？然則唯禹不知仁義法正，不能仁義法正也。將使塗之人固無可以知仁義法正之質，而固無可以能仁義法正之具邪？然則塗之人也，且內不可以知父子之義，外不可以知君臣之正。（不然。）今〔不然，〕塗之人者，[215] 皆內可以知父子之義，外可以知君臣之正，然則其可以知之質，可以能之具，其在塗之人明矣。今使塗之人者以其可以知之質，可以能之具，本夫仁義之可知之理、可能之具，然則其可以為禹明矣。今使塗之人伏術為學，專心一志，思索孰察，加日縣久，積善而不息，則通於神明、參於天地矣。故聖人者，人之所積而致矣。[216] 曰：「聖可積而致，然而皆不可積，何

212 王念孫云：「『於父子之義、夫婦之別』上，當有『秦人』二字，而今本脱之。」王念孫：《讀書雜志》，志八之七，頁 20a（總頁 727）。

213 楊倞註云：「『敬父』，當為『敬文』，傳寫誤耳。」（頁 523）王念孫云：「『孝具』二字不詞，且與『敬文』不對。『具』當為『共』字之誤也。『孝共』即「孝恭」，正與『敬文』對。」王念孫：《讀書雜志》，志八之七，頁 20a（總頁 727）。

214 重合文辭本篇共三見，又見《荀子・非十二子》及〈儒效〉。參見本書第二章「《荀子》互見重合文辭疏證」第一節第九條、第三章「〈儒效〉〈性惡〉兩篇重合文辭考論」第一節第二條。

215 俞樾云：「『不然』二字，當在『今』字之下。『今不然』三字為句。上文云：『今不然，人之性惡。』是其例也。」俞樾：《諸子平議》，頁 286。

216 重合文辭見《荀子・儒效》。〈儒效〉云：「故聖人也者，人之所積也。」（頁 171）參見本書第三章「〈儒效〉〈性惡〉兩篇重合文辭考論」第一節第一條。

也？」曰：可以而不可使也。故小人可以為君子而不肯為君子，君子可以為小人而不肯為小人。小人、君子者，未嘗不可以相為也，然而不相為者，可以而不可使也。故塗之人可以為禹則然，塗之人能為禹未必然也。雖不能為禹，無害可以為禹。足可以徧行天下，然而未嘗有能徧行天下者也。夫工匠、農、賈，未嘗不可以相為事也，然而未嘗能相為事也。用此觀之，然則可以為，未必能也；雖不能，無害可以為。然則能不能之與可不可，其不同遠矣，其不可以相為明矣。堯問於舜曰：「人情何如？」舜對曰：「人情甚不美，又何問焉？妻子具而孝衰於親，嗜欲得而信衰於友，爵祿盈而忠衰於君。人之情乎！人之情乎！甚不美，又何問焉？」唯賢者為不然。有聖人之知者，有士君子之知者，有小人之知者，有役夫之知者：多言則文而類，終日議其所以，言之千舉萬變，其統類一也，[217] 是聖人之知也。少言則徑而省，論而法，[218] 若佚之以繩，是士君子之知也。其言也諂，其行也悖，其舉事多悔，[219] 是小人之知也。齊給、便敏而無類，[220] 雜能、旁魄而無用，析速、粹孰而不急，不恤是非，不論曲

217 「統類」為《荀子》專用詞彙，見〈非十二子〉〈儒效〉〈解蔽〉及〈性惡〉。參見前文註 21。

218 重合文辭見《荀子・非十二子》和〈大略〉。〈非十二子〉云：「故多言而類，聖人也；少言而法，君子也；多少無法而流湎然，雖辯，小人也。」（頁 115）〈大略〉云：「多言而類，聖人也。少言而法，君子也。多言無法而流喆然，雖辯，小人也。」（頁 611）參見本書第二章「《荀子》互見重合文辭疏證」第二節第十一條。

219 重合文辭見《荀子・儒效》。〈儒效〉云：「其言有類，其行有禮，其舉事無悔，其持險應變曲當，與時遷徙，與世偃仰，千舉萬變，其道一也。」（頁 163）參見本書第二章「《荀子》互見重合文辭疏證」第二節第三十二條、第三章「〈儒效〉〈性惡〉兩篇重合文辭考論」第一節第三條。

220 相近詞彙又見《荀子》之〈修身〉〈非十二子〉〈君道〉〈臣道〉諸篇，如「齊給便利」「齊給速通」等，參見本書第二章「《荀子》互見重合文辭疏證」第一節第四條。

直，[221] 以期勝人為意，是役夫之知也。有上勇者，有中勇者，有下勇者：天下有中，敢直其身；先王有道，敢行其意；上不循於亂世之君，下不俗於亂世之民；仁之所在無貧窮，仁之所亡無富貴；天下知之，則欲與天下（同苦）〔共〕樂之，[222] 天下不知之，則傀然獨立天地之間而不畏：是上勇也。禮恭而意儉，大齊信焉而輕貨財，賢者敢推而尚之，不肖者敢援而廢之，是中勇也。輕身而重貨，恬禍而廣解，苟免，不恤是非、然不然之情，[223] 以期勝人為意，是下勇也。繁弱、鉅黍，古之良弓也，然而不得排檠則不能自正。桓公之蔥，大公之闕，文王之祿，莊君之曶，闔閭之干將、莫邪、鉅闕、辟閭，此皆古之良劍也，然而不加砥厲則不能利，不得人力則不能斷。驊騮、騹、驥、纖離、綠耳，此皆古之良馬也，然而（前必）〔必前〕有銜轡之制，[224] 後有鞭策之威，加之以造父之馭，然後一日而致千里也。夫人雖有性質美而心辯知，必將求賢師而事之，擇賢友而友之。得賢師而事之，則所聞者堯、舜、禹、湯之道也；得良友而友之，則所見者忠

221 重合文辭見《荀子·王霸》。〈王霸〉云：「小用之者，先利而後義，安不卹是非，不治曲直，唯便僻親比己者之用，夫是之謂小用之。」（頁 247）〈臣道〉云：「過而通情，和而無經，不卹是非，不論曲直，偷合苟容，迷亂狂生，夫是之謂禍亂之從聲，飛廉、惡來是也。」（頁 303）參見前文註 73。

222 楊倞註云：「『苦』，或為『共』也。」（頁 528）王念孫云：「作『共』者是也。此本作『欲與天下共樂之』。上言『仁之所在無貧窮，仁之所亡無富貴』，則此言『與天下共樂之』者，謂共樂此仁也。『樂』上不當有『苦』字，今本作『同苦樂之』者，『共樂』誤為『苦樂』，後人又於『苦樂』上加『同』字耳。〔……〕《太平御覽·人事部》七十六引作『欲與天下共樂之』，無『同』字，則宋初本當有不誤者。」王念孫：《讀書雜志》，志八之七，頁 20b（總頁 727）。

223 重合文辭見《荀子·儒效》。〈儒效〉云：「不卹是非、然不然之情，以相薦撙，以相恥怍，君子不若惠施、鄧析也。」（頁 145）

224 王念孫云：「『前必有』本作『必前有』。『前有』『後有』皆承『必』字而言，若作『前必有』，則與下句不實矣。《群書治要》及《初學記·人部中》《太平御覽·人事部》四十五竝引作『必前有』。」王念孫：《讀書雜志》，志八之七，頁 22a（總頁 728）。

信敬讓之行也。身日進於仁義而不自知也者，靡使然也。今與不善人處，則所聞者欺誣詐偽也，所見者汙漫、淫邪、貪利之行也，身且加於刑戮而不自知者，靡使然也。[225] 傳曰：「不知其子視其友，不知其君視其左右。」靡而已矣，靡而已矣。

225〈儒效〉云：「居楚而楚，居越而越，居夏而夏，是非天性也，積靡使然也。」（頁171）「積靡使然也」即〈性惡〉「靡使然也」。參見前文註 48。

參考文獻

一、專書

久保愛：《荀子增註》，載嚴靈峰主編：《無求備齋荀子集成》第 43–44 冊影印日本寬政八年（1796）京師水玉堂刊本，台北：成文出版社，1977 年。

于省吾：《雙劍誃荀子新證》，海城于氏排印本，1937 年。

———：《雙劍誃諸子新證》，北京：中華書局，2009 年。

于鬯著，張華民點校：《香草續校書》，北京：中華書局，2013 年。

孔安國傳，孔穎達疏，廖名春、陳明整理，呂紹綱審定：《尚書正義》，載《十三經註疏》整理委員會整理：《十三經註疏》，北京：北京大學出版社，2000 年。

毛亨傳，鄭玄箋，孔穎達疏，龔抗雲等整理，劉家和審定：《毛詩正義》，載《十三經註疏》整理委員會整理：《十三經註疏》，北京：北京大學出版社，2000 年。

王天海、王韌：《意林校釋》，北京：中華書局，2014 年。

王引之：《經傳釋詞》，南京：江蘇古籍出版社影印王氏家刻本，2000 年。

王先謙：《荀子集解》，載孔子文化大全編輯部編輯：《孔子文化大全》影印光緒十七年（1891）王氏家刻本，濟南：山東友誼書社，1994 年。

王先謙撰，沈嘯寰、王星賢點校：《荀子集解》，北京：中華書局，2013 年第 2 版。

王利器：《顏氏家訓集解》，北京：中華書局，2018 年。

王念孫：《讀書雜志》，南京：江蘇古籍出版社影印王氏家刻本，1985 年。

王念孫撰，徐煒君等校點：《讀書雜志》，上海：上海古籍出版社，2015 年。

王弼註，孔穎達疏，盧光明、李申整理，呂紹綱審定：《周易正義》，載《十三經註疏》整理委員會整理：《十三經註疏》，北京：北京大學出版社，2000 年。

王懋竑：《讀書記疑》，載吳平、徐德明主編：《清代學術筆記叢刊》第 11 冊，北京：學苑出版社，2016 年。

包遵信：《跬步集》，成都：四川人民出版社，1986 年。

北京大學《荀子》註釋組：《荀子新註》，北京：中華書局，1979 年。

司馬遷撰，裴駰集解，司馬貞索隱，張守節正義：《史記》，北京：中華書局，2014 年修訂本。

安積信：《荀子略說》，載嚴靈峰主編：《無求備齋荀子集成》第 49 冊影印日本昭和八年（1933）排印本，台北：成文出版社，1977 年。

帆足萬里：《荀子標註》，載嚴靈峰主編：《無求備齋荀子集成》第 49 冊影印日本昭和二年（1927）排印本，台北：成文出版社，1977 年。

佐藤將之：《荀子禮治思想的淵源與戰國諸子之研究》，台北：國立台灣大學出版中心，2013 年。

————：《荀學與荀子思想研究：評析・前景・構想》，台北：萬卷樓圖書股份有限公司，2015 年。

————：《參於天地之治：荀子禮治政治思想的起源與構造》，台北：國立台灣大學出版中心，2016 年。

何志華、朱國藩、樊善標編著：《〈荀子〉與先秦兩漢典籍重見資料彙編》，香港：中文大學出版社，2005 年。

何志華、朱國藩編著：《〈荀子〉詞彙資料彙編》，香港：中文大學出版社，2012 年。

何志華：《莊荀考論》，香港：劉殿爵中國古籍研究中心，2015 年。

何志華編著：《〈荀子〉內部重合文辭資料彙編》，香港：香港中文大學出版社，2021 年。

吳汝綸著，朱季海校點：《吳汝綸文集》，上海：上海古籍出版社，2017 年。

吳復生：《荀子思想新探》，台北：文史哲出版社，1998 年。

李中生：《荀子校詁叢稿》，廣州：廣東高等教育出版社，2001 年。

李滌生：《荀子集釋》，台北：台灣學生書局，2014 年。

村岡良弼：《增評荀子箋釋》，載嚴靈峰主編：《無求備齋荀子集成》第 48 冊影印日本明治十七年（1884）東京報告堂排印本，台北：成文出版社，1977 年。

汪中著，田漢雲點校：《新編汪中集》，揚州：廣陵書社，2005 年。

物雙松：《讀荀子》，載嚴靈峰主編：《無求備齋荀子集成》第 41 冊影印日本寶曆十四年（1764）京師水玉堂刊本，台北：成文出版社，1977 年。

金其源：《讀書管見》，上海：商務印書館，1957 年。

金德建：《先秦諸子雜考》，鄭州：中州書畫社，1982 年。

俞樾：《諸子平議》，北京：中華書局，1956 年。

胡適：《中國古代哲學史》，上海：上海古籍出版社，2014 年。

范甯集解，楊士勛疏，夏先培整理，楊向奎審定：《春秋穀梁傳註疏》，載《十三經註疏》整理委員會整理：《十三經註疏》，北京：北京大學出版社，2000 年。

范曄撰，李賢等註：《後漢書》，北京：中華書局，1973 年。

韋政通：《荀子與古代哲學》，台北：台灣商務印書館，1992 年。

韋昭註，徐元誥集解，王樹民、沈長雲點校：《國語集解》，北京：中華書局，2019 年。

冢田虎：《荀子斷》，載嚴靈峰主編：《無求備齋荀子集成》第 42 冊影印日本寬政七年（1795）京師水玉堂刊本，台北：成文出版社，1977 年。

孫詒讓著，雪克、陳野點校：《札迻》，北京：中華書局，2009 年。
徐復觀：《中國人性論史・先秦篇》，北京：九州出版社，2014 年。
———：《兩漢思想史》，上海：華東師範大學出版社，2001 年。
桃井白鹿：《荀子遺秉》，載嚴靈峰主編：《無求備齋荀子集成》第 45 冊影印日本寬政十二年（1800）京師水玉堂刊本，台北：成文出版社，1977 年。
荀況著，王天海校釋：《荀子校釋》，上海：上海古籍出版社，2016 年修訂本。
荀況撰，楊倞註，盧文弨、謝墉校：《荀子（附校勘補遺）》，北京：中華書局，1985 年。
荊門市博物館：《郭店楚墓竹簡》，北京：文物出版社，1998 年。
郝懿行著，管謹訒點校：《荀子補注》，載郝懿行著，安作璋主編：《郝懿行集》第 6 冊，濟南：齊魯書社，2010 年。
馬敘倫：《讀書續記》，北京：中國書店，1986 年。
馬積高：《荀學源流》，上海：上海古籍出版社，2000 年。
高亨：《諸子新箋》，載高亨著，董治安編：《高亨著作集林》第 6 卷，北京：清華大學出版社，2004 年。
高尚舉、張濱鄭、張燕校註：《孔子家語校注》，北京：中華書局，2021 年。
張之純評註：《評註諸子菁華錄》，上海：商務印書館，1939 年。
張西堂：《荀子真偽考》，台北：明文書局，1994 年。
張志烈等校註：《蘇軾全集校注》，石家莊：河北人民出版社，2010 年。
張宗泰；董豐垣；王紹蘭：《質疑刪存；識小編；讀書雜記》，北京：中華書局，1988 年。
張覺：《荀子譯注》，上海：上海古籍出版社，2012 年。
張覺校註：《荀子校注》，長沙：嶽麓書社，2006 年。
梁啟超：《中國近三百年學術史》，《飲冰室合集：典藏版》專集第 17 冊，北京：中華書局，2015 年。
———：《要籍解題及其讀法》，《飲冰室合集：典藏版》專集第 15 冊，北京：中華書局，2015 年。
梁啟雄：《荀子簡釋》，北京：中華書局，2009 年。
梁榮茂：《新序校補》，台北：水牛出版社，1971 年。
章詩同註：《荀子簡注》，上海：上海人民出版社，1974 年。
許慎撰，徐鉉校定：《說文解字：附音序、筆畫檢字》，北京：中華書局，2013 年。
郭沫若：《十批判書》，北京：人民出版社，2012 年。
郭慶藩撰，王孝魚點校：《莊子集釋》，北京：中華書局，2018 年。
陳引馳編校：《陶鴻慶學術論著・讀諸子札記》，杭州：浙江人民出版社，1998 年。

陳垣：《校勘學釋例》，載陳垣著，陳智超主編：《陳垣全集》第 7 冊，合肥：安徽大學出版社，2009 年。

陳茂仁：《〈新序〉校證》，永和：花木蘭文化出版社，2007 年。

朝川鼎：《荀子述》，載嚴靈峰主編：《無求備齋荀子集成》第 47 冊影印日本昭和八年（1933）排印本，台北：成文出版社，1977 年。

湖南省博物館、復旦大學出土文獻與古文字研究中心編纂，裘錫圭主編：《長沙馬王堆漢墓簡帛集成》，北京：中華書局，2014 年。

焦循撰，沈文倬點校：《孟子正義》，北京：中華書局，1987 年。

程樹德撰，程俊英、蔣見元點校：《論語集釋》，北京：中華書局，2014 年。

馮友蘭：《中國哲學史新編》，北京：人民出版社，1984 年。

黃俊傑：《孟學思想史論（卷二）》，台北：中央研究院中國文哲研究所，2006 年。

黃暉：《論衡校釋（附劉盼遂集解）》，北京：中華書局，2017 年。

黃德寬主編，徐在國副主編，徐在國、程燕、張振謙編著：《戰國文字字形表》，上海：上海古籍出版社，2017 年。

楊伯峻編著：《春秋左傳注》，北京：中華書局，2016 年。

楊柳橋：《荀子詁譯》，濟南：齊魯書社，2009 年。

楊倞註：《荀子》，上海：商務印書館縮印《古逸叢書》本，1936 年。

楊筠如：《荀子研究》，上海：商務印書館，1931 年。

楊儒賓：《儒門內的莊子》，台北：聯經出版公司，2016 年。

楊樹達：《積微居讀書記》，上海：上海古籍出版社，2006 年。

董治安、鄭傑文、魏代富整理：《荀子彙校彙註附考説》，南京：鳳凰出版社，2018 年。

董治安、鄭傑文彙撰：《荀子彙校彙注》，濟南：齊魯書社，1997 年。

虞世南編：《北堂書鈔》，北京：學苑出版社影印首都圖書館藏清光緒十四年（1888）南海孔氏三十有三萬卷堂影宋刊本，2003 年。

賈誼撰，閻振益、鍾夏校註：《新書校注》，北京：中華書局，2018 年。

廖名春：《中國學術史新證》，成都：四川大學出版社，2005 年。

———：《荀子新探》，北京：中國人民出版社，2014 年。

廖名春解讀：《荀子（節選）》，北京：國家圖書館出版社，2019 年。

熊公哲註譯：《荀子今註今譯》，台北：台灣商務印書館，2010 年第 2 版。

劉台拱：《荀子補注》，《劉氏遺書》卷 4，番禺：徐紹棨彙編重印清光緒廣雅書局刊本，1920 年。

劉向編著，石光瑛校釋，陳新整理：《新序校釋》，北京：中華書局，2017 年。

劉如瑛：《諸子箋校商補》，濟南：山東教育出版社，1995 年。

劉珍等撰，吳樹平校註：《東觀漢記校注》，北京：中華書局，2008 年。

劉師培：《荀子詞例舉要》，《劉師培全集》第 1 冊，北京：中共中央黨校出版社，1997 年。

———：《荀子補釋》，《劉師培全集》第 2 冊，北京：中共中央黨校出版社，1997 年。

———：《荀子斠補》，《劉師培全集》第 2 冊，北京：中共中央黨校出版社，1997 年。

劉殿爵、陳方正主編：《荀子逐字索引》，香港：商務印書館，1996 年。

樓宇烈主撰：《荀子新注》，北京：中華書局，2019 年。

豬飼彥博：《荀子增註補遺》，載嚴靈峰主編：《無求備齋荀子集成》第 45 冊影印日本寬政十三年（1801）京師水玉堂刊本，台北：成文出版社，1977 年。

鄧漢卿：《荀子繹評》，長沙：嶽麓書社，1994 年。

鄭玄註，孔穎達疏，龔抗雲整理，王文錦審定：《禮記正義》，載《十三經注疏》整理委員會整理：《十三經注疏》，北京：北京大學出版社，2000 年。

黎翔鳳撰，梁運華整理：《管子校注》，北京：中華書局，2018 年。

蕭旭：《〈荀子〉校補》，新北：花木蘭文化出版社，2016 年。

錢穆：《先秦諸子繫年》，北京：商務印書館，2017 年。

駱瑞鶴：《荀子補正》，武漢：武漢大學出版社，1997 年。

龍宇純：《荀子論集》，《龍宇純全集》第 3 冊，台北：秀威資訊科技股份有限公司，2015 年。

鍾泰：《荀注訂補》，上海：商務印書館，1935 年。

韓愈撰，魏仲舉集註，郝潤華、王東峰整理：《五百家注韓昌黎集》，北京：中華書局，2019 年。

韓嬰撰，許維遹校釋：《韓詩外傳集釋》，北京：中華書局，2009 年。

魏徵、褚遂良、虞世南合編：《群書治要》，台北：世界書局縮印日本尾張藩刻本五十卷，2011 年。

龐樸：《帛書五行篇研究》，濟南：齊魯書社，1988 年。

嚴靈峯：《荀子讀記》，載嚴靈峰主編：《無求備齋荀子集成》第 37 冊影印民國六十六年（1977）排印本，台北：成文出版社，1977 年。

Goldin, Paul R.. *Confucianism*. London, New York: Routledge, 2014.

Hall, F. W.. *A Companion to Classical Texts*. Oxford: Clarendon Press, 1913.

Hutton, Eric L. trans and with an introduction. *Xunzi: The Complete Text*. Princeton: Princeton University Press, 2014.

Knoblock, John H.. *Xunzi: A Translation and Study of the Complete Works*. Stanford: Stanford University Press, 1988.

二、論文

何志華：〈《荀子》篇章內部重合文辭考論〉，載何志華、沈培、潘銘基、張錦少主編：《古籍新詮——先秦兩漢文獻論集》，香港：香港中文大學中國語言及文學系，2020年，頁555-74。

———：〈重合與分歧：《荀子》篇章內部文辭對讀〉，載《諸子學刊》編委會編，方勇主編：《諸子學刊》第23輯，上海：上海古籍出版社，2022年，頁199-224。

何艾克：〈荀子有一致的人性論嗎？〉，載克萊恩、艾文賀編，陳光連譯：《荀子思想中的德性、人性與道德本體》，南京：東南大學出版社，2016年，頁199-213。

郭強、張洪興：〈《荀子》文本生成論〉，《哈爾濱工業大學學報（社會科學版）》2020年第1期，頁76-82。

強中華：〈《韓詩外傳》對荀子的批評〉，《現代哲學》2012年第3期，頁115-19。

佐藤將之：〈二十世紀日本荀子研究之回顧〉，《國立政治大學哲學學報》2003年11期，頁39-84。

周祖謨：〈論校勘古書的方法〉，《周祖謨語言文史論集》，杭州：浙江古籍出版社，1988年，頁431-38。

蘇郁銘：〈近十年（1994~2003）來美國的荀子研究〉，斗六：國立雲林科技大學碩士論文，2005年。

蘇栢嘉：〈《荀子・大略篇》與他篇重合文辭考論〉，香港：香港中文大學學士論文，2022年。

張小蘋：〈荀子經傳考〉，杭州：浙江大學博士論文，2011年。

張西堂：〈《荀子・勸學篇》冤詞〉，載顧頡剛編著：《古史辨》第6冊，上海：上海古籍出版社，1982年，頁147-62。

木村英一：〈荀子三十二篇の構成について〉，《支那學》第8卷（1935年），頁15-45。

劉殿爵：〈《荀子・勸學篇》「施薪若一，火就燥也；平地若一，水就溼也」解〉，載劉殿爵著，朱國藩編：《語言與思想之間》，香港：香港中文大學吳多泰中國語文研究中心，1993年，頁121-28。

龍宇純：〈先秦散文中的韻文〉，《絲竹軒小學論集》，北京：中華書局，2009年，頁182-283。

梁濤：〈《荀子・性惡》引「孟子曰」疏證〉，《邯鄲學院學報》2012年第4期，頁17-23。

林麗玲：〈荀卿自鑄新詞考〉，載何志華、沈培、潘銘基、張錦少主編：《古籍新詮——先秦兩漢文獻論集》，香港：香港中文大學中國語言及文學系，2020年，頁607-43。

廖名春：〈《荀子・天論》篇「大天而思之」章新詮〉，《邯鄲學院學報》2012年第4期，頁91-98。

游國恩：〈荀子考〉，《游國恩學術論文集》，北京：中華書局，1989年，頁299-308。

潘重規：〈讀王先謙荀子集解札記〉，《制言半月刊》1936年第12期，頁1-26。

蔡信發：〈新序疏證（上）〉，《台北市立女子師範專科學校學報》1976年第8期，頁1-62（總頁185-246）。

趙海金：〈荀子校補〉，《大陸雜誌》第21卷第3期（1960年），頁131-37。

———：〈荀子集解補正〉，《成功大學學報》1972年第7期，頁135-60。

錢穆：〈荀卿考〉，載顧頡剛編著：《古史辨》第4冊，上海：上海古籍出版社，1982年，頁115-23。

黎智豐：〈《荀子》稱述「孫卿子」篇章文獻關係重探〉，香港：香港中文大學碩士論文，2016年。

Duyvendak, J. J. L.. "The Chronology of Hsün-tzŭ." *T'oung Pao* 26 (1928): 73-95.

Hutton, Eric L.. "Does Xunzi Have a Consistent Theory of Human Nature?" In T. C. Kline III and Philip J. Ivanhoe, eds., *Virtue, Nature, and Moral Agency in the Xunzi.* Indianapolis: Hackett Publishing Company, 2000, pp. 220-36.

Robins, Dan. "The Development of Xunzi's Theory of *Xing*, Reconstructed on the Basis of a Textual Analysis of *Xunzi* 23, 'Xing E' 性惡 (*Xing* is Bad)." *Early China* 26–27 (2001–02): 99-158.